신학과 심리학에서 본 인간
Sin, Pride & Self-Acceptance

Sin, Pride & Self-Acceptance

학적 인간 이해가 결여된 심리학적 인간 이해는 한계가 있다. 신학적 인간
해가 존재론적, 본질적인, 실존적, 보편적이라면 심리학적 인간 이해는
황적, 현상학적, 낭만적, 임상학적이다. 심리학이 인간을 어떻게 이해하고
석할 것인가에 초점을 둔다면, 올바른 인간 이해를 위해 신학적 인간학에
를 기울일 필요가 있다.

리 쿠퍼 지음
병오 옮김

신학과 심리학에서 본 인간

도서출판 대서

신학과 심리학에서 본 인간

2011년 12월 15일 초판 1쇄 인쇄
2011년 12월 20일 초판 1쇄 발행

지은이 : 테리 쿠퍼
옮긴이 : 김병오
펴낸이 : 장대윤

펴낸곳 : 도서출판 대서
서울 서초구 방배동 981-56
Tel 583-0612, Fax 583-0543
daiseo1216@hanmail.net
등록 제22-2411호

ISBN 978-89-92619-62-2 (03230)

Originally Published by InterVarsity Press as *Sin, Pride & Self-Acceptance* by Terry D. Cooper © 2003 by Terry D. Cooper.
Translated and Printed by permission of InterVarsity Press. P. O. Box 1400, Downers Grove, IL 60515, USA.
All rights reserved

This Korean Edition Copyright © 2011 by DaiSeo, Seoul, Republic of Korea.

This Korean edition is translated and used by permission of InterVarsity Press through arrangement of rMaeng2, Seoul, Republic of Korea.

본 저작물의 한국어판 저작권은 알맹2 에이전시를 통하여 InterVarsity Press와 독점 계약한 대서출판사에 있습니다. 신 저작권법에 의하여 한국 내에서 보호받는 저작물이므로 무단전재와 무단복제를 금합니다.

책값은 뒤표지에 있습니다.
잘못된 책은 바꿔드립니다.

역자 서문

　기독교의 인간관은 인간은 자연(nature)과 영(spirit)의 혼합체라는 것이다. 인간은 한 줌의 흙(자연)과 하나님의 형상(영)의 결합체이다. 흙과 영은 불가분의 관계 속에 있다. 성경은 "여호와 하나님이 땅의 흙으로 사람을 지으시고 그 생기를 그 코에 불어넣으시니 사람이 생령이 되니라"고 말씀한다(창2:7). 생령(the living soul)은 육체를 가진 영 혹은 영을 가진 육체란 말이다. 인간은 한 줌의 흙이면서도 그 흙을 초월할 수 있는 영을 가지고 있다. 인간의 영의 현상학적 증거는 자기초월성이다. 유한성과 초월성을 함께 가지고 있는 것이 인간 실존이다. 그러나 현대 심리학은 이러한 인간 이해가 결핍되어 있다. 따라서 인간을 잘 이해할 수가 없다. 가령 현대인의 불안의 문제도 영의 초월성에서 비롯된 존재론적 불안을 알지 못하면 임상에서 드러나는 현상적인 불안의 문제를 해결할 수 없다. 인간의 수많은 정신병리 현상도 인간의 영의 특성을 바로 이해하지 않고서는 근원적인 치유가 불가능하다.

이런 관점에서 라인홀드 니이버는 신학적 인간 이해가 결여된 심리학적 인간 이해는 한계가 있다고 보았다. 신학적 인간 이해가 존재론적, 본질적인, 실존적, 보편적이라면 심리학적 인간 이해는 상황적, 현상학적, 낭만적, 임상학적이다. 심리학이 인간을 어떻게 이해하고 해석할 것인가에 초점을 둔다면, 올바른 인간 이해를 위해 신학적 인간학에 귀를 기울일 필요가 있다. 이런 필요성 때문에 1950년대부터 미국에서 일반심리학을 수용하면서 목회신학을 연구한 사람이 많았다. 대표적인 목회신학자들은 시워드 힐트너(Steward Hiltner) 캐롤 와이즈(Carroll Wise), 웨인 오우츠(Wayne Oates), 등이다. 그 당시 이들은 칼 로저스(Carl Rogers)의 내담자중심상담에서 많은 영향을 받았다. 로저스는 상담기법보다는 상담관계를 중시했고, 상담자가 무조건적 긍정, 일치성, 공감과 같은 자세를 가진다면 상담은 언제나 성공적으로 일어날 수 있다고 보았다. 그의 상담이론은 전문적인 상담자들의 전유물이 되었던 상담 영역을 비전문가(layman)가 주도하는 대중적인 상담 운동으로 바꾸어 놓았다. 이런 사회적인 분위기는 목회신학에게 큰 영향을 주었다. 따라서 신학분야에서도 신학과 심리학의 대화를 나누며 두 학문 사이의 변증법적 관계를 중시하는 저술들이 나오게 되었다.

이 분야의 대표적인 저술은 1966년에 출판된 토마스 오던(Thomas Oden)의 『케리그마와 상담』(Kerygma and Counseling)이다. 이 책은 칼 바르트(Karl Barth)의 신학과 칼 로저스의 심리학의 대화를 모색한 책이다. 기독교적 부정적 인간 이해에 근거한 칼 바르트 신학과 세속적인 긍정적 인간 이해에 근거한 칼 로저스의 심리학의 변증법적 이해를 통해 신학과 심리학의 대화를 절묘하게 시도한 이 책은 나중에 목회신학자들에게 많은 영향을 주었다. 이리하여 토마스 오던의 영향을 받은 테리 쿠퍼(Terry Cooper)는 37년 만에 이 책에서 신학과 심리학의 대화를 비슷한 방식으로 다시 시도한다.

이 책은 인간의 문제를 교만이라고 보는 어거스틴-니이버의 신학적 이해와 그/녀의 문제가 자기멸시라고 보는 로저스의 이해의 대화를 통해 참된 인간의 정체성이 무엇인가를 연구한 책이다. 전통적인 신학은 타락한 인간의 문제는 교만한, 팽창된, 과대평가된 자기라고 보는 반면에 인본주의 심리학은 부조화 속에 있는 인간의 문제는 자기를 멸시하는, 자기를 증오하는, 과소평가된 자기에 있다고 본다. 저자는 학제 간의 연구를 위해 많은 신학자들과 여성주의자들과 심리학자들의 주장을 살펴보면서 상반된 두 분야의 대화를 끌고 간다. 저자는 현대 심리학이 가지고 있는 인간에 대한 이해들을 신학적인 관점에서 비판하면서 결국 인간의 자기멸시와 자기증오의 밑에는 교만한 자기가 자리를 잡고 있다고 본다. 이러한 저자의 견해는 기독교상담자의 내담자 이해에 많은 도움을 준다. 특히 오늘날 현대 상담학의 복잡한 이론들에 과도하게 노출되기 쉬운 기독교상담자는 인간을 이해함에 있어서 자신의 정체성을 잃어버리기 쉽다. 기독교 인간관은 기독교상담학에 본질적인 요소이다. 이 결정적인 특성을 무시하고 현대 심리치료 이론들에만 치우친 탈신학화된 기독교상담학은 인간의 문제들에 근원적인 해답을 줄 수 없다. 이런 관점에서 이 책은 기독교 전통과 신학적 정체성의 중요성을 유념하기를 원하는 기독교상담자들에게 많은 도움을 줄 것이다.

2011년 11월, 교수연구실에서
김 병 오 교수

소개

　최근에 나는 내가 샘(Sam)과 베티(Betty)라고 부르게 될 두 사람 사이에 이것과 비슷한 대화들을 들었다.
　"나는 잭(Jack)을 인내하는 것이 매우 어렵다는 것을 발견해," 라고 샘이 말했다, "그는 극히 거만하고 자신으로 가득 차있고 자부심이 대단해. 그는 자신이 누구라고 생각하는가? 그는 정말 모든 사람보다 더 낫다고 생각한다."
　"그래" 베티가 말했다. "그러나 너는 그것이 그의 진정한 문제 - 낮은 자존감을 은폐하는 큰 가면이라는 것을 알고 있어. 그가 거만한 것처럼 보이지만, 그러나 진정한 문제는 그것보다 더 깊어. 더 깊이 내려가면, 나는 그가 진정으로 자신을 수용할 수 없다는 것에 내기를 걸겠어."
　"너 농담해?" 샘은 반응했다. "그 녀석은 너무 많은 자존감을 가지고 있어. 나는 그가 결코 불안전하다고 생각하지 않아. 사실상 그는 신-콤플렉스(God-complex) 같은 것을 가지고 있어."
　"그러나 샘, 너는 그것 밑을 볼 수가 없니?" 베티가 물었다. "잭은 모든 사람과 같아 - 그의 기본적인 문제는 그가 잘 숨기고 있는 낮은 자존감이야."

 샘은 급히 반박했다. "나는 모든 사람의 문제가 낮은 자존감이라고 네가 생각하는 것을 믿을 수가 없어! 특히 오늘날의 세상에서! 나는 정반대가 사실이라고 생각해. 오늘날 사람들은 자신들을 너무 높이 생각하고 있어. 그들은 자신들을 모든 것의 중심에 두고 있어. 사실상, 그들은 자신들을 너무 많이 사랑하기 때문에 다른 사람에게 줄 것이 남아있지 않아."

 "그러나 무엇이 너를 그렇게 가정하게 해?"

 "너 주위를 봐, 베티. 자기중심성은 모든 곳에 있어. 심지어 그것이 오늘날 더 악화될지라도, 그것은 오래된 문제야. 교만은 우리의 첫째가는 적이고, 처음의 죄이며 가장 큰 죄야. 유대교도 물론 기독교도 항상 이것을 가르쳤어."

 "그래" 베티가 말했다, "그러나 그것은 심리치료사들이 진정으로 교만은 부적절한 감정들을 위한 덮개(cover-up)라는 것을 이해하기 시작하기 전이었어. 심리학자인 나의 친구는 그녀의 모든 부모들은, 깊은 낮은 곳에, 낮은 자존감을 가지고 있다고 말하고 있어."

 "그러나 그것은 네가 상담에서 일하고 있을 때 말하기는 쉬워," 샘은 주장했다. "상담자는 낮은 자존감을 바라보고 항상 그것을 발견해. 그 다음 그들은 그것이 모든 사람의 문제라고 생각해. 물론 상담을 받으려 가는 사람은 일시적으로 자신들에게 분노하고 있어. 그러나 그들의 생활들이 정상으로 돌아오자마자 아마 교만이 다시 마음을 떠맡을거야."

 "그러나 나는 교만이 결코 근본적인 문제가 아니라고 생각해,"

베티가 말했다. "그것은 *본래의* 문제가 아니야. 대신에 그것은 증후야."

"나는 그것을 본래의 문제라고 봐," 샘이 주장했다, "그리고 나는 이것이 종교와 심리학이 가끔 서로 다른 곳이야. 심리학은 죄 혹은 과도한 자기존중의 문제를 최소화하고 있어."

"나는 동의하지 못해. 나는 죄가 내 안에 과장된 교만보다는 나 자신을 수용하지 못하는 실패로부터 더 오는 것 같다고 생각해."

"미안해, 그러나 나는 너의 견해가 진정으로 순진하다는 것을 발견해."

"그리고 샘," 베티가 말했다, "나는 너의 견하가 냉소적이라는 것을 발견해."

이 샘과 베티의 토론 밑에 인간의 가장 기본적인 문제에 관한 두 가지 매우 다른 관점들이 있다. 샘의 견해는 인간 행동의 추진력으로 교만에 초점을 둔다. 인간은 그들보다 더 높이 자신들을 생각하는 왜곡된 성향을 가지고 있다. 이 관점은 5세기 신학자 어거스틴에 의해 특히 강조되었던 기독교 안의 풍부한 신학적 전통의 부분이다. 특히 로마서에서 사도 바울로부터 그의 주도권을 잡으면서 어거스틴은 인간의 교만은 우리의 존재의 중심으로서 하나님을 바꾸려는 시도라고 주장했다. 우리는 하나님의 신뢰와 자기에 대한 완전한 의존을 바꾸면서 우상숭배를 범한다. 우리는 결코 우리 자신의 존재의 중심이 될 수가 없으나, 그러나 일단 우리가 자신들을 신성화하자, 우리의 삶들은 매우 혼란하게 된다. 이 어거스틴의 관점은 20세기 신학자이며 사회윤리학자인 라인홀드 니이버의 저술들에서 강력한 표현을 발견한다.

다른 한편으로 베티는 교만은 가장 기본적인 문제가 결코 아니라고 믿는다. 교만한 행실은 부적절의 더 깊은 감정을 보상하려는 시도이다. "우리 자신들을 너무 높게" 생각하는 것은 증후로서 나타난다. 교만 밑에 부적절한 감정들과 가끔 자기멸시가 놓여있다. 베티는 그녀가 이런 방식으로 사람들을 이해함으로써 현대의 심리치료의 지지를 가지고 있다고 믿는다. 죄는 과도한 자기존중이 아니고 대신에 자기가 되지 못하는 실패, 발달이 불충분한 자기 혹은 자기수용의 결핍이다. 베티는 사람들이 서로에게 행하는 파괴적인 것들은 궁극적으로 자신들을 있는 그대로 수용하지 못하는 거절로 거꾸로 추적될 수 있다. 교만을 본래의 문제라고 부르는 것은 피상적이며 죄의 역동성의 더 깊은 이해가 결핍되어 있다.

교만 혹은 낮은 자존감이 본래의 인간 문제라는 우리의 가정들은 사람들에 대한 우리의 접근에 깊이 영향력을 미친다. 우리가 교만이 본래적이라고 가정하면 우리의 접근은 더 대결적이고, 더 직접적이며, 타인들이 그들의 부적절들, 한계들과 죄들을 인정하는 것을 돕는데 더 관심을 가질 수 있다. 예를 들면 이 견해를 지지하는 목사들은 설교들에서 덜 "섬세할" 것이다. 그들은 교구민들의 이미 상처받은 자아를 화나게 하는 것을 두려워하지 않을 것이다. 교만의 우위(primacy)를 믿는 상담자들은 포위된 자기개념(beleaguered self-concept)을 지지하고 양육하는 것보다 내담자들의 왜곡된 지각들을 지적하고 싶은 마음이 더 들 것이다. 과장된 자기요구들, 자격심들(feelings of entitlement)과 타인들에 대한 무시가

치료에 초점들이 될 것이다.

다른 한편으로 부적절의 뿌리 깊은 감정들이 본래의 문제를 대표한다고 확신했던 목사들은 죄에 관해 덜 말하고, 있는 그대로 우리 자신들을 껴안을 중요성에 관해 더 많은 것을 말할 것이다. 그들의 사역은 우리의 자기중심성(self-centeredness)에 관한 대결보다는 지지, 양육과 격려에 기초할 것이다. 차례로, 우리가 우리 자신들을 과소평가한다고 확신했던 상담자들은 공감, 따뜻함과 우리의 힘들의 긍정에 초점을 둘 것이다. 목사는 물론 상담자들도 우리는 이미 우리 자신들에 관해 충분히 힘들기 때문에, 그들은 우리의 자기저주(self-condemnation)에 어떤 것을 보탤 필요가 없다고 가정할 것이다. 왜 이미 쓰러진 사람에게 발길질을 하겠는가?

교만 대 낮은 자존감의 주제에 관한 신념들은 또한 부모들이 그들의 아이들을 키우는 과정을 어떻게 하는가에 크게 영향을 미칠 것이다. 부모들은 우리 인간이 교만한 자기주장과 타인들을 무시를 하는 경향을 가진다고 가정하면, 그들은 아이들의 풍부한 에너지에 한계들과 구조를 발달시키는데 관심을 가질 것이다. 그들은 훈련의 중요성을 더 쉽게 인정할 것이다. 그들은 주요한 아이들의 문제를 낮은 자존감으로 보지 않기 때문에 그들은 "아니"라고 말함으로써 아이의 창조적인 영에 상처를 가하는 것에 관해 걱정을 하지 않을 것이다.

그들의 아이들의 낮은 자존감의 성향들을 믿는 부모들은 아이들의 가치관을 만들기 위해 열심히 노력할 것이다. 그들의 부모양육의 가장 중요한 초점은 아이들이 "자신들에 관해 좋게 느끼도록" 돕는 것일 것이다. 그들은 아이들 안에 부정적인 자기지각들을 창조할 수 있는 어떤 것을 말하는 것을 피하려고 시도할 것이다.

교만의 우위를 믿는 부모들은 낮은 자존감의 관점을 보유하고 있는 부모들을 바라보고 다음과 같이 말할 것이다: "당신은 모든 사람을 희생하고 더할 나위 없는 자존감을 가지고 있는 아이들의 세대를 가능하게 하고 있다. 이 아이들은 다른 사람에 대한 관심을 거의 가지고 있지 않고, 아니(no)라는 말의 의미를 모르며 방해받지 않는 자기방종을 할 권리를 느낀다. 그들이 '자신들에 관해 좋게 느끼는 것'을 돕는 것에 몰입하고 있기 때문에 당신들은 이기적이고 탐욕적이고 경계선들이 결핍되어 있는 아이들을 창조했다. 타인들에 대한 희생과 관심과 같은 것들은 그들의 삶들의 부분이 아닐 것이다."

본래의 문제가 낮은 자존감이라고 믿는 부모들은 다음과 같이 반응할 것이다: "대부분의 아이들은 결코 스스로 수용된 것을 결코 느끼지 못하기 때문에 그들은 아무렇게 행동하고, 파괴적인 것들을 행하고 자기중심적이 된다. 엄격한 기대들과 아이의 요구들은 강한 부적절감을 창조한다. 아이들이 자신들을 좋아하지 않을 때 그들은 가끔 타인들에게 해를 끼친다. 아이들은 지지, 격려와 자기 자신들이 되는 자유에 반응한다. 그들이 자신들을 사랑하고 존경하는 것을 배우면서 그 다음 그들은 타인들을 사랑하고 존경할 것이다."

이 똑같은 차이는 교육의 세계에서 보일 수 있다. 대학 교수들은 신입생 대학생들이 낮은 자존감과 싸운다고 가정하면 그들은 학생들이 그들의 관점들을 표현하고 어떤 문제들에 관해 그들의 생각들의 더 큰 인식을 얻도록 강하게 격려할 것이다. 그들의 초점은 이 학생들이 자신의 추리하는 능력들을 신뢰하고 그들의 학문적 기술들에서 더 큰 신뢰를 가지도록 돕는데 있다. 겁에 질려 의견을 회피하기보다는 오히려, 학생들은 더 자기를 주장하도록 격려를 받을 것이다. 그들이 시험들을 잘 보지 못하면 교수들은 이 학생들이 자신들을 실패라고 간주할 것이기 때문에 그들의 자존감을 건설하기 위해 열심히 노력할 필요가 있을 것이다.

우리가 과대평가된 자기의 관점을 가정하면, 그러나, 우리는 많은 대학생들이 자신들의 의견들의 순진함을 지나치게 신뢰하면서 수업에 들어가는 것을 목격할 것이다. 이 학생들은 그들의 믿음 체제들의 확실성에 관해 자기민족 중심적이며(ethnocentric) 독선적인 경향이 있다. 우리는 우리의 과업이 그들의 주장들의 팽창된 본질에 도전하는 것이라고 이해할 수 있는데, 이 때 우리는 그들이 그들의 사고 과정들의 한계들을 보도록 돕고 그리고 그들은 또한 다른 사람의 관점들을 경청해야한다고 주장한다. 시험들을 잘 치루지 못하면 그들은 시험이 불공평하거나 혹은 우리의 가르침이 결함이 있다고 말할 것이다. 그들이 행하게 될 마지막 일은 자신들을 비난하는 것이다.

설교든, 상담이든, 부모 양육이든 혹은 교육이든, 인간 조건의 핵심이 되는 문제에 관한 이 가정은 그 머리를 치켜 올린다. 이 주제에 관한 우리의 신념들은 크게 타인들에 접근하는 우리의 방법들을 구성한다.

이 책의 방향

이 책에서 나의 과업은 다음과 같을 것이다. 첫째, 나는 이 교만 대 자기멸시의 논쟁이 심리학은 물론 신학에서도 어떻게 많은 사상가들을 나누었는가를 더 조심스럽게 조사할 것이다. 첫 장에서 나는 이 차이들의 핵심에 들어가려고 시도한다. 이 길을 따라 나는 외관상으로 새로운 이 주제가 기독교 공동체와 문화 내에서 널리 매우 오래된 논쟁이라는 것을 지적할 것이다.

2장은 20세기 신학자이며 사회윤리학자인 라인홀드 니이버 안에서 발전된 어거스틴의 교만의 논점을 낼 것이다. 니이버의 신학적 인간학, 그의 프로이드의 평가와 비판과 그의 교만의 복잡성들의 비전 안에 풍부한 분석이 전개될 것이다.

그 다음 나는, 3장에서, 이 어거스틴의 교만의 관점이 어떻게 방종, 강박성과 중독의 문제를 이해하는가를 착수할 것이다. 교만의 논제는 어떻게 육욕의 주제를 다루는가? 어거스틴의 색욕의 고전적 이해와 제랄드 메이의 보편적 중독의 개념 사이의 관계가 탐구될 것이다.

다음 4장에서 나는 어거스틴의 모델의 여성주의자의 비판들을 조사할 것이다. 한 그룹의 중요한 여성주의 신학자들은 어거스틴-니이버의 모델은 대부분의 남자들에게 적절할 수 있지만, 그러나 그것은 여자들의 경험을 적절하게 묘사하지 않는다고 주장했다. 과도한 자기존중은 그들의 문제가 아니다.

5장은 교만이 남성이든 혹은 여성이든, 결코 모든 *사람*을 위한 본래의 문제가 아니라는, 칼 로저스에서 가장 분명하게 발견된, 인본주의 심리학의 가정을 살펴볼 것이다. 나는 로저스가 상담했던 내담자들에게 전형적인 자기멸시를 어떻게 서술하는가를 조사할 것이다. 나는 죄의 기독교적 이해가 로저스의 (사상의) 구조 주위에서 지어질 수 있는지 혹은 없는지의 질문을 제기할 것이다.

6장에서, 교만과 낮은 자존감의 주제에 양극의 반대를 지적한 후에 나는 교만과 자기멸시가 항상 똑같은 과정의 두 측면들이라고 주장한, 캐런 호니의 연구를 사용할 것이다. 다른 말로 하면, 그것은 결코 이것이냐 혹은 저것이냐의 현상이 아니다. 호니의 연구는 교만과 자기멸시의 경험들의 서로 얽힘을 가리킨다.

그리고 마침내, 마지막 장에서, 나는 어거스틴의 전통이 여성주의자 관점의 입력(input)을 필요로 하지만, 동시에 많은 여성주의자들도 아마, 자기부정(self-abnegation)과 자기회피(self-avoidance)를 포함하는, 니이버의 육욕(sensuality)의 미묘하고 충분히 발달되지 못한 개념을 놓쳤다는 것이 또한 사실이라는 것을 주장할 것이다. 나는 더 나아가서 인간 조건의 어떤 포괄적인 견해가 교만과 자기멸시를, 매우 밀접하게 관계되어 있는, 이중의 과정들이라는 것을 이해할 필요가 있다고 주장할 것이다.

이 노력의 목표는 더 포괄적인 자기이해와 인간의 죄의 역동성의 더 충분히 발달된 파악을 향해 우리를 움직이는 것이다. 바로 이 죄의 이해의 맥락에서 은혜는 심지어 더 의미심장하다. 분명하게 이것은 심리학과 신학의 교차점에 있는 계획(project)이고, 그곳에서 나는 대화의 풍부한 기회들이 있다고 믿는다. 나의 희망은 그 토론을 돕는 것이다.

목차

역자 서문 ● 5
소개 ● 9
이 책의 방향 ● 16

chapter 01 교만과 자기멸시 ● 23
"낮은 자존감" 논쟁의 심리학적 비판가들 ● 37
자기중심성의 사회적 비판들 ● 47
논쟁의 대표자들인 로저스와 니이버 ● 55
펠라기우스의 논쟁의 재연 ● 59
더 큰 주제: 죄와 자기수용 ● 66

chapter 02 본래의 문제로서 교만 ● 69
불안과 교만: 니이버의 신학적 심리학 ● 74
어거스틴과 차이들 ● 80
니이버와 프로이드: 죄의 기만적 본질 ● 91
교만의 우위성 ● 97
나르시시즘과 니이버의 교만을 동등시하는 것에 관한 경고 ● 107
요약 ● 108

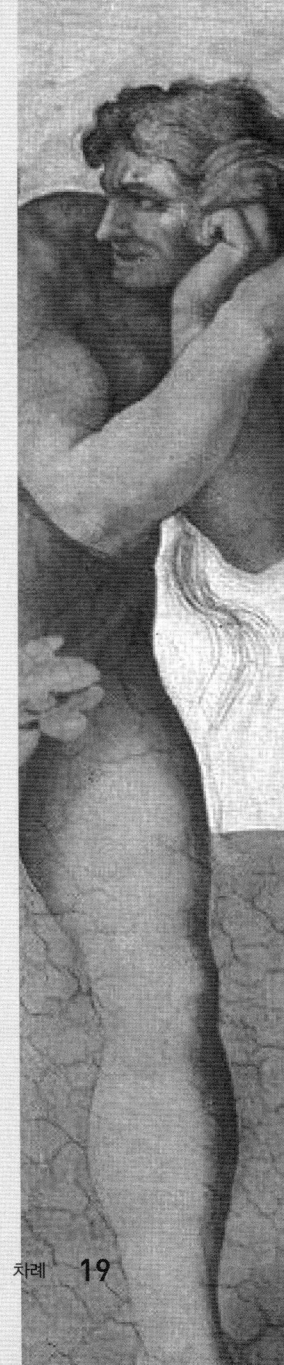

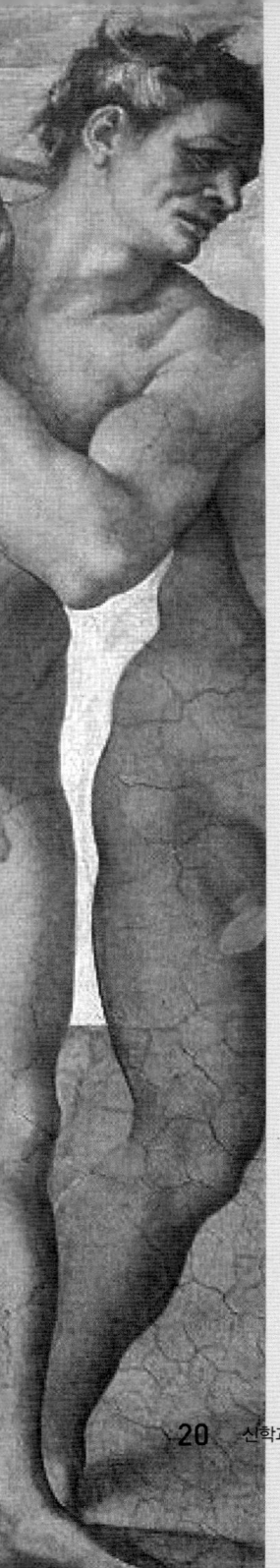

chapter 03 교만, 육욕 그리고 중독 ● 111

육욕, 색욕과 중독: 어거스틴에서 제랄드 메이까지 ● 122
교만 대 자기멸시의 충돌로 돌아가기 ● 132
그러나 교만은 모든 사람을 위한 문제인가? ● 135

chapter 04 교만과 자기상실 ● 137

교만과 자기상실: 죄를 다르게 짓도록 사회화되는가? ● 153
사회적 대(versus) 개인적 죄 ● 158
결론 ● 160

chapter 05 자기수용과 인본주의 심리학 ● 163

인본주의 심리학의 "복음": 실현경향성 ● 170
"자연적인 선": 유기체적 가치화 과정 ● 173
불일치성과 과소평가된 자기의 출현 ● 177
경멸당하는 자기를 재생하는 것 ● 179
칼 로저스를 "신학적으로 생각할 수 있는가"? ● 182
교만과 낮은 자존감은 서로 얽혀 있는가? ● 202

chapter 06 교만과 자기증오: 똑같은 동전의 두 측면들? ● 205

기분적 불안 ● 209
불안을 완화하는 세 가지 신경증적 경향성들 ● 211
모든 세 가지 움직임들 안에 공통적인 결속들 ● 230
이상화된 자기 ● 235
이상화된 자기에 대한 세 가지 반응들 ● 244
교만과 자기증오 ● 246
"영광의 추구" ● 253
신경증적 주장들과 권리 ● 254
순수한 자존감과 신경증적 교만 ● 256
교만 대 자기멸시 논쟁에 호니의 공헌 ● 259

chapter 07 불안, 죄와 자기이해 ● 267

교만과 자기멸시의 관점들을 통합하는 것 ● 271
니이버와 여성주의자의 죄의 이해로 돌아가기 ● 274
교만과 불신 ● 275
교만과 육욕: 용어들의 혼동? ● 279
"남자의" 그리고 "여자의" 죄 ● 282
죄의 평등성, 죄책감의 불평등성 ● 284
불안과 죄에 대한 그것의 관계 ● 286
강함은 물론 약함으로 인해 죄를 짓는 것 ● 293
결론 ● 295

참고문헌 ● 301

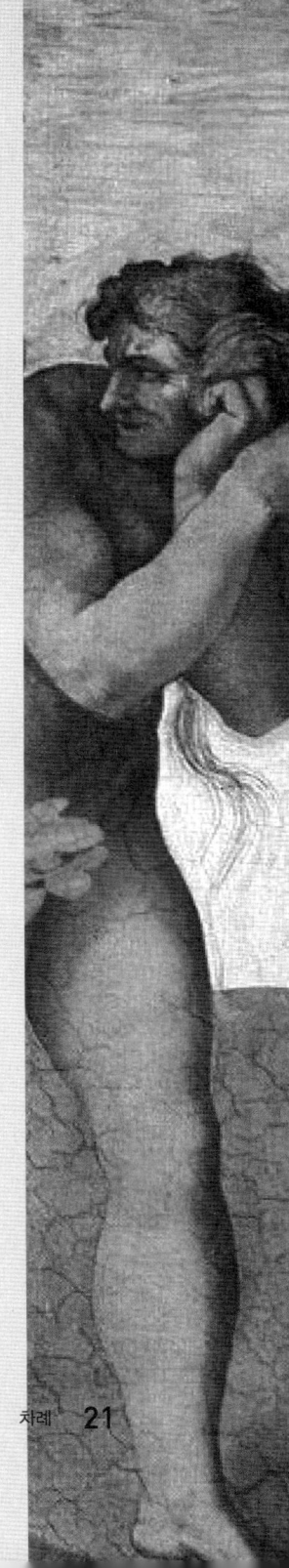

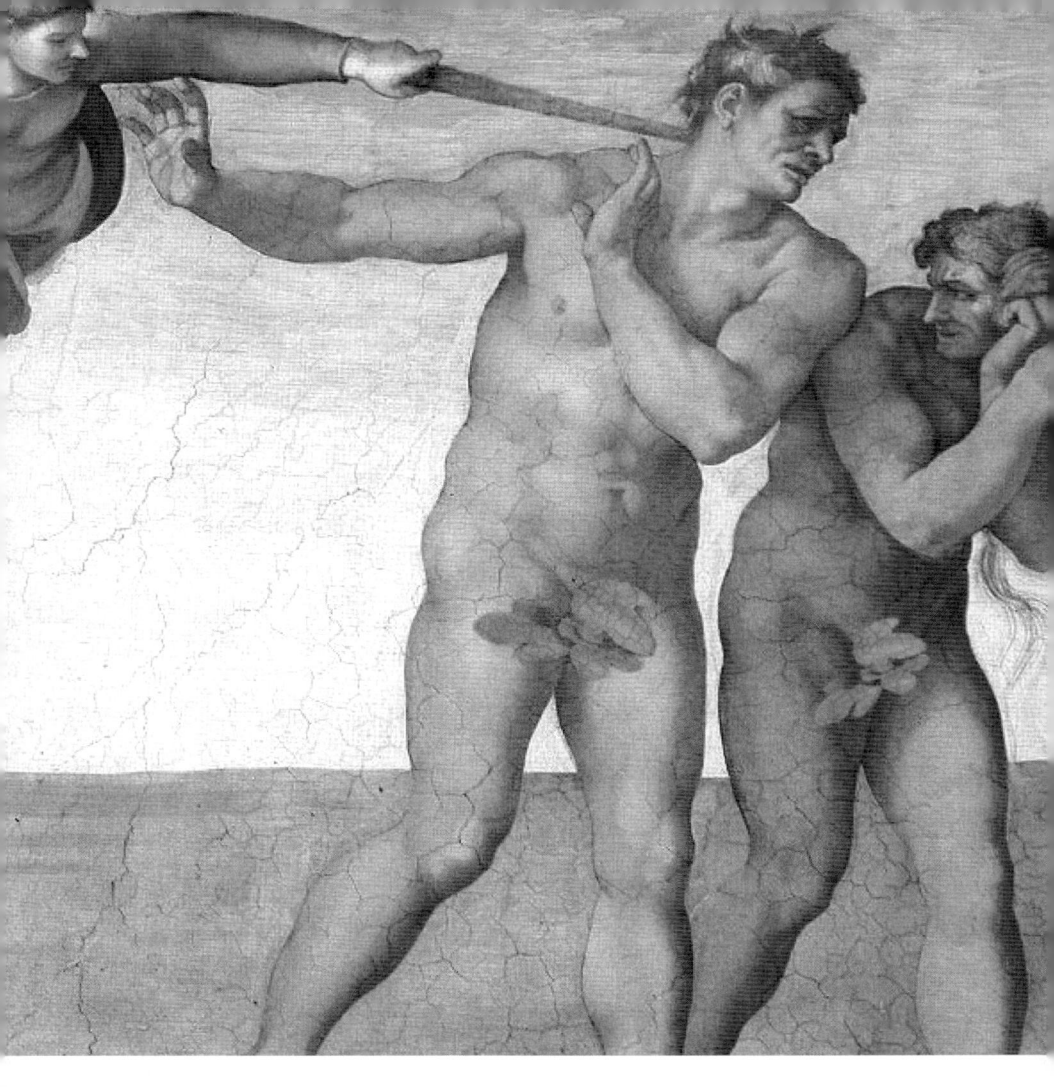

chapter 01

교만과 자기멸시

제1장

교만과 자기멸시

기독교 신학뿐만 아니라 심리학에도 관심을 가진 우리들 중의 많은 사람은 가끔 우리의 여정 위에 있는 교차로에 이르게 된다. 빈번하게, 죄의 역동성의 우리의 신학적 이해는 본래의(primary) 인간 문제로서 교만을 강조하는 어거스틴의(Augustinian) 전통에 의해 크게 영향을 받는다. 이 전통은 우리가 하나님을 신뢰하는 것을 거절하는 것만큼 우리는 우리의 존재의 중심으로서 우리 자신들을 대체한다고 주장한다. 우리의 창조주를 무시함으로써 우리는 실재(reality)를 통제하려고 이기적으로 시도한다. 우리는 정당한 이유보다 더 높게 우리 자신들을 생각한다. 이 관점에서 보면 과대함(grandiosity)은 자기의 성가신 경향이다. 자만심과 오만은 우리의 근원이 되는 분(Source)과 마찬가지로 타인들과의 관계 안에서 우리의 한계들을 인정하지 못하는 자연적인 결과들이다. 겸손과 타인들의 돌봄은 우리의 자기몰입들(self-preoccupations)과 자기높임들(self-elevations) 안에 결핍되어 있는 중요한 특성들이다. 유대-기독교 전통 내에 이 자기중심성(self-centeredness)은 죄와 동일시되는 일종의 우상숭배이다. 이것은 불가피하게 우리의 삶을 균형 밖으로 내던진다. 여러 가지 과도한 욕망들 혹은 중독들은 우리가 하나님 안에서 우리의 중심을 잃었기 때문에 나타난다. 교만 혹은 하나님-교체물(God-replacement)은 우리의 주요한 문제이다.

그러나 많은 사람은 낮은 자존감 혹은 뿌리 깊은 부적절한 감정들(feelings of inadequacy)의 문제들을 또한 경험한다. 이 문제들은 어거스틴의 교만의 묘사(portrait)와 아주 어울리지 않는다. 우리 자신들에 관한 부정적인 감정들로 인해 우리는 가끔 인본주의 심리치료사들에 의해 크게 영향을 받은, 도움을 주는 전문가들과 상의할 수 있다. 교만의 문제들을 가지기는 커녕, 우리는 자기증오(self-hatred)와 자기수용(self-acceptance)의 필요성과 싸우고 있다는 말을 들어왔다. 확실히 교만에 대한 어거스틴의 강조는 잘못되었다. 우리의 주요한 문제는 낮은 자존감 혹은 심지어 자기멸시이다. 타인들에 대해 파괴적이고 상처를 주는 행동은 우리 자신들에 대한 이 부정적인 견해에서 생긴다. 우리가 듣기로는, 우리는 우리 자신들을 사랑하기까지 타인들을 사랑할 수 없다. 자기의 이 낮은 평가는 자기수용으로 변형되어야 한다. 단지 그 다음에야, 우리는 건강한 방식으로 타인들에게 반응할 수 있다. 우리 자신들을 지나치게 높게 생각하는 것이 우리의 기본적인 문제가 아니다; 대신에 우리의 곤경은 우리 자신들의 낮은 평가를 포함한다. 다시, 어거스틴의 교만의 주제는 잘못된 것 같다.

20세기의 많은 부분을 거치면서 이 자기의 두 가지 견해들과 그것의 가장 근본적인 문제들은 충돌해왔다. 예를 들면 정신분석가 에리히 프롬(Erich Fromm)은 낮은 자존감, 자기애(self-love)의 결핍 혹은 심지어 자기멸시가 우리의 본래의 문제라고 주장함으로써 프로이드(Freud)를 떠났다.[1] 프롬에게 자기애는 항상 나르시시즘을 가져오지 않는다. 프로이드에 의하면, 그러나, 자기애는 리비도(libido)가 우리 자신들을 향하는 것이다. 이런 고로 자기애와 다른 사람들을 위한 사랑은 적대적이다. 다르게 말하면 우리가 우리 자신들을 사랑하면 우리에게 타인들을 위해 남겨진 것은 아무 것도 없다.

이 입장에서부터 멀어지면서 프롬은 "자기애"와 "이기심"(selfishness) 사이에 심오한 차이가 존재한다고 주장한다. 그는 그것을 감동적으로 진술한다:

> 이기심과 자기애는, 동일한 것은 제쳐놓고, 실제로 정반대들이다. 이기적 사람은 자신을 너무 많이 사랑하는 것이 아니라 너무 적게 사랑한다; 사실상 그는 자신을 미워한다. 그의 생산성의 결핍의 단지 한 가지 표현인, 자신을 좋아하지 않고 돌보지 못하는 결핍은 그를 공허하고 좌절되게 만든다. 그는 필연적으로 불행하고 스스로 차단한 만족들을 삶에서 불안스럽게 붙잡고 싶어 한다. 그는 자신을 너무 많이 돌보는 것 같지만 그러나 실제로 그는 진정한 자기를 돌보지 못한 그의 실패를 은폐하고 보상하려는 성공할 수 없는 시도만 할 뿐이다. 프로이드는 이기적인 사람은, 마치 그가 타인들로부터 그의 사랑을 철회하고 그것을 자신을 위해 돌려놓은 것처럼, 자기도취적이라고 생각한다. 이기적인 사람들은 타인들을 사랑할 수 없는 것은 사실이지만, 그러나 그들은 자신들도 역시 사랑

---

1) Erich Fromm, *The Art of Loving* (New York: Harper & Row, 1956).

할 수 없다.[2]

이리하여, 프로이드와 다르게, 프롬은 자기애는 타인들을 사랑하려는 우리의 능력의 중심점이라고 믿는다. 다시 자기애는 타인들을 돌보는 것의 적이 아니다. 대신에 게걸스러운 자기몰입의 무대를 마련하는 것은 자기애의 결핍이다. 이것은, 차례로, 우리 자신의 중요성의 높아진 견해를 가져온다. 이리하여 교만은 어거스틴의 전통이 강조한대로 가장 기본적인 문제가 아니다.

프롬은 다른 심리치료사들 가운데서 일치를 발견한다. 예를 들면 데오도르 루빈(Theodore Rubin)은 자기애보다 자기멸시가 인간성의 본래의 적이라는 방식을 기술한다.

> 사람들은, 너무 쉽게 그리고 내포된 파괴적인 양상들과 결과들을 거의 인식함이 없이, 일반적으로 그들 자신들을 활발하게 평가절하하고, 품위를 떨어뜨리고, 무시한다. 그 똑같은 사람들이 비도덕적이고, 고갈되고, 연약하고, 도움이 없고, 희망이 없고, 두려워하고, 취약하고, 깨어지기 쉽고, 무능력하고, 혹은 스스로 의심을 느낀다고 말할 수 있는데, 이들은 이러한 증후들과 자신들에 대한 그들의 공격들 사이에 어떤 관련이 있다는 것을 알지 못한다.[3]

더 나아가 로빈은 "모든 신경증적인 나타남들(manifestations)은

---

2) Ibid., p. 51.
3) Theodore Rubin, *Compassion and Self-Hate* (New York: David McKay, 1975), p. 29.

사실상 자기증오의 화신들(incarnations)이다"라고 덧붙여 말한다.[4] 그는 광범위한 분야의 도움을 주는 직업들에 대해 말한다.

정신분석학자 랄프 그린손(Ralph Greenson)은, 다른 한편으로, 자기애가 위험하다는 프로이드의 입장을 유지한다.[5] 그는 자기애는 사랑의 외부의 투자들이 불가능할 정도로 "자신을 향하는 것"을 포함한다고 주장한다. 그는 자기 존경과 자기 돌봄의 중요성을 인정하는 동시에 그는 "자기애"의 개념들을 완강하게 저지한다.

신프로이드학파의 알프레드 아들러(Alfred Adler)는 열등감은 불가피하고 인간 발달의 정말 중요한 구조를 구축하는데 사용된다고 말한다.[6] 우리 각 사람은 작은 존재들로서 우리의 삶들을 시작하지만 어른들은 우리들보다 뛰어나다는 단순한 사실이 열등감을 자극한다. 또한 어린이들에게 어른들은 그들의 운명을 완전히 통제하고 있는 것처럼 보인다. 다른 말로 표현하면 우리가 어른의 세계로 이동하려고 노력하도록 만드는 우리의 부적절한 감정들이 생물학적 뿌리들이다. 그러나 이 부적절감이 우월을 위한 동기부여의 자극적 원천이 될 수 있다면 그것은 병리적인 것은 아니다. 그것은 자기지배(self-mastery)를 위한 노력을 일으킬 수 있다.

문제는 어떤 개인들에게 이 자연스러운 열등감이 우월성을 위한 노력을 증진시키지 못한다는 것이다. 대신에 그것은 그들을 연약하고, 힘없고, 부적절하고 그리고 심지어 희망이 없다고 느끼도록 내버려둔다. 이러한 병리적인 감정들을 보완하기 위해 "우월감

---

4) Ibid., p. 133.
5) Ralph Greenson, *The Technique and Practice of Psychoanalysis* (New York: International Universities Press, 1968).
6) Alfred Adler, *The Science of Living* (New York: Doubleaby, 1969).

콤플렉스"가 세워진다.[7] 열등감들이 성장을 위한 움직임을 유도하는데 실패하고 대신에 황폐하게 하는 고발을 하기 때문에 어떤 개인들은 거짓된 우월감을 발달시킨다. 이것은 부적절의 두려움들을 탈출하기 위해 사용된 위조된 가면이며, 이것은 실패감에 대한 보상이다.

아들러에게, 거듭, 어떤 열등감은 건강하다. 그러나 이 감정들이 열등감 콤플렉스에 몰려 있다면 발달은 저지되고 거대한 에너지가 "우월한" 이미지를 유지하는데 퍼부어진다. 우월감 콤플렉스를 가지는 것은 "정상적"이지 않다. 우리 각 사람이 야심적으로 최선을 다하기 위해 노력한다는 의미에서 우월성을 애써 추구하는 것은 정상적이다. 그러나 우리 자신들의 팽창된 이미지(inflated image)는 항상 배후에서 작용하는 열등감의 뿌리 깊은 감정들을 가지고 있다. 따라서 아들러에게, 과대평가된 자기(overvalued self)는 우리의 진실한 가치에 대한 고통스러운 부정적인 감정들을 탈출하기 위한 시도이다.

20세기에서 인본주의 심리학의 출현은 과소평가된 자기의 문제들을 강하게 강조했다. 삶의 초기에 가끔 내재화된 기본적인 부적절한 감정들은 우리 자신들을 향한 부정적인 감정들의 무대를 마련한다. 불행하게도 심지어 잘 조직된 가족들도 가끔 어린이들에게 조건적 수용을 전달한다. 이 "가치의 조건들"은 항상 그들이 자신들의 부적절을 믿도록 만든다. 심리치료에 인본주의적 접근들은 자기는 자기 존중을 얻기 위해 필사적으로 양육, 지지와 수

---

7) Ibid., p. 31.

용을 필요로 하고 있다는 가정에 기초하고 있다. 칼 로저스(Carl Rogers), 아브라함 머슬로(Abraham Maslow)와 프리츠 펄스(Fritz Perls)는 급속하게 대중문화의 부분이 되어버린 운동에서 주요한 지도자들이다. 그것은 어떻게 우리 자신들을 사랑하며, 우리들을 돌보며, 우리들을 양육하며, 자존감을 얻는가에 대한 제목들을 가지고 서점들에서 홍수처럼 범람하고 있다. 그 숨겨진 메시지는 모든 사람은 뿌리 깊은 열등감이 들어있는 문제를 가지고 있다는 것이다.

근본적인 인간의 곤경으로서 이 낮은 자존감의 개념은 또한 미국 전역의 교회들과 회당들 쪽으로 확장되었다. 설교들은 교구민들을 그들의 이기심을 직면시키는 것에 덜 초점을 두고, "진정한" 주제 - 자신들을 사랑하지 못한 실패를 말하는 것에 훨씬 더 초점을 두게 되었다. 아마 로버트 슐러(Robert Schuller)는 우리의 교만보다는 우리의 부적절한 감정들을 더 바라보는 새로운 유형의 목회자의 가장 가시적인 인물이 되었다. 교회의 공동체들 안에서든 혹은 도움을 주는 직업들 안에서든, 신념들은 똑같은 것 같다: 사람들은 자신들을 가치 있게 평가하는 것을 배울 필요가 있다. 일단 우리가 그렇게 한다면, 우리가 직면한 대부분의 다른 문제들은 스스로 해결될 것이다.

교육적 제도들과 부모들은 또한 어린이들의 자존감에 매우 관심을 가졌다. 이것은 각 어린 아이의 잠재력을 열기 위한 열쇠이고, 각 사람 내에 있는 자연적 자원들을 개발하는 방법이었다. 교사들과 부모들은 아이들이 "자신들에 관해 좋게 느낀다"라고 확증하기 위해 노력했다.

게다가 새로운 임상적 관심이 수치심의 문제에 관해 나타났다.[8] 많은 저술은 수치심을 죄책감과 아주 다른 것으로 확인하는데, 그 동안 수치심은 죄책감과 가끔 총괄적으로 취급되었다. 독성이 있는 수치심(toxic shame)이라고 가끔 불리진 것은 사람으로서 결함이 있고, 불완전하고 그리고 부적절하다고 느끼는 조건이다. 그것은 우리의 행동보다는 오히려 우리 자신들을 공격한다는 점에서 죄책감보다 더 깊은 문제이다. 죄책감은 우리가 행한 것을 지적하는 더 제한된 임무를 가진다. 그러나 그것에 만족하지 못하고 수치심은 우리가 누구인가에 대해 우리를 고발한다. 발달적으로 심지어 어린 아이가 옳고 거른 것의 차이를 이해하기 전에 수치심은 경험될 수 있기 때문에 수치심은 죄책감보다 앞선다. 단순하게 말해서 심지어 내가 행했던 것이 나쁘다는 것을 이해할 수 있기 전에 "나는 나쁘다"라고 말하는 것이다. 그것은 전체의 자기(entire self)를 유죄로 선고한다. 그것의 목적은 교육이 아니라 폭로와 저주이다.

PBS의 특별하고 인기 있는 심리학적 저술을 통해 존 브래드쇼(John Bradshaw)는 이 수치심의 문제에 대중적인 관심의 초점을 두었다. 물론 이것은 낮은 자존감 혹은 자기의 부정적인 견해에 관해 말하는 다른 방법이다. 브레드쇼의 베스트 셀러, 『당신을 속박하는 수치심을 치유하기』(Healing the Shame That Binds You)은 수치심

---

8) 이 주제의 많은 부분이 존 브래드쇼와 같은 개인들에 의해 대중화되었다. 특히 그의 Healing the Shame That Binds You (Deerfield Beach, Fla,: Health Communications, 1988)을 보라. 브래드쇼의 저술의 많은 부분은 Gershen Kaufman의 Shame: The Power of Caring (Rochester, Vt,: Schenkman, 1980)에 기초하고 있다.

을 보편적인 인간의 곤경으로 진단한다. 수치심의 과정이 시작하기 전에 어린 시절의 경험은, 타락 이전의 에덴동산과 다르지 않게, 정결한 순수성의 상태로서 이해된다.[9] 불행하게도 수치심은 내재화되고, 그리고 결과적으로 치유될 필요가 있다. 이리하여 브래드쇼가 그것을 일컫듯이, 이 "원초적인 고통"은 "원죄"의 전통적인 신학적 이해를 대신한다.[10] 중요한 특성은 이 과정이 우리에게 이미 되어버린 것이다. 그것은 안팎을 뒤집는 책략(outside-in maneuver)이다. 브래드쇼에게 "구원"은 우리에게 되어버린 것을 슬퍼하고, 그가 "내적 아이"라고 부르는 이 순수의 원초적 상태와 다시 연결되는 것과 밀접하게 연관되어 있다.[11]

타락을 독성이 있는 수치심과 연결시키는 이 이해는 우리의 곤경에 대한 우리의 책임을 강조하는 기독교 사상 안에 있는 전통적인 추세와는 다르다. 전형적으로 기독교 전통에서 우리의 타락은 우리 자신의 자유와 연합되어 있고, 불안을 직면하면서 하나님을 신뢰하는 것을 거절하는 것과 가끔 연합되어 있다. 그것은 우리에게 되어버린 것에 관한 이야기가 아니고 우리의 잘못 다루어진 불안의 이야기이다. 직접적으로 말해서 이 전통적인 관점은 우리의 문화에 다음과 같이 말할 것이다: "보세요. 우리가 아주 치료적인 격려와 전반적인 환경만을 제공하는 완벽하고, 수치심을 주지 않는 부모들, 학교들을 가진다고 할지라도 그것은 중요하지 않습니다. 우리는 여전히 우리 내부에 문제를 가지고 있는데 - 즉 이것은

---

[9] Terry D. Cooper, "The Psychotherapeutic Evangelism of John Bradshaw," *Pastoral Psychology* 44, no, 2 (1995): 73-82.
[10] Ibid., p. 75.
[11] Ibid., p. 80.

인간이 되는 것의 한 부분인 불안 때문에 파괴적인 방식으로 행동하는 것입니다." 때때로 브래드쇼는 우리가 잘못된 부모의 양육방법을 교정하고 수치심을 불러일으키는 과정을 제거한다면, 어린 아이들은 역기능을 "넘어서" 살 수 있을 것이라는 그의 신념으로 인해 펠라기우스주의(Pelagianism)로 이동하는 것 같다.[12] 이것은 외부적 조건들이 무엇이든 불가피하게 일어나는 내부적인 갈등을 최소화하는 것 같다. 아담의 이야기의 중심적 주제는 최초의 부부는 건강한 상황을 가졌으나, 그러나 그들은 자기중심적인 방식들로 행동했다는 것이다. 브래드쇼는 양육하는 환경의 중요성의 매우 필요한 인식을 제공하지만, 때때로, 그는 심지어 이상적인 환경들 안에서 파괴적으로 행동하는 자기의 능력의 힘을 최소화한다. 브래드쇼가 확실하게 흡수했던 인본주의적 관점 안에 있는 이 낙천적인 경향은 나중에 더 상세하게 비판받을 것이다.

그러나 과대평가된 자기(overvalued self)와 과소평가된 자기(undervalued self) 사이의 차이들은 단지 종교의 비관주의와 심리치료의 낙관주의 사이의 긴장만은 아니다. 이 분열은 각 학문들 내에 존재한다. 특히 그의 후기의 저술들에서 프로이드는 자기의 더 어두운 묘사를 확실히 강조했다.[13] 이드(원자아)의 원시적 충동들은 사회적 억압에 의해 저지되어야 하는데, 그렇지 않으면 문명은 가능하지 않을 것이다.[14] 과도한 자기애, 이기심과 공격성은 인간

---

12) 펠라기우스주의에 대한 이 언급은 5세기의 수도자 펠라기우스(Pelagius)를 지적하는 것인데, 그는 인간은 하나님의 은혜의 부가적인 도움이 없이도 하나님의 계명들을 지킬 수 있다고 믿었다.
13) Sigmund Freud, *Civilization and Its Discontents*, trans. James Strachery (New York: W. W. Norton, 1963).
14) Ibid.

의 심리 내에 있는 자연적인 성향들이다. 이것들은 억제되어야 하고 통제되어야 한다. 이드(원자아)는 자기를 규제하는 능력을 가지고 있지 않는데, 따라서 사회적 억압의 도움이 없이 우리는 모두 야만인이 될 것이다. 그와 같은 것이 우리의 원시적 본능의 본질이다.

인간 본질에 관한 프로이드의 비관주의에 대항하여, 로저스, 머슬로, 펄스 등이 인본주의 심리학들이 만들어졌다. 물론 인간성의 덜 부정적인 견해를 견지했고, 인본주의 심리학의 출현이 가능하도록 도왔던 융(Jung), 호니(Horney)와 프롬(Fromm)과 같은 사람들도 있었다. 그러나 자기에 대한 프로이드적 관점과 로저스적 관점 사이에 급진적인 차이들을 과대평가하는 것은 어렵다. 로저스의 전기 작가인 하워드 키쉔바움(Howard Kirschenbaum)은 로저스에 대한 다음의 인용에서 이 차이를 요약한다:

> 칼 메닝거(Karl Menninger)와 같은 프로이드 학파의 학자가 사람은 "선천적으로 파괴적"이라고 이해한다고 그가 나에게 말할 때, 나는 놀라서 나의 머리를 흔들 뿐이다. 그것은 내가 모든 종류의 당황스러운 질문들을 할 마음이 나게 한다. 비탄 속에 있는 개인들과 친밀한 관계들을 나누며 상담하고 있는 메닝거와 내가 어떻게 사람들을 그렇게 다르게 경험할 수 있단 말인가?[15]

로저스는 왜 그와 프로이드가 자기에 대한 그들의 기본적인 견

---

15) Howard Kirschenbaum, *On Becoming Carl Rogers* (New York: Delta Books, 1979), p. 250.

해들에서 너무나 많이 다른가에 대해 계속해서 흥미로운 추측을 한다. 이것은 단지 하나의 가설이라는 것을 인정하면서, 로저스는 심지어 프로이드가 자기 분석을 통해 그 자신의 어떤 숨겨진 차원들을 이해하게 되었을지라도, 그는 그 자신에 대한 이 차원들을 완전히 수용할 수 없었다고 제시한다. 사실상 우리 모든 사람은 우리 자신을 발견할 수 있는 것에서 제한되어 있다. 일단 자기멸시(self-depreciation)의 양식들이 자리를 잡게 되면, 다른 사람이 완전한 자기수용이 가능하기 위해서 우리의 내적인 여정을 강조하게 된다. 프로이드의 자기 분석이 훌륭한 것만큼, 그것은 자기의 부인된 부분들(disowned parts)을 더 쉽게 껴안도록 만드는 따뜻한 수용적인 관계가 결핍되어 있다. 로저스는 그의 추측을 계속한다:

> 이런 고로 그가 자신의 숨겨지고 부정된 측면들을 알게 되고 어느 정도 이해할 수 있었을지라도, 나는 그가 그것들을 충분히 수용하고, 그것들을 자신의 의미 있고, 받아들일 수 있고, 건설적인 부분으로 포옹할 수 있는가에 대해 의문을 제기한다. 더구나 그는 그것들을, 그의 다른 충동들과 균형을 이루며 자유롭게 존재할 때 건설적이었던 충동들이라기보다는, 자신의 수용할 수 없는 측면들, 즉 그가 통제하고 있다고 알고 있는 적들이라고 계속해서 이해하고 있었다. 하여튼 나는 이것이 숙고할 가치가 있는 가정(hypothesis)으로 여긴다.[16]

---

16) Ibid., p. 251.

프로이드 학파의 사람들이 그와 같은 진술에 주춤하지만, 그러나 한편 우리가 수용적인 타인과의 관계 안에서 우리 자신들을 가장 깊이 발견한다는 것은 로저스의 깊은 확신에서 나온 것이다. 이런 고로 그 자신의 분석의 고립 안에서 자기수용을 성취하려는 프로이드의 시도는 수도원에서 금욕적 실천들을 통해 은혜의 감각을 얻으려 했던 루터의 시도와 비슷하다. 종교적으로 말해서, 우리는 우리 자신의 은혜를 불러일으킬 수 없다. 그것은 우리보다 더 큰 수용의 능력에 의해 우리에게 중재되어야 한다.

"낮은 자존감" 논쟁의 심리학적 비판가들

프로이드적 관점들보다 다른 심리학적 관점들도 또한 인본주의 심리치료의 자기의 낙천적 평가에 비판적이다. 한 가지 실례는 폴 비츠(Paul Vitz)의 저술인데, 그의 별로 정교하지 않은 제도의 책 『종교로서 심리학: 자기숭배의 사이비 종교』(Psychology as Religion: The Cult of Self-Worship)는 1977년에 나와서 1994년에 개정되었다.[17] 제목이 지적하듯이 비츠는 이기주의 심리학(selfist psychology)이 자기 찬양의 세속화된 종교가 되었다고 믿는다. "이기주의 심리학"이란 말에서 그는 로저스, 머슬로, 롤로 메이(Rollo May)와 프롬의 영향력을 주로 언급한다.[18] 그는 개인적인 권리들에 대한 급진적인 몰입으로 인해 우리 문화는 의무, 책임, 억

---

17) Paul Vitz, *Psychology as Religion: The Cult of Self-Worship*, 2nd ed, (Grand Rapids, Mich.: Eerdmans, 1994).
18) Ibid.

제 혹은 금지와 같은 개념들이 사고의 원시적 방법 속에 뿌리를 내린다는 것을 믿게 된다고 주장한다. 비츠는 인간의 가능성 운동(potential movement)의 핵심을 공격하는데, 그것은 즉 자기의 타고난 선 혹은 실현경향성(actualizing tendency)에 대한 믿음이다. 그는 생물학적 진화로부터 나타나는 힘들은 인본주의 심리학 안에 신성한 가정인 일종의 한 방향의 성장경향성(one-directional growth tendency)을 드러내지 못한다고 주장한다.

비츠에게 자존감은 우리의 주요한 문제가 아니다. 사실상 이기심을 향한 유전적 경향성으로 인해 우리가 과거의 집단적인 도덕적 지혜를 알아보지 못하는 것은 당연하다.[19] 비츠는 로저스와 같은 인본주의 심리학자들은 인간의 성장과 팽창을 방해하기 위한 사회적 질서를 비난한다고 믿는다. 사회는 개인의 기본적인 선을 왜곡한다고 비난을 받는다. 그러나 인간의 가능성 운동은 사회적 질서가 인간적으로 건설되고 유지된다는 것을 잊는다.[20]

실험주의 심리학자로서 비츠는 인본주의 심리치료들이 심리학적 과학의 양복저고리의 뒷자락(coattails) 위에 타려고 시도하는 것에 당황한다. 그러나 그는 이 비과학적 낙관주의가 심리학에 제한되어 있다고 생각하지 않는다. 그것은 또한 여러 가지 종교집단들 안에서 나타난다. 사실상 그는 인본주의 심리학의 선행자들이 20

---

19) 비츠는 도날드 켐벨이 미국심리학협회에서 1974년의 주제 연설에 의해 심하게 영향을 받았는데, 이것은 나중에 "On the Conflicts Between Biological and Social Evolution and Between Psychology and Moral Tradition," *American Psychologist* 30 (December 1974): 1103-26으로 출판되었다.
20) Terry D. Cooper, "Self-Awareness or Self-Absorption: How the Sociology of Knowledge Can Help Counselors," *Counseling and Values* 26, no. 4 (1982): 275-80.

세기 초반의 개신교의 자유주의 안에 있다고 믿는다. 비츠는 인본주의 심리학의 선구자들 중의 한 사람이 뉴욕의 목사 해리 에머슨 포스딕(Harry Emerson Fosdick)이었다고 생각한다. 칼 로저스의 『사람되기』(On Becoming Person)가 나오기 20년 전에 저술된, 그의 광범위하게 읽혀진 책 『진정한 사람되기』(On Becoming a Real Person)는 로저스의 나중의 책에 익숙한 주제들을 제공한다.[21] 포스딕은 물론 노먼 빈센트 필(Norman Vincent Peale)도 자기실현을 그들의 신학들의 중심적인 날카로운 주제(thrust)로 만들었다.[22] 사실상 비츠에 의하면 포스딕은 통합(integration)의 이념이 구원의 개념을 대신할 수 있다는 것을 인정한다.[23] 여기에서 기억해야할 중요한 것은 자기실현의 개념이 뉴욕 강단들에서부터 무겁게 설교되었다는 것이다. 포스딕에게 우리 모든 사람들은 완전성(wholeness)을 향한 기본적인 욕구를 가진다. 죄는 악을 향한 성향이기보다는 오히려 초점의 혼란과 결핍의 문제이다.[24] 포스딕에게 통합은 자기 발견, 자기수용과 자기애에서부터 유래한다.

　나는 비츠가 로저스적 치료(Rogerian therapy)가 자동적으로 자기숭배(self-worship)를 가져온다는 사례를 과장한다고 믿는다. 사실상 자기숭배는 머슬로는 물론 로저스가 자기실현으로서 확인한 것의 바로 그 본질과 모순된다. 자기를 실현하는 개인들은 자기보

---

21) Harry Emerson Fosdick, *On Becoming a Real Person* (New York: Harper & Row, 1943); Carl R. Rogers, *On Becoming a Person* (Boston: Houghton Mifflin, 1961).
22) 예를 들면, Harry Emerson Fosdick, *As I See Religion* (New York: Harper & Row, 1943); Norman Vincent Peale, *The Art of Living* (New York: Abingdon-Cokesbury, 1937)을 보라.
23) Harry Fosdick, cited in Vitz, *Psychology as Religion*, pp. 99-103.
24) Vitz, *Psychology as Religion*, pp. 99-103.

다 더 큰 연구 과제 혹은 비전에 초점을 둔다. 그들은 결코 자기실현을 그들의 본래의 목표로 삼지 않는다. 비츠는 로저스적인 치료를 통해 자기 몰입으로부터 해방된 의미 있는 사람들을 간과한다. 이 사람들은 그들이 부인했고 그리고 그들을 자기 강박적(self-obsessed)이 되도록 했던 자신들의 부분들을 수용하는 능력을 공감적 관계 안에서 발견한 개인들이다. 요약하면, 비츠는 로저스적 치료 안에 있는 은혜의 암묵적(implicit) 발견을 완전히 무시한다. 토마스 오든(Thomas Oden)과 단 브라우닝(Don Browning)이 너무나 잘 지적했듯이, 로저스적 치료사는 하나님 안에 궁극적으로 기초를 두고 있는 수준의 수용을 가끔 중재한다.[25] 전통적으로 "죄에의 굴레"로 불러진 것의 일부분은 진정으로 우리가 받아들이려고 몸부림치는 자기몰입(self-preoccupation)의 감옥이다. 이 포로상태로부터 해방은 우리의 존재론적 수용을 암묵적으로 중재하는 사람의 면전에서 강력한 경험이 될 수 있다. 자기숭배를 격려하는 대신에, 이것은 우리가 살아가면서 타인들을 돌보고, 지나치게 자기에게 초점을 두지 않고 우리의 삶을 추진하도록 자유롭게 할 수 있다.

그럼에도 불구하고 비츠는 완전한 자조 문화(self-help culture)의 가능한 순진함에 의문을 불러일으키는 흥미 있고 도전적인 책을 저술했다. 확실히 그는 우리 자신의 개인적 "성장"을 세상에서 가장 중요한 것으로 만드는 우리의 문화 속에 있는 경향을 정확하게

---

[25] Thomas C. Oden, *Kerygma and Counseling* (Philadelphia: Westminster Press, 1966); Don Browning, *Atonement and Psychotherapy* (Philadelphia: Westminster Press, 1966).

지적한다. 그러나 로저스 혹은 머슬로의 현관계단(doorstep)에 그것을 놓은 것이 공평한지 혹은 공평하지 않는지는 아주 다른 문제이며, 우리는 나중에 그것을 연구할 것이다.

다비드 마이어(David Myers)는 과소평가된 자기가 인간성의 본래의 문제라는 논지에 반대하는 다른 존경받는 심리학적 소리이다. 주제에 관한 그의 주요한 저술들 중에서 『팽창된 자기, 신앙의 눈을 통해서 본 심리학』(The Inflated Self, Psychology Through the Eyes of Faith)과 그의 빈번하게 사용된 교과서, 『사회심리학』(Social Psychology)에서 그는 반대의 관점을 정확하게 주장한다.[26] 인간의 조건에 관해 프로이드의 비관주의에 의존하는 대신에, 마이어는 사회심리학 안에 연구는 인간성이 근본적으로 이기적이고 자기중심적이라는 전통적인 성서적 묘사를 확증한다고 믿는다.[27] 그의 제목들 중의 하나가 분명하게 암시하듯이, 마이어는 기본적인 인간의 문제를 자기타락(self-degradation)이라기보다는 오히려 자기팽창(self-inflation)으로 이해한다. 다른 말로 표현하면 우리는 우리 자신들을 너무 높게 생각한다. 비츠와 같이 마이어는 인본주의 심리학은 낮은 자존감이 우리의 가장 기본적인 문제라는 주장에 의해 우리의 문제들을 눈감아 주었다고 믿는다. 정당하다고 인정할 수 없는 교만과 이기주의가 진정한 위험들이다.

마이어는 과학적 연구 심리학의 발견들이 아주 진지하다고 선언한다. 그것들은 인간의 자아를 건설하는 것보다 오히려 도전하

---

26) David G. Myers, *The Inflated Self* (New York: Seabury Press, 1980); *Psychology Through the Eyes of Faith* (San Francisco: Harper & Row, 1987); *Social Psychology*, 5th ed, (New York: McGraw-Hill, 1996).
27) Myers, *Inflated Self*.

는 경향이 있다. 마이어가 말하듯이, "자기가 의롭다고 여기는 문화 속에서 자랑스러운 개인들인 우리에게, 인간 본성의 야만스러운 사실들 중의 하나가 망상(illusion)과 자기기만(self-deception)을 위한 우리의 능력이라는 것을 발견하는 것은 소름이 끼친다."[28] 우리는 이기적인 성향에 의해 쉽게 타락한다. 이것으로 인해 우리는 우리 자신들의 정확한 모습과 마찬가지로 세계에 눈멀게 된다. 마이어에게 이기심을 향한 이 경향은 다비드 바라쉬(David Barash)와 도날드 캠벨(Donald Campbell)과 같은 진화론적 심리학자들에 의해 쉽게 증명된다.[29] 마이어는, 비록 그가 교만과 이기심이 우리의 기본적인 본성으로 지어져 있다는 견해에 대해 망설일지라도, 그것들이 본래적이라는 그의 주장을 진화론적 심리학의 발견들이 지지하고 있다고 믿는다. 기독교 심리학자로서 그는 인간의 조건은 아무튼 타락한 것이라는 것을 믿고, 그리고 그는 이기심이 우리의 원초적인 분장(makeup)의 부분이라면 우리는 그것에 도덕적으로 책임을 진정으로 질 수 없다고 주장한다.

 사회심리학자들은 이 이기적 경향이 존재한다는 확증적인 증거를 제공하는 사람들이다. 그들은 개인은 물론 그룹의 태도들 안에서 이 이기적인 성향을 발견한다. 이 이기적인 성향은 특히 귀인 이론(attribution theory)에서 발견될 수 있는데, 이것은 각 사람 혹은 그룹이 어떻게 그들 자신과 타인들의 행동을 설명하거나 혹은 해명하는가를 다룬다. 다르게 말해서 우리는 우리의 행동을 무엇에 *귀속시키는가*? 가끔 그것은 우리 자신들이고 가끔은 그것은 타

---

28) Ibid., p. xiv.
29) Ibid., p. 25.

인들이다. 마이어는 이 연구들이 결론적으로 하나의 양식을 드러낸다고 믿는다. 우리 인간들은 긍정적인 행동들은 우리 자신들에게 그리고 부정적인 행동들은 외부의 요인들에게 귀속시키는 경향이 있다. 우리는 우리에게 발생하는 좋은 일들에 대해 명예를 취하고 나쁜 일들은 외부의 문제들 때문이라고 비난한다. 이기적이며 자기를 정당화하는 경향은 명백하다. "비록 대부분의 사람들이 '나는 OK하지 않다-당신은 OK이다'라는 증후군의 고통을 겪는다고 통속적으로 믿고 있을지라도, 윌리암 사로얀(William Saroyan)이 진리에 훨씬 더 가깝다는 것을 연구는 지적한다: '모든 사람은 나쁜 세상에서 좋은 사람이다 - 그가 스스로 아는 것처럼.'"[30]

따라서 우리는 우리의 성공들에 대해서 명예를 받아들이고 우리의 실패들에 대해서 외부의 요인들을 비난한다. 예를 들면, 거의 변함없이 시험을 잘 친 학생들은 그것을 그들의 힘든 공부와 근면의 탓으로 돌린다. 그들이 잘못 칠 때, 그러나, 그들은 시험이 그들의 지식 혹은 능력의 믿을 만한 지표가 되지 못한다고 가끔 주장한다. 다른 연구들은 우리의 신념들과 판단들의 정확성을 과대평가하는 경향을 지적한다.[31] 마이어는 개인들이 열등감보다는 우월감 콤플렉스에 의해 훨씬 더 곤란을 겪는다는 것을 이 연구들이 증명한다고 확신한다. 우리는, 적어도 양심적인 보고에 의하면, 우리가 타인들을 보는 것보다 훨씬 더 나은 관점에서 규칙적으로 우리 자신들을 본다. 예를 들면 대학 학부의 한 조사에서

---

30) William Saroyan, quoted in Myers, *Inflated Self*, p. 21.
31) Myers, *Psychology Through the Eyes of Faith*, 특히 25장을 보라.

94%가 평균적인 동료들보다 그들 자신들이 더 낫다고 보았다.[32] 조사를 거듭하면서 자기보고(self-report)는 타인들과 비교해서 자기의 매우 높은 평가를 지적했다. 마이어는 이렇게 흥미 있는 의견을 말한다:

> 이 결론이 대부분의 우리들이 낮은 자존감과 높은 자기멸시로 고통을 겪는다는 통속적인 지혜와 얼마나 과격하게 다투고 있는가를 주목하라. 확실히 우리는 우리의 자존감을 유지하고 높이기 위해 강하게 자극을 받고 있고, 그리고 우리는 우리를 그렇게 하도록 돕는 어떤 메시지도 환영할 것이다. 그러나 대부분의 우리들은 다른 모든 사람들이 우리보다 더 낫다는 감정들로 인해 비굴하지 않는다. 추측건대 불행한 자아상들로 오염된 청중들에게 자아를 증진시키는 격려의 말들을 전달하는 설교자들은 거의 존재하지 않는 문제에 대해 설교하고 있다.[33]

마이어는, 그러나, 어떤 개인들은 낮은 자존감의 고통을 진정으로 겪고 있다는 것을 인정한다. 더 나아가 그는 이들이 치료사의 사무실에 나타날 것 같은 사람들이라는 것을 믿는다. 그러나 그가 반대한 것은 낮은 자존감이 인간의 문제이어야 한다는 것을 이 상호작용들에서 치료사가 일반화하는 것이다. 다시 낮은 자존감을 가진 사람들은 우리 문화의 매우 작은 단면이다.

사회심리학자들과 심리치료사들이 가끔 머리들을 부딪치는 것

---

32) Ibid.
33) Myers, *Inflated Self*, p. 24.

이 정확하게 바로 이 지점이다. 사회심리학 연구에서 "우월감 콤플렉스"를 위한 증거를 들으면서, 많은 심리치료사들은 "물론 개인들은 검사의 맥락에서 그들의 방어들(defenses)이 올라가는 이런 방식으로 소리를 낼 것이다"라고 반응한다. 그들은 가끔 연구 조사자에게 그들이 자신들에 관해 믿고 싶어 하는 것 혹은 건전하게 들릴 수 있는 것을 말할 것이다. 그러나 우리가 사람들이 자신들에 관해 진정으로 생각하는 것을 발견하는 것은 냉철하고 급한 면담 과정이 아니라 심리치료의 안전한 환경이다. 이리하여 개인들은 사회적 조사에 알려지지 않은 세계와 비밀리에 관여하기 때문에, 심리치료사들은 가장 깊은 수준에서 개인들을 알게 되는 기회를 가진다. 방어들이 내려지기 시작하고 사람이 표면 밑에서 진행되고 있는 것을 드러낼 때, 많은 치료사들은 본래의 문제가 자기팽창이 아니라는 것을 발견한다.

사회심리학자들은 의심할 여지가 없이 심리치료적 담화가 삶에 의해 상처를 받아왔고 부서진 사람들의 일시적 조건을 표현한다고 답할 것이다. 단순하게 말해서 그들은 "그들 자신에게 원한을 품고 있다." 그러나 이 사람들이 치료를 받는 매주 한 시간 혹은 두 시간 밖에서도 이런 방식으로 살아갈까? 더구나 심지어 이 개인들이 낮은 자존감과 정당하게 싸우고 있을지라도, 우리 사회 안에 있는 셀 수 없는 다른 사람들은 그들이 "문제들"을 가지고 있다고 믿지 않기 때문에 심리치료사의 사무실 근처에도 가지 않는다. 이 사람들은 그들의 어려움들을 환경 혹은 타인들의 탓으로 들린다.

심리치료사들은 소위 이 우월감이 자기방어(cefensiveness)와 자기소외(self-alienation)에서 생긴 엷은 판(veneer)이라고 되받아칠 것이다. 이 사람들은 사회적 신뢰의 겉모습 뒤에 그들의 상처와 부적절의 뿌리 깊은 감정을 숨기도록 배웠다. 이것을 벗긴다면 우리는 안전의 가면 뒤에 극복하려고 힘쓰는 불안한 개인을 발견할 것이다. 짧게 말해서 수용할 수 없는 자기의 아픈 주제가 말로 표현될 때만 우리는 괴롭히는 자기몰입이 없이 우리의 삶들을 자유롭게 살아갈 것이다. 나의 발속에 있는 고통은 내가 그것을 다루기까지 나를 괴롭힌다. 일단 그것이 의학적으로 설명되고 나면 나는 그것을 생각함이 없이 병원에서 걸어 나올 것이다.

그러나 마이어에게 "이기적인 성향(self-serving bias)은 인간의 교만에 관해 영원히 바르게 평가되지 못한 진실에 대한 사회심리학자의 새로운 번역(rendition)이다."[34] 그는 이러한 양식의 자기정당화(self-justification)와 전통적 유대-기독교의 죄의 이해 사이에 많은 유사점들을 본다. 그는 랑돈 킬키(Langdon Gilkey's)의 죄의 설명을 좋아한다:

이것은 법률존중론자(legalist)의 정신성에 의해 주어진 일상의 의미와는 아주 다른, 죄의 종교적 의미이다. 죄는 유한한 관심에 대한 궁극적인 종교적 헌신으로 정의될 수 있다; 그것은 자기, 그 존재와 그 권위, 혹은 한 그룹의 존재와 그 위엄을 위해 다른 것을 무시하는 충성심 혹은 관심이다. 이 더 깊은 죄로부터, 즉, 자기와 그 자신의 이 무절제한 사랑으로부터, 무관심, 부정, 편견, 그리고 자신의 이웃에 대한 잔인성의 도덕적 악들, 그리고 우리가 "죄들"

---

34) Ibid., p. 38.

이라고 부르는 행동의 다른 파괴적인 양식들이 나온다.35)

　이 과도한 자기애와 자기에의 몰입은 일종의 우상숭배이다. 이 우상숭배는, 차례로, 심지어 그것이 부정, 편중(bias)과 편견을 포함하고 있을지라도 자기의 긍정적 이미지를 유지하기 위해 계획된 자기기만의 양식들(patterns)을 구성한다. 우리는 우리의 진정한 모습 그대로 자신들을 단순하게 볼 수 없다. 우리의 문제들은 낮은 자존감이 아니다. 어거스틴은 교만에 관해 옳았다.

　많은 신프로이드 학파의 사람들과 인본주의 심리치료사들은, 물론, 고집스럽게 동의하지 않을 것이다. 그들에게, 사람들은 안전하고 공감적인 분위기를 필요로 하는 자신들을 더 깊은 차원에서 알게 될 때, 그들은 그들이 진정 누구인가에 대해 생각하기 때문에 자기 편견은 사라질 것이다. 그들은 자기의 방어들을 내려놓을 것이다. 그들이 자신들에 관해 허구를 창조했던 두려움과 소외가 해체되기 때문에, 그들은 자신의 가치를 더 이상 과대평가하지 않을 것이다. 다르게 말해서 교만은 본래의 문제가 아니다.

자기중심성의 사회적 비판들

　문화 역사학자 크리스토퍼 래쉬(Christopher Lasch)는, 1960년대의 많은 사회적 희망들을 조사하면서, 순수한 사회적 변화에 관한 냉소주의가 1970년대에 뚜렷해졌다고 믿는다. 그 결과로서 우

---

35) Langdon Gilkey, *Shantung Compound* (New York: Harper & Row, 1966), pp.232-33.

리의 문화는 내적으로 격렬한 변화를 겪는다.[36] 래쉬는 미국의 문화를 자기도취적이라고 고발하고 우리는 역사적 연속성의 감각을 잃었다고 주장한다. 사회적 갱신의 가능성들에 환멸을 느낀 채 우리는 미쳐가는 개인적 성장 산업을 껴안았다. 우리 자신들보다 더 큰 과정 안에 있는 역사적 뿌리 감각은 희생되었다.[37] 과거로부터 단절되고 미래에 관심이 없는 고립되고 분리된 개인은 미국의 나르시시즘에 유행병처럼 널리 퍼져있다. 역사는 나와 함께 시작된다는 숨겨진 감정은 우리의 마음에 널리 스며든다. 과거의 지혜에 관한 회의주의와 미래를 향한 책임의 결핍은 미국 문화의 중요한 특징들이다. 개인적 경험은 진리를 위한 유일한 표준으로 승격된다. 이 자기의 새로운 의식은 사람들을 야기해 정치적이고 사회적인 참여로부터 후퇴하도록 한다. 정신건강은 모든 금지들을 포기하고 모든 욕망들을 즐기는 것으로 이해된다. 이것은 프로이드의 치료의 훨씬 더 겸손한 목표 - 사랑하는 것과 일하는 것 - 과 현격한 차이가 있다. 새로운 종류의 나르시시즘은 에머슨(Emerson)과 소로(Thoreau)와 같은 미국의 19세기의 초월주의자들(transcendentalists)에 일종의 거친 개인주의(rugged individualism)와는 다르다. 그들의 입장을 고수한 거친 개인주의자들과는 다르게, 자기도취주의자들은 과장된 자기를 반영해줄 변함없는 청중을 필요로 한다. 자기도취주의자들은 그들의 자존감의 정담함을 인정하기 위해 타인들에게 의존한다. 19세기의 개인주의자들은 자기 밖

---

[36] Christopher Lasch, *The Culture of Narcissism* (New York: W. W. Norton, 1979), pp. 3-30.
[37] Ibid., pp. 3-7.

에서 존재할 수 있는 거친 광야(wilderness)를 정복하는 것을 목표로 삼았다.

이리하여, 래쉬는 말하기를, 치료는 "자각 숭배자들"(awareness worshippers)을 먹여주는 새로운 종교가 되었다. 특히 치료가 종교를 대신하면서 두 가지가 안내역을 맡게 된다. 한 가지는 19세기와 20세기들에서 종교적 헌신의 쇠퇴이다. 다른 것은 치료사들을 세속적인 사제들로 바꾼 프로이드의 팽창이다. "프로이드의 희생"이라는 제목의 매혹적인 논설에서, 래쉬는 오늘날 통속적인 치료들(pop therapies)은 진리, 정직과 객관성을 위한 프로이드의 열정을 희생시켰다고 주장한다.[38] 대신에 지나치게 확장된, 기쁨이 넘치는 자기가 헌신의 새로운 목적이다.

치료를 종교로 변형시키는 것은 매우 중요한 점을 놓친다: 통속적인 치료들은 반종교적이다. 래쉬는 종교는 사물들의 전반적인 도식에서 우리의 의미의 맥락, 즉 우리는 고립된 자기보다 더 큰 수수께끼(puzzle)에 어떻게 적응하는가를 알려고 한다는 것을 우리에게 올바르게 상기시킨다. 그것은 하나의 전체로서 실재의 모든 포괄적인 해석을 탐색한다. 래쉬에 의하면 치료는, 다른 한편으로, 실재를 개인적 자각으로 축소하는 것을 원한다. 치료는 궁극적인 의미, 목적, 우주의 방향, 등에 관한 질문들을 취급할 소양을 가지고 있지 않다.

래쉬는 "확실성"(authenticity)의 실존주의자의 이해와 나르시시즘의 방종(self-indulgence) 사이에 결정적인 구별을 한다. (키에르케고르

---

38) Lasch, "Sacrificing Freud," *New York Times Magazine*, February 22, 1976, p. 11.

에서 사르트르까지) 자기에 대한 실존주의의 핵심적 통찰력들은 모두 자기 안에 흠뻑 젖지 않고 자기를 바라보는 확실한 비판적인 입장을 가리킨다. 대조적으로 "고백적" 문학의 대중성은 통찰력보다 자기도취적 자기폭로(narcissistic self-exposure)에 대한 편애를 반영한다.

에드윈 슐러(Edwin Schur)는 우리의 "자각 문화"(awareness culture)를 매우 높게 생각하지 않는 다른 사회적 비판가이다.[39] 슐러는 사람들이 그들의 모든 문제들의 기원들이 그들의 심리들 내에 존재한다는 것을 믿게 되었다고 믿는다. 사회적 변화의 가능성은 개인들이 "치료되면서(therapized)" "식어지게 되고"(cooled out), 그리고 그 후 현상은 똑같이 남는다.[40] 슐러는 치료들 그 자체들보다는 자각 열광(awareness craze) 밑에 숨어있는 가정들에 더 관심을 가진다. 사람들이 그들의 삶들 속에 있는 모든 것에 책임을 지도록 하는 이 초대는 그들을 주변에 있는 정치적이고 제도적인 권력들에 눈멀게 한다. 그것은 억압하고 있는 모든 구조들에 유아론자의 태만(solipsistic inattention)을 고취시킨다. 이리하여 개인들은 사회경제적 문제들을 내면화한다. 고립된 "자기"는 문제 해결의 능력의 끝없는 자원으로 이해된다. 이리하여 상담은 매우 중요한 기능을 하게 된다: 그것은 사회경제적인 부정에 대해 분노와 격노를 식히는 것이다. 행진하는 대신에 우리는 우리의 어린 시절들에 관해 말한다. 따라서 치료는 지금 상태 그대로(the status quo)의 도구로서 기

---

39) Edwin Schur, *The Awareness Trap: Self-Absorption Instead of Social Change* (New York: McGraw-Hill, 1976).
40) Ibid.

능한다. 내담자들은 그들이 문제에 의해 전복되지 않도록 "선택함으로써" 그것을 "통제할" 수 있다고 듣는다.

슐러는 자기에의 여정(journey into self)이 어떻게 사회적 참여로부터 후퇴인가에 관해 많은 것을 우리에게 말한다. 그러나 그는 사회적 활동주의가 깜짝 놀라게 하는 내적 세계로부터 후퇴가 될 수 있다는 것을 또한 깨달을 필요가 있다. 래쉬는 "개인적" 문제와 "사회적" 문제 사이에 비현실적인 이분법을 구성한 것에 대해서 그를 비판한다.[41] 내적인 문제들로부터 이 후퇴의 좋은 사례가 신의 죽음 운동(death-of-God movement)이 한창 인기가 있을 때인 60년대의 사회적 활동주의이다. 헌신의 신학적 대상이 결핍되어 있었기 때문에, 많은 신학생들과 사제들은 그들의 충성심을 둘 수 있는 어떤 것에 굶주려 있었다. 시민 인권 운동은 그와 같은 기회를 제공했다. 사회적 활동주의는, 비록 그것이 매우 중요할지라도, 적어도 어떤 사람들에게, 신앙의 위기로부터 달아날 수 있는 길이 되었다.

슐러의 심리치료의 비판은 막스(Max)의 종교의 비판과 매우 유사하다.[42] 막스는 종교가 사회적 변화에 장애물이라고 생각했기 때문에 종교에 대해 좌절했다. 그것은 사람들을 *사후의 삶*에 몰두하게 했고, 이런 고로, 이 세상에 대한 관심을 감소시킨다. 비슷한 방식으로 심리치료도 *내적인 삶*에 사로잡힐 수 있다. 이리하여 치료는, 종교와 같이, 현 상태를 그대로 유지시킨다.

---

41) Lasch, *Culture of Narcissism*, pp. 25-27.
42) Terry D. Cooper, "Karl Max and Group Therapy: An Old Warning About a New Phenomenon," *Counseling and Values* 29, no. 1 (1984): 22-26.

문화역사학자 잭슨 리어즈(Jackson Lears)는 현대의 미국 생활에서 그렇게 유행병처럼 번지는 "경험의 사이비 종교(cult)"에 대한 그의 토론에서 유사한 주장을 한다.[43] 그는 영적 혼돈 가운데 강렬한 경험은 그 자체가 목적이 될 수 있다고 주장한다. 자기 밖에서 더 큰 의미들을 발견할 수 없기 때문에, 미국인들은 래쉬가 "병적인 자기의식에 빠뜨려졌다"라고 자주 부른 것이 된다.[44] "확실한 경험"을 본질적인 목적으로 높임으로써, 미국 문화는 구원에 대한 19세기의 관심에서 자기실현에 대한 20세기의 몰입으로 이동했다. 이것은 자기의 중요성을 지나치게 과장한다.

심리학의 감시인(watchdog)과 사회적 비평가인 마틴 그로스(Martin Gross)는, 그의 신랄하게 비판적인 『심리학적 사회』(The Psychological Society)에서, 새로운 심리학은 만약 우리가 우리의 심리들을 단지 "조정할" 수 있다면, 실패도, 불행도, 범죄도 그리고 악의도 있을 수 없다는 것을 믿게 한다고 주장한다.[45] 그는 새로운 심리학은 "조정"(adjustment)을 형이상학적 조건으로 승격시켰다고 주장한다. 그러나 더 큰 안정감을 제공하는 대신에 이 몰입은 더 큰 불안과 불안전을 초래했다. 병든(sick)이란 말은 죄의 전통적 개념을 황폐하게 만든다.

래쉬와 다르게, 그로스는 또한 우리의 심리치료적 도취에 프로이드를 포함시킨다. 사실상 아마 그의 가장 흥미로운 주제는 심층심리의 종교(religion of hidden psyche) 안에 신자들은 가끔 무의식

---

43) T. J. Jackson Lears, *No Place for Grace: Antimodernism and the Transformation of American Culture, 1880-1920* (Chicago: University of Chicago Press, 1994).
44) Ibid.
45) Martin Gross, *The Psychological Society* (New York: Simon & Schuster, 1978).

을 슬쩍 엿보는 "진정한 사람"을 항상 찾고 있다는 것이다. 우리의 무의식은 우리가 치료사-사제에게 말할 때 단지 분명해지는데, 이 사람은 이 계시를 가지고 우리를 돕는다. 무의식의 종교에서 우리의 의식은 "두 번째 종류의 존재"이며, 무의식에 의해 통제되는 꼭두각시이다. 단지 우리가 심리학의 신비들을 배운다면 우리는 우리의 현재와 미래를 결정할 수 있다. 원시적 마술 의사(witch doctor)와 같이, 치료사는 권력과 돈을 위해 우리에게 도움을 제공한다. 그로스는 정신건강산업이 그 자체의 고객들을 창조한다는 제롬 프랑크(Jerome Frank)의 논평을 좋아한다.[46] 래쉬와 같이, 그로스는 우리의 심리학적 사회는 진실하게 개인주의적이 아니라 자기도취적이라고 주장한다.

왠디 카미너(Wendy Kaminer)는 어떻게 심리치료, 그리고 특히 최근의 운동이 개인들을 배꼽을 응시하는(navel-gazing) 불행한 길로 데리고 갔는가를 비판하는 다른 사회적 비평가이다.[47] 반어적으로 이 자기도취(self-absorption)는 무기력감(sense of powerlessness)과 지금 상태 그대로(status quo)의 유지를 깊게 했다. 부수적으로 카미너는 익명의 알코올 중독자 모임(A.A)에 대해 특히 비판적이 아니지만, 그러나 그녀는 이 가치 있는 회복 프로그램이 그곳에서 결코 적합하지 않은 다양한 감정의 문제들을 다루기 위해 납치당했다고 생각한다. 예를 들면 그녀는 *상호의존적*(codependent)이란 말을 경멸한다. 그녀의 책, 『나는 역기능적이고, 당신도 역기능적이

---

46) Jerome Frank, Gross, *Psychological Society*, p. 16에서 인용함.
47) Wendy Kaminer, *I'm Dysfunctioal, You're Dysfunctional: The Recovery Movement and Other Self-Help Fashions* (New York: Vintage, 1993).

다』(I'm Dysfunctional, You're Dysfunctional)는 의회에서 그들의 국회의 원들과 접촉하기보다는 "내면 아이와 접촉하는데" 더 관심을 가진 미국 문화의 부도덕한 고발을 담고 있다.[48] 카미너에게, 자조 전문가들(self-help experts)에 우리의 믿음을 두는 것은 위험스럽다. 더욱이 중독과 *학대*(abuse)의 확장하는 정의들은 희생화(victimization)에 대한 우리의 몰입을 고무시킨다. 그 결과로서 우리는 "자기탐구"의 한계들 내에 갇힌다. 다시 아이러니(irony)를 주목하라. "자기"에 점점 더 도취되는 동안, 우리는 은밀히 권위주의적인 자조 전문가들에 실제로 순응한다. 왜 그럴까? 비록 자기도취의 문화가 개인들이 자신들의 해답들을 발견하도록 격려하는 것 같을지라도, 그들은 전문가의 비법에 진정으로 의존하기 때문이다. 그들은 사람들이 그들 밖에서 규범화된 제도들을 바라보도록 고무시킨다. 래쉬의 자기도취적 문화와 같이, 카미너의 자조 운동은 거친 개인성(rugged individuality)을 찾으려고 노력하지 않는다.

카미너의 주제는 사회적 비평가 찰스 시케스(Charles Sykes)의 『희생자들의 나라: 미국 문화의 *쇠퇴*』(A Nation of Victims: The Decay of Amercan Culture)의 주제와 유사하다. 시케스는 우리의 자기몰입의 문화의 시장매매의 도구들을 설명한다 "그것은 예외적으로 특별하지 않고, 증후들에 관해 불안을 창조하고, 도움을 약속하는 증후들의 특질(symptoms traits)로서 정의할 수 있다. 거듭 반복된 그 공식들은 치료적 문화의 표지이고……그리고 중독 회복 산업의 기초이다."[49] 시케스는 또한 오래된 딜레마들(dilemmas)을 해결할

---
48) Ibid.
49) Charles Sykes, *A Nation of Victims: The Decline of American Culture* (New York:

수 있는 "심리적 문제들"로 바꾸는 것에 대해서 현대 문화를 비판한다. 다시 "전문가들"은 그들 자신의 생산을 위해 필요를 창조한다. 그들은 합리성을 부정과 연결시키기 때문에 정신건강의 도사들(gurus)은 어떤 합리적 도전들도 교묘하게 피할 수 있다.

래쉬, 슐러, 리어즈, 그로스와 카미너 모두가 우리는 우리 자신들에게 전적으로 너무 집중한다고 믿는다. 미국문화의 많은 다른 비평가들은 우리의 자기도취에 반대하는 본질적으로 똑같은 고발을 한다. 이 자기의 축하와 높임이 우리를 자율적인 자아(autonomous ego)보다 더 큰 중요한 실재들로부터 고개를 돌리게 한다. 자기높임(self-exaltation)은 사람들로서 우리 자신의 중요한 의미의 사회적, 역사적이고 우주적인 관점을 왜곡시킨다.

논쟁의 대표자들인 로저스와 니이버

과대평가된 자기와 과소평가된 자기 사이의 논쟁은 칼 로저스가 1956년에 『시카고신학교 명부』(The Chicago Theological Seminary Register)를 위해 라인홀드 니이버의 『자기와 역사의 드라마』(The Self and the Dramas of History)를 논평하도록 청탁을 받았을 때 매우 재미있는 교차로에 이르게 된다. 그 당시 일부분이, 반응자들의 해석과 함께, 『목회심리학』(Pastoral Psychology)에 의해 소개되었고, 그리고 가장 최근에 『칼 로저스 - 대화들』(Carl Rogers - Dialogues)로 출판되었다.[50] 거의 반세기 전에 쓰진 것일지라도, 이 토론에서

St. Martin's Press, 1992).
50) Carl Rogers, "Reinhold Niebuhr's The Self and the Dramas of History," The

제기된 주제들은 오늘에도 적절하다. 이것은 "과대평가된 자기"에 대한 가장 위대한 20세기 해석자들 중의 한 사람(니이버)과 "과소평가된 자기"를 위한 아마 가장 위대한 20세기의 대변인(로저스) 사이의 논쟁을 점화했기 때문에 이것은 극히 중요한 "지성들의 만남" (meeting of minds)이다. 어거스틴의 전통을 대표하면서, 사회윤리학자들, 정치가들과 목회자에게 심오하게 영향을 끼친 니이버는 과거의 세기에 어떤 미국인들보다 더 심리학적 상담의 실천에 영향을 끼친 사람, 인본주의 심리학의 지도자를 반대한다. 신학교들에 많은 학생들, 그리고 특히 목회상담 훈련 프로그램들은 이 두 사람의 사상가들에 의해 심하게 영향을 받았다. 심지어 그 영향력이 직접적이지 않을 때에도, 배경에 숨어있는 니이버 없이 자기기만(self-deceit) 혹은 죄의 현대적 이해를 토론하는 것은 곤란하다. 더욱이 칼 로저스의 저술은, 항상 직접적으로 연구되지 않지만, 미국의 거의 모든 상담자 교육훈련 프로그램에 기초가 된다. 기독교 신학은 물론 심리치료에도 관심을 가진 우리들 중의 많은 사람들은 상담에서 로저스의 반대되는 입장을 소개받고 나서야, 인간의 조건에 대한 니이버의 건강한 이론을 이해한다. 질문이 급히 생긴다, "죄"는 "자기실현"과 어떻게 조화를 이루는가?

로저스는 니이버의 저술의 많은 부분에 동의를 표현했다. 우리가 분명하게 추측할 수 있는 것처럼, 니이버의 분석과 함께 그의

Chicago Theological Seminary Register, no. 1 (January 1956); reprinted in *Carl Rogers - Dialogues: Conversations with Martin Buber, Paul Tillich, B. F. Skinner, Gregory Bateson, Michael Polanyi, Rollo May and Others*, ed. Howard Kirschenbaum and Valerie Land Henderson (Boston: Houghton Mifflin, 1989). 참고들은 키쎈바움과 핸더슨의 재판에서 나온 것이다.

주요한 문제는 인간들 안에 교만의 절대성과 과도한 자기애에 대한 니이버의 주장에 관심을 가졌다. 로저스는 그의 의견 차이를 다음과 같이 말한다:

> 바로 개인적 자기의 기본적인 결함에 대한 그의 개념에서 내가 나의 경험이 완전히 불일치하다는 것을 발견한다. "원죄"는 자기애, 변명, 너무 많은 것을 요구하는 것, 자기실현을 붙잡는 것이라는 점에서 그는 아주 분명하다. 나는 그와 같은 말들을 읽고 그것들이 자라게 된 경험을 상상하려고 애쓴다. 나는 4 반세기이상 동안, 심리치료의 친밀한 개인적 관계 속에서, 환경에 적응하지 못하고, 곤란을 겪는 개인들을 다루었다. 이것이 전체의 공동체를 아마 충분히 대표하는 것은 아니지만, 그러나 그렇다고해서 대표적이 아닌 것도 아니다. 그리고 내가 그들을 아는 대로, 사람들 속의 어려움의 주요한 핵심을 탐구한다면, 그것은 대다수 사례들에서 그들은 스스로 경멸하고, 스스로 가치 없고 사랑받을 수 없다고 간주한다는 것이다. 확실하게 어떤 사례들에서 이것은 변명에 의해 은폐되고, 그리고 거의 모든 감정들 안에서 겉모습에 의해 은폐된다. 그러나 나는 자기애가 근본적이고 널리 퍼지는 "죄"라는 개념과 더 깊이 다르다고 할 수가 없다.[51]

심리치료, 임상적 연구와 사람들의 관찰에서 그의 자신의 경험에 기초를 두고 있기 때문에, 로저스는 니이버의 교만이 결코 본

---

51) Ibid., pp. 210-11.

래의 문제가 아니라는 것을 명확하게 확신한다. 자기의 과소평가는 치유될 필요가 있는 것이다. 이것은 사람에게 무조건적 긍정적 존중이 제공되거나, 혹은 적어도 우리 사람들이 할 수 있는 만큼 무조건적 긍정적 존중에 가까운, 수용적이고 공감적인 관계를 통해 성취된다. 로저스는 이런 종류의 관계와 그 효과들을 계속해서 기술한다:

> 실제로 그가 사랑받는 관계의 경험(내가 믿기로는, 신학자의 *아가페*에 매우 가까운 것) 안에서만 개인은 자신에 대한 싹트는 존경, 수용, 그리고, 결국, 심지어 좋아함을 느끼기 시작할 수 있다. 이렇게 해서 그는 타인들에 대한 사랑과 친절을 느끼기 시작할 수 있다. 이리하여 그는 좋아하는 더 사회화된 자기(socialized self)가 되는 방향으로 자신을 인정하고 자신과 그의 행동을 재조직하는 것을 시작할 수 있다. 나는 단지 만약 사람이 개인들을 가장 피상적이거나 혹은 외부의 토대 위에서 이해한다면, 그들은 우선 자기애의 희생자들로 이해될 수 있다고 믿는다. 내부적 관점에서 본다면 그들이 결코 병이 든 것이 아니다. 적어도 그것은 나에게 그렇게 보인다.[52]

이 주제를 구성하는 다른 방식은 묻는다, 우리 인간은 강함으로 인해 혹은 약함으로 인해 타인들에게 파괴적인 것들을 행하는가?

---

52) Ibid., p. 211.

펠라기우스의 논쟁의 재연

이 탐구 밑에 숨어있는 재미있는 질문은 (어거스틴의 전통을 대표하는) 니이버와 로저스 사이의 이 불일치가 계속되는 펠라기우스의 논쟁의 다른 설명을 대표하는가 혹은 하지 않는가이다. 사실상 니이버의 『자기와 역사의 드라마』의 로저스의 논평에 대한 그의 토론에서, 월트 호톤(Walter Horton)은 매우 재미있는 관찰을 한다:

> 칼 로저스는 그의 내담자들을 향해 너무나 "수용적이고" 허용적인 태도를 취했기 때문에 마치 그들의 본성은 내부의 힘들에 의해 그 자체를 치유하고 구원하기 위하여 외부의 구속들의 속박으로부터 해방될 필요가 있는, 근본적으로 건강한 것처럼 그에게 보인다. 적어도 이것은 펠라기우스의 자기 구원의 방향으로 기운다. 라인홀드 니이버는 인간의 본질적인 무기력과 신성한 은혜에 대한 그의 전적인 의존을 너무 강조하고, 바로 악마와 같은 자기만족을 두려워하기 때문에, 그는 "사람에게 그의 신뢰를 두는 사람은 저주를 받을지어다!"라고 부르짖을 수 있다. 어떤 견해가 이 어거스틴의 비관주의보다 펠라기우스의 낙관주의에 더 반대적일 수가 있을까?[53]

이 논평을 읽으면서 그의 반응자들에게 반응을 하도록 요구받

---

[53] Walter Horton, "Reinhold Niebuhr and Carl Rogers: A Discussion by Bernard M. Loomer, Walter Horton, and Hans Hofman," in *Carl Rogers - Dialogues*, ed. Howard Kirschenbaum and Valerie Land Henderson (Boston: Houghton Mifflin, 1989), p. 219.

은 로저스는 익살스럽게 말했다, "나는 내가 펠라기우스의 신봉자로 이해된다는 것을 아는 것은 매우 흥미롭다. 자신의 이단들(heresies)을 위한 꼬리표들(labels)을 아는 것은 유용하다."[54]

로저스-니이버의 논쟁이 이런 방식으로 펠라기우스의 논쟁을 재순환시킨다는 이 생각은 추구할 가치가 있다. 매우 논쟁적인 5세기의 수도자 펠라기우스는 어거스틴의 생애의 후반부에서 어거스틴의 에너지들의 대부분을 빼앗아갔다. 펠라기우스는 우리는 도덕적으로 중립적인 채 이 세상에 태어났고, 그리고 어거스틴의 "원죄"의 소지자들(carriers)이 아니라고 주장했다.[55] 어거스틴은 아담의 죄는 성교의 기제(mechanism)를 통해 우리에게 전달되었다고 주장하는 반면에, 펠라기우스는 아담의 죄는 단지 아담에게만 영향을 끼쳤다고 믿었다. 더욱이 우리가 모두 아담의 죄에 참여했다는 어거스틴의 원초적인 죄책감에 대한 개념은 펠라기우스에게 어리석은 것이었다. 아담은 나쁜 본(example)을 남겼는데, 이것은, 그의 타락 이후에, 우리는 적대적이고 비지지적인 환경에서 하나님을 섬겨야한다는 것을 의미한다. 이 죄스러운 환경은 순종을 어렵게 만들지만, 그러나 불가능하게 만들지는 않았다. 자기결단의 힘은 결정적이며, 그것은 경건한 실천들을 통해 강해질 수 있다. 우리 주위의 세상은 타락으로 가득 찰 수 있지만, 그러나 우리 개

---

54) Carl Rogers, "Concluding Comment," in *Carl Rogers - Dialogues*, ed. Howard Kirschenbaum and Valerie Land Henderson (Boston: Houghton Mifflin, 1989), p. 223.
55) Pelagius, "Letters to Demetrius," in *Theological Anthropology*, ed. and trans. J. Patout Burns (Philadelphia: Fortress, 1981). 펠라기우스의 사상의 탁월한 설명을 위해서 Robert F. Evans, *Pelagius: Inquiries and Reappraisals* (New York: Seabury Press, 1968)를 보라.

인들은 그렇지 않다.

　5세기 수도자 펠라기우스는 그의 시대의 도덕적 안일함에 의해 충격을 받았다.[56] 그는 더 엄격한 금욕주의를 고취시켰다. 그는 하나님의 초자연적인 은혜와는 별도로, 선행들을 하기 위해 인간의 자유를 강조했다. 왜 그럴까? 우리는 하나님의 계명들을 순종하는데 필요한 은혜를 충분히 갖추고 있기 때문이다. 이것이 우리의 본성의 은혜, 우리의 하나님이 준 능력들에 대한 의존이다.

　인간의 자유는 선을 위한 혹은 악을 위한 능력을 필요로 한다; 가정적으로 인간들은 죄를 넘어서 살 수 있어야 한다. 하나님은 인간성에 일종의 자연적 은혜인 자유의지의 은사를 부여했다. 선을 위한 능력과 이 선을 실현하는 타고난 능력은 초자연적인 은혜에 대한 어떤 간청과는 별도로, 우리 각 사람 내에 존재한다. 단순하게 말해서, 우리는 손상되지 않은 준비를 가지고 있지만, 그러나 그것을 사용할 욕구는 완전히 *우리의* 책임에 달려있다. 우리는 우리의 타고난 가능성을 완성함에 있어서 외부적인 도움을 필요로 하지 않는다. 은혜는 인간 본성이 병들지 않았기 때문에 인간 본성을 치유하는데 필수적이지 않다. 우리에게 본질적으로 잘못된 것은 없다. 우리는 어거스틴이 주장한 것처럼 부서진 의지들을 가진 타락한 존재들이 아니다. 그러므로 영적 생활을 위한 첫 번째 토대는 우리의 능력을 인정하는 것이다. 펠라기우스의 자연적 통합성은 로저스의 자기실현 경향성을 닮는다. 역사신학자 스테펀 듀피(Stephen Duffy)는 펠라기우스는 로마의 크리스천들의 느슨

---

56) Pelagius, "Letter to Demetrius."

한 삶에 충격을 받았고 *부정적인 인간학이 단지 사태를 악화시킨다고 지적한다: "사람들이 죄를 짓지 않을 수 없다고 여기는 것은 펠라기우스에게는 인간들에게 품위를 떨어뜨리고 그들의 창조주에게 모욕을 주는 것처럼 보였다."*[57]

듀피는 펠라기우스가 아마 그 자신의 관점을 "낙관적인" 것으로 보지 않았다고 계속 말한다. 더구나 펠라기우스는 비록 그것을 물려받지 않을지라도, 원죄의 개념을 가지고 있었다는 짐작은 있었다:

> 그러나 펠라기우스는 아마 인간 조건의 그의 과도하게 낙관적인 견해를 생각하지 않았다는 것은 주목되어야 한다. 그는 인류와 죄를 피하려는 개인에 대해 거듭 더하는 강화된 악의 장악력을 본다. 죄의 개인적 행동들은 사회적 죄로 점점 커지고, 이리하여 사람들은 스스로 죄스러운 습관들과 관습들에 의해 노예화되고 나쁜 보기들에 의해 둘러싸인다. 이런 의미에서 사회적 습관과 관습으로서 죄는 어린 시절부터 우리를 오염시키고, 심지어 물려받은 죄에서 벗어난 삶의 과정을 시작한 사람에게도, 일종의 죄짓기의 필요성을 부과하기 때문에, 펠라기우스는 궁극적으로 원죄의 교리를 가졌다고 우리는 주장할 수 있다. 사실상, 습관은 인간성에 대한 큰 자물쇠 역할을 하기 때문에 율법은 우리를 해방하기에 무력해졌고 그리스도의 율법에 의해 대체되어야 했다. 인간들은 이 사태들에 책임이 있고; 거의 모든 것들이 악한 사회적 관습들의 재원

---

57) Stephen J. Duffy, *The Dynamics of Grace: Perspectives in Theological Anthropology* (Collegeville: Minn.: Michael Glasizer, 1993), p. 85.

(fund)에 기여한다.[58]

로저스도 역시, 우리가 나중에 보겠지만, 그의 인간 조건의 견해가 명백하게 낙관적이라고 믿지 않았다. 사실상 그는 "자기소외로의 타락"을 실제로 불가피하다고 기술한다. 그는 우리의 실제적인 경험과 우리의 자기인식 사이의 모순을 "불일치성"(incongruence)이라고 부른다. 우리 자신들로부터 이 소외는 우리를 파괴적인 (죄스러운) 행동으로 이끈다.

물론 어거스틴은 인간성의 타락에 대해 매우 다른 견해를 가졌다. 에덴동산에서 아담과 이브는 하나님과 의로운 우정을 나누는 상태에 있었다. 그들은 육체적 질병과 죽음으로부터 면제되어 있었고, 예외적인 지적 은사들을 소유하고 있었으며, 차분하고 "동물적이지" 않은 성생활을 누렸다고 어거스틴는 적는다. 그들은 자유스러웠다. 죄에 대한 무능력(non posse pecare)은 그들의 형상(makeup)의 일부는 아니었지만, 동시에 그들은 죄를 범하지 않을 능력(posse non pecare)을 가지고 있었다. 미덕을 행하는 성향을 물려받았기 때문에, 그들의 삶들은 완전히 질서정연했다. 육체는 영혼에 예속되어 있었고, 욕망들은 이성과 의지에 예속되었으며, 의지는 하나님에게 예속되어 있었다. 아무 것도 하나님의 사랑을 방해하지 않았다.

그러나 교만, 그들 스스로 하나님이 되려는 욕당은 그들을 자극시켜 하나님이 만들었던 것을 왜곡시켰다. 아담과 이브는 명백하

---

58) Ibid., p. 88.

게 자유로웠기 때문에, 첫 번째 죄는, 어거스틴에게, 거의 상상할 수 없었다. 그것에 대해 절대적으로 어떤 이유도 없었다. 그 비난받는 본성은 인간의 조건을 바꾸었다.

어거스틴에게, 하나님의 영은 타락한 의지를 재창조하고 먼저 하나님을 사랑하는 능력을 회복시켜서 우리의 삶들을 질서 있게 만든다는 것은 절대적으로 필연적이다. 펠라기우스에게, 다른 한편으로, 우리는 우리의 마음들을, 잘못된 것으로부터 올바른 것을 선택할 수 있는 능력을, 율법과 예수의 모범을 가지고 있다. 우리에게 더 무엇이 필요한가? 그는 단지 하나님만이 우리 안에 선을 행할 수 있다는 어거스틴의 생각은 바로 도덕성의 가능성을 잘라 버린다고 믿었다.

412년부터 그가 430년에 죽을 때까지, 어거스틴은 펠라기우스주의의 잘못들을 제거하기를 시도했다. 그에게 그 중심적인 잘못은 심각하게 위험한 것이었다: 공로들에서 비롯된 의(works-righteousness)를 주장하는 수도사는 신성한 은혜의 의미를 완전히 최소화했다는 것이다. 펠라기우스는 하나님의 계명들을 지킬 수 있는 인간의 능력을 고집했다. 하나님은 창조 안에서 이 능력을 제공했고, 어떤 "특별한 도움"도 필요로 하지 않았다. 이 견해는 인간의 무기력의 곤경을 진지하게 여기지 않는다: 그것은 원죄를 제거했고 따라서 그리스도의 구원의 사역을 축소했다. 어거스틴에게 펠라기우스의 낙관주의의 최종 결과는 사탄은 물론 아담에 의해 나타난 똑같은 종류의 교만이었다.

펠라기우스의 논쟁은 계속 진행된다. 프로테스탄트 종교개혁에서 다시 나타난 이 충돌에 의해 제기된 주제는 나중에 17세기에

얀센파의 회원들(Jansenists)과 예수회 회원들(Jesuits) 사이에 분할을 창조했다. 그것은 20세기 신학 내에 여러 가지 관심사들에서 유행한다. 충돌은 근본적으로 인간의 잠재력의 다른 견해들을 포함하고 있기 때문에 그것은 사라지지 않는 것 같다. 어거스틴의 견해는 프로이드의 비관주의와 거리가 멀지 않은 것 같고; 펠라기우스의 견해는 우리의 창조된 본성에 관해 더 낙관주의적이다.

5세기의 수도사와 20세기의 심리치료사가 별로 공통적이지 않는 것처럼 보이지만, 그러나 한편 나는 펠라기우스와 로저스 사이의 어떤 유사점들은 매혹적이라는 것을 발견한다.

펠라기우스	로저스
원죄를 비난하다: 인간은 죄를 짓도록 지어지지 않는다.	인간 본성의 고유의 파괴적인 경향들에 관해 프로이드의 비관주의를 비난한다.
습관의 집합적인 힘을 인정한다.	불일치성으로 이끄는 "가치의 조건들"의 힘을 인정한다.
죄를 우리의 창조된 본성을 위반하는 것으로 정의한다.	부조화를 유기체적 성장 경향성을 위반하는 것으로 정의하다.
히브리 성경 안에 "거룩한 사람들, 즉 욥에 대한 언급들을 사용한다.	매슬로의 자기를 실현한 사람들에 대한 언급을 지지한다.
어거스틴의 예정을 멀리한다.	프로이드의 심인적 비관주의를 멀리한다.
우리의 원초적인 본성은 은혜를 받았고 신뢰할 수 있다고 주장한다.	우리의 유기체적 경향성은 건강한 방향으로 움직인다고 주장한다.
타락이 우리의 창조된 가능성을 곤란하지 않았다고 말한다.	부정할 수 없는, 타고난 실현경향성이 있다고 말한다.

| 인간 본성 안에 어떤 것도 "고정될" 필요가 없다고 여긴다. | 인간 유기체는 완전히 신뢰할 만하다고 여긴다. |
| 우리의 욕망들은 무질서하지 않다고 주장한다. | 우리의 본능들은 위험하지 않다고 주장한다. |

이 유사점들에도 불구하고, 한 가지 중심적인 주제에서 펠라기우스의 입장과 로저스의 입장은 두드러지게 다르다. 대중적인 비판과 대조적으로, 로저스는 우리가 "스스로 구원할" 수 있다고 믿지 않았다. 우리는 고유의 실현경향성을 가지고 태어났지만, 그러나 한편 우리는 왜곡된 인식으로 전락하자마자, 수용(은혜)은 우리에게 중재되어야 한다. 자기수용과 우리의 자기소외의 치유는 수용되고 이해받는 결과로서 나오고, 스스로 수용하려는 우리 자신의 영웅적 노력에서부터 나오는 것은 아니다. 치유는 관계적이지, 개인적인 것은 아니다.

더 큰 주제: 죄와 자기수용

니이버와 같은 신학적 인간학자가 로저스와 같은 인본주의 심리학자와 접촉점을 발견할 수 있는가에 대한 문제보다는 더 큰 주제가 문제가 되고 있다. 더 깊은 주제는 우리가 교만스러운 자기주장과 과대함에 대한 강조를 과소평가된 자기에 대한 초점에 어떻게 연관시키는가이다. 우리는 어떻게 교만스러운 죄와 낮은 자존감을 동시에 말할 수 있는가? 우리는 어거스틴-니이버의 전통과 마찬가지로 우리의 문제들을 과소평가된 우리 자신들과 동일시하는 대안적인 관점으로부터 의미심장하게 통찰력들을 얻을 수 있을까? 더욱이 "교만" 혹은 반역적인 자기주장이 우리의 죄의 이해에 대해 독점권을 가지고 있는가 혹은 우리는 인간 소외의 더 포괄적인 상을 이루기 위해 다른 태도들과 행동의 양식들을 바라볼 필요가 있는가?

처음에 죄의 전통적인 기독교 견해와 자기실현의 개념을 비교할 전망은 아주 도전이 될 것 같다. 나의 노력들을 기울이면서 나는 결코 차이들을 최소화하지 않는다. 그러나 더 큰 이해가 이 긴장을 조사하는 것에서부터 나올 수 있다는 것이 나의 희망이다. 나의 도전은 교만에 대한 어거스틴의 강조는 물론 낮은 자존감에 대한 인본주의의 강조도, 아무리 그것들이 다를지라도, 인간의 조건에 관해 말할 매우 중요한 것을 가지고 있다는 것을 보이게 될 것이다.

어떤 종류의 입장들의 통합이 제공될 수 있기 전에, 그러나, 우리는 과대평가된 자기 관점과 마찬가지로 또한 과소평가된 자기 논제의 상반된 반대와 설명하는 힘을 분명하게 이해해야 한다. 우리는 자기높임의 입장, 즉 라인홀드 니이버에 의허 풍부하게 조명된 전통적인 어거스틴의 논쟁에 우선 착수할 것이다.

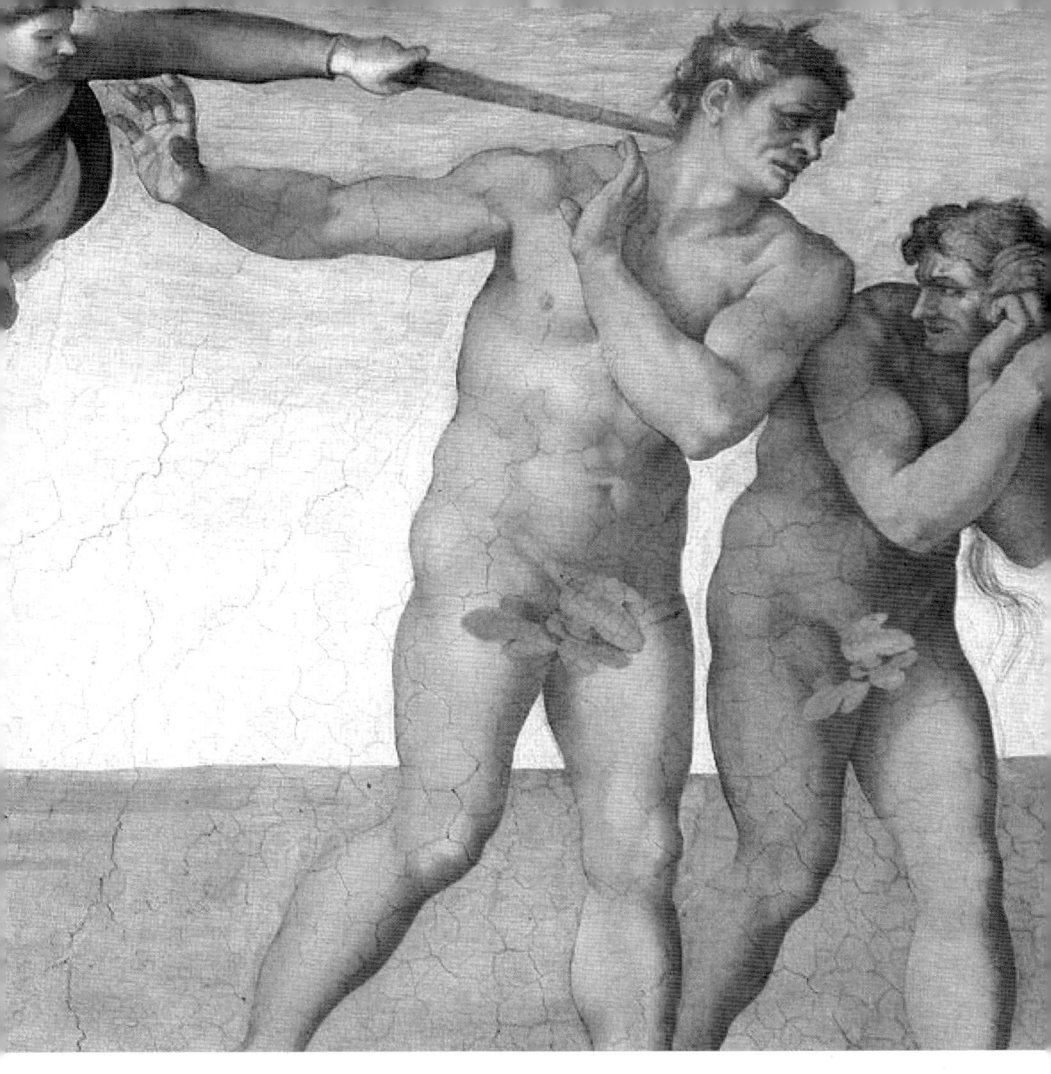

chapter 02

본래의 문제로서 교만

이리하여 가장 발달된 형태 속에 악은 항상 그것보다 더 낫다고
스스로 상상하거나 혹은 주장하는 것이다.
라인홀드 니이버

제2장
본래의 문제로서 교만

유대-기독교 전통에 의해 영향을 받은 대부분의 사람들은, 특히 서구세계에서, 교만이 그들의 본래의 문제라는 사상에 안내를 받는다. 바울의 서신들에 뿌리를 두고, 특히 어거스틴의 저술들에서 발달된 이 입장은 인간 조건에 대한 많은 기독교 신학의 반성을 통해 당연하게 생각되었다.

이 입장의 가장 포괄적인 재진술들 중의 하나는 20세기 신학자와 윤리학자인 라인홀드 니이버의 저술에서 발견될 수 있다. 특히 그의 길포드(Gifford) 강의들, 『인간의 본질과 운명』(The Nature and Destiny of Man)에서 우리는 니이버가 어거스틴의 교만을 인간성의 주요한 범죄자로서 통찰력 있게 부활시키고 있다는 것을 본다.[1] 니이버의 저술을 묘사하면서, 존 라이네스(John Raines)는 논평하기를, "어거스틴의 『하나님의 도성』(City of God) 이후 우리는 그와 같

---

[1] Reinhold Niebuhr, *The Nature and Destiny of Man*, vol. 1 (New York: Charles Scribner's 1964).

은 인간의 팽창된 자기애(inflated self-love)의 정치적이고 사회적인 영향들의 한결같은 훌륭한 분석을 가지지 못했다."[2]

요나단 에드워드(Jonathan Edwards)의 예외도 가능한 있지만, 니이버는 미국 역사에서 가장 영향력 있는 신학자로 가끔 간주된다. 미주리주 라이트(Wright) 시에서 태어난 니이버는 북미의 복음주의협회의 목사인 그의 아버지의 발자취들을 따랐다. 복음주의협회는 1934년에 개혁교회와 연합했고, 나중에 그리스도의 연합된 교회를 이루기 위해서 회중주의자들과 합해졌다. 니이버의 아버지는 위대한 독일의 역사신학자 아돌프 폰 하르낙(Adolf von Harnack)에 의해 몹시 영향을 받았다. 하르낙에게 종교의 핵심은 인간 조건의 매우 낙관적인 평가와 함께 사랑과 형제애의 윤리적 원리들 안에 있다. 니이버는 나중에 인간 조건의 낙관적인 평가는 부정하는 동시에 이 윤리적 원리들의 강조에 매달렸다.

하롤드 반더풀(Harold Vanderpool)이 말하듯이, 개신교 자유주의와 사회적 복음운동은 니이버의 "신학적 부모들"이었다.[3] 예일신학교의 다글라스 클라이드 맥킨토시(Douglas Clyde Macintosh)는 더 나아가 개신교 자유주의 안에서 니이버에게 영향을 미쳤다. "사회적 복음"에 대한 강조는 또한 니이버를 개인적 구원의 개인주의적 관심에서 세상의 문제들을 위한 더 넓은 사회적 관심 쪽으로 밀어 넣었다. 니이버는, 심지어 그의 삶의 끝까지, 사회적 주제들을 희

---

2) John Raines, "Sin as Pride and Sin as Sloth," *Christianity and Crisis*, February 3, 1969, p. 5.
3) Harold Vanderpool, "Reinhold Niebuhr: Religion Fosters Social Criticism and Promotes Social Justice," in *Critical Issues in Modern Religion*, by Roger Johnson et al. (Englewood Cliffs, N.J.: Prentice-Hall, 1973)

생하고서라도 개인적 경건에 몰두하는 것을 증오했다.

반더풀이 지적하듯이, 사회적 복음운동은 인간들은 도덕적으로 중립적인 상태로 세상에 나와서 타고난 이타적인(altruistic) 능력을 가지고 있다고 설교했다.[4] 사회는 이상적인 미래를 향해 더 진보적으로 나아갈 수 있는 능력을 가지고 있다. 성숙해가는 니이버에게, 이것은 천진난만한 펠라기우스주의, 즉 인간성은, 그 자체의 노력들을 통해, 사랑과 보편적인 형제애의 신성한 표준들을 충족시킬 수 있다는 신념의 단순히 다른 표명이었다. 나중에 니이버는 사회적 질병들을 일소하려는 좋은 의도와 결합한, 우리의 사회적 질병들의 과학적 분석이 부정(injustice)을 사라지게 할 수 있다는 사상을 급진적으로 거절했다. 그는 사회적 복음운동이 인간의 합리성은 물론 선에 대한 과도한 신뢰에 기초했다는 것을 믿으면서 성장했다.

예일대학에 출석한 후, 니이버는 23세에 디트로이트에서 목사가 되기 위해 그곳을 떠났다. 이때는 제1차 세계대전의 시작 후 얼마가 되지 않았다. 그가 사회적 주제들을 말하고, 비고용 보험과 노년 연금들과 같은 노동자의 이익들을 반대하는 사회적 무책임에 대해 헨리 포드(Henry Ford)를 비난하면서 그의 명성은 급속하게 커졌다. 1920년 동안, 니이버는 『기독교의 세기』(Christian Century)와 다른 국가적 출판사들에 논문들을 기고했다. 이와 같은 모든 활동으로 인해 그는 1928년에 뉴욕에 있는 유니온신학교의 교수가 되는 초대를 받게 되었다. 니이버는 지명을 수락했고 1960년

---

4) Ibid., p. 178.

그의 은퇴까지 그곳에서 남았다.

불안과 교만: 니이버의 신학적 심리학

"신학적" 심리학의 개념은 전과학적 탐구의 불행한 잔존물 같은 것으로 들일 수 있지만, 그러나 니이버에게 확실히 그렇지 않다. 니이버는 신학(궁극적 실재와 인간관계의 이해)은 제쳐놓고, 적당한 심리학(인간 심리의 이해)을 가지는 것은 불가능하다는 것을 강하게 믿었다. 다르게 말해서 우리는 자기이해를 위해 하나님을 의존한다. 이 의존을 위한 이유는 우리는 첫째 하나님과 그 다음 서로끼리 관계를 가지도록 "설계되었기"(designed) 때문이다. 우리는 창조되었기 때문에 우리는 하나님과의 관계 안에서 가장 깊게 우리 자신들을 알 수 있다. 우리는 우리 자신들로부터 생긴 것도 아니고 또한 역시 우리는 우리 자신들의 "목적"이 아니다. 우리의 우주적 맥락에서 절단된 상태로, 인간성을 닫힌 체계(closed system)로 만드는 어떤 심리학도 우리의 본질적 본성을 잘못 해석하도록 되어있다.

인간들에 관해 이해할 수 있는 가장 중요한 것은, 니이버에 의하면, 우리는 물질과 영의 혼합체라는 것이다. 우리는 자연의 우연성들(contingencies)의 일부분인데, 이것은 우리가 덧없음(temporality)에 종속된다는 것이다. 우리는 유한하고, 제한되어 있고, 역사적으로 그리고 사회적으로 위치가 정해져 있다. 우리는 죽을 것이다. 그러나 우리는 또한 우리의 삶들을 벗어날 수 있고 우리의 존재의 의미를 조망하는 능력을 가지고 있다. 우리는 자기초월을 위한 능력을 가지고 있다. 우리가 우리의 사회적-역사적 위치를 초월하고 우리의 삶들을 바라보는 이 능력은 우리가 하나님의 형상으로 창조되었다는 것을 의미한다. 하나님의 형상(imago Dei)은 합리성을 위한 우리의 능력뿐만 아니라 또한 이 순간의 상황을 초월할 수 있는 우리의 성향(propensity)이다. 니이버는 그것을 다음과 같이 설명한다: "가장 순수한 형태에서 기독교 인간관은 인간은 하나님의 닮은꼴(God-likeness)과 창조물의 특성(creatureliness)의 연합으로 간주하는데, 그 안에서 그는 심지어 그의 존재의 가장 높은 영적 차원들에서 창조물로 남아있고, 그리고 심지어 그의 자연적 삶의 가장 낮은 측면들에서도 하나님의 형상의 요소들을 계시할 수 있다."[5]

영과 자연의 이 혼합은 우리를 불안의 상황에 둔다. 창조물들이 되는 것은, 한편으로, 자연과 유한성의 한계들에 제한되고, 그리고 또한 이 상황을 초월하고 반성할 수 있는 창조물들은, 다른 한편으로, 긴장을 생산한다. 이 불안은 그 자체가 나쁜 것은 아니지만 한편 그것은 죄를 위한 선행조건이다. 그것은 두 가지 선택들을 하도록 우리를 고정시킨다: (a) 하나님을 신뢰하거나 혹은 (b) 자신을 신뢰한다. 유혹은, 우리가 불안을 경험할 때, 우리의 창조물의 특성과 하나님의 의존을 부정하는 것이다. 우리는 하나님을 횡령하고 스스로 우주의 중심이 된다. 키에르케고르로부터 이 주도권을 취하면서 니이버는 이 불안스러운 조건을 생생하게 묘사한다:

요약하면, 자유로울 뿐만 아니라 또한 구속되어 있는, 제한되어 있

---

[5] Niebuhr, *Nature and Destiny of Man*, 1:150.

을 뿐만 아니라 또한 무제한적인, 인간은 불안스럽다. 불안은 인간이 관련되어 있는 자유와 유한성의 역설의 불가피한 부수물이다. 그것은 자유와 유한성의 역설적 상황에 서 있는 인간의 불가피한 영적 상태이다. 불안은 유혹의 상태의 내적 묘사이다. 신앙이 죄스러운 자기주장의 경향성의 불안을 깨끗하게 할 수 있다는 이상적인 가능성은 항상 있기 때문에 불안은 죄와 동일시해서는 안 된다. 이상적인 가능성은 하나님의 사랑의 궁극적인 안전에 대한 신앙은 자연과 역사의 모든 불안전들을 극복할 수 있다는 것이다. 그것이 기독교 정통파가 불신앙을 죄의 뿌리, 혹은 교만에 선행하는 죄로서 일관되게 정의하는 이유이다. 예수가 "하늘의 아버지께서 이 모든 것이 너희에게 있어야 할 줄을 아시느니라" 라는 관찰과 함께 "염려하지 마라"라는 명령을 정당화하는 것은 의미심장하다. 그가 당부하는 불안으로부터 자유는 만약 신성한 안전에 대한 완벽한 신뢰가 성취되기만 한다면 가능하다.……어떤 삶도, 심지어 가장 성자다운 사람도, 염려하지 말라는 명령에 따를 수 없다.[6]

다시, 니이버에게, 자연과 영은 항상 함께 연결되어 있고 분리할 수 없다. 그것들은 구별될 수 있지만 그것들은 결코 서로에게서 떼어놓을 수 없다. 단 브라우닝(Don Browning)은, 니이버에게, "자연과 영은 서로 침투하고 상호적으로 특성을 부여한다. 모든 우리의 자연적 충동들은 그가 자유, 상상, 그리고 자기초월을 위한 능력을 뜻하는 영에 의해 자격을 부여받는다"라고 말하면서,

---

6) Ibid., 1:183.

그것들의 연결의 탁월한 진술을 제공한다.[7] 우리의 어떤 충동들과 갈망들도 순수하게 본능적인 동물의 열정들은 아니다. "다른 한편으로 우리의 어떤 자유, 상상, 그리고 자기초월의 표현들도 우리의 생물학적 삶으로부터 끊긴 것은 없다. 우리의 자유는 이런 방식이든 혹은 저런 방식이든 우리의 생물학에 순응하는 자유이고, 그것으로부터 스스로 끊어져 있거나, 전적으로 그것을 억압하거나 혹은 그것을 잊고 행동할 수 있는 것은 결코 아니다."[8]

"영"은 자유, 상상, 그리고 자기초월을 위한 능력이다. 프로이드와 반대로, 우리의 본능들은 자연적인 힘들에 의해 완전하게 결정된, 정제하지 않은, 기계적인 경향들은 아니다. 대신에 우리의 자유는 물론 상상력도 본능의 부분이다. 어떤 형태들의 극단적인 자기부정(self-denial)은 이 자연과 영의 해체할 수 없는 결합을 탈출하려고 시도한다. 어떤 형태의 극단적인 육체적 부정을 통해, 예를 들면, "순수한," 거의 육체에서 분리된 영성에 도달하기 위한 시도가 이루어진다. 그와 같은 이분법은, 니이버에게, 결코 가능하지 않고 또한 역시 바람직하지도 않다. "영"은 자연을 너무 극복할 수 있기 때문에 사람은 결합을 경험하지 않는다는 것은 결코 있을 수 없다. 우리의 육체들은 우리가 "영적"이기 위해 달아날 필요가 있는 것이 아니다. 극단적인 형태들의 금욕주의는 인간들에게 유용한 형태의 영성, 통합된(embodied) 영성을 부정한다. 우리는 하나님에게 가는 우리의 길에서 자연을 유산할(abort) 수 없다.

---

[7] Don Browning, *Religious Thought and the Modern Psychologies* (Philadephia: Fortress, 1987), p. 24.
[8] Ibid.

그러나, 니이버에게, 정반대도 또한 사실이다. 우리는 자연의 기쁨들에 열중함으로써 우리의 영적 차원을 피할 수 없다. 다른 말로 표현하면, 제멋대로 구는 쾌락주의도 우리를 자기초월적인 차원으로부터 끊을 수 없다. 자연과 영은 좋든 혹은 나쁘든 결합되어 있다. 어떤 육체의 부정도 생물학을 부정할 수 없다; 어떤 육체적 방종도 영의 높이들을 제거할 수 없다. 인간이 된다는 것은 자연과 영의 결합체가 된다는 것을 의미한다.

그리스 사상은, 특히, 자연에게 형태를 주기 위해 정신 혹은 영의 영역을 필사적으로 요구하는, 혼돈스럽고, 비통제적이며, 비합리적인 에너지로서 자연을 인식하는 그와 같은 방식으로 자연과 영을 분리하려고 가끔 시도했다. 이 이원론은 질서에 혼돈을, 통제에 통제되지 않음(uncontrollability)을, 이성에 비합리성을 경쟁시킨다. 단순하게 말해서, 그 자체의 한계들을 인정하거나 혹은 어떤 자기통제(self-control)를 고용하기 위해 자연은 결코 의존될 수 없기 때문에 "정신"이 모든 일을 해야 한다

니이버에게, 이 이원론은 단순하게 작용하지 않는다. 자연은 삶의 혼돈스럽고 비합리적인 에너지들로서 이해되어서는 안 되고, 대신에 영과 함께 그 자체의 기여를 위한 원천으로서 이해되어야 한다. 다시 우리는 자연은 물론 영에 의해서 자극을 받는다. 어느 것도 다른 것의 이름으로 제거될 수 없다.

불안 그 자체는 죄와 동일시될 수 없다. 이것은 인간 상황을 악하게 만들 수 있고, 따라서 우리를 우리의 상황을 위한 책임에서부터 면제시킬 수 있다. 불안이 우리의 조건이지만, 그러나 한편 우리가 불안을 잘못 다루고 자기중심적인 방식으로 행동하는 것

이 필연적인 것은 아니다. 가정적으로, 니이버에게, 우리는 신성한 안전의 확신들 속에서 고요하게 안식할 수 있다. 그러나 우리는 그렇게 하지 않는다. 우리는 죄를 범하도록 되어 있는 결함이 있는 본성을 물려받는다는 의미에서 운명이 정해진 것은 아니다. 그러나 우리는 불안을 생산한 상황으로 태워났다. 우리의 삶들은 각각 불안의 이 잘못된 통제와 하나님에 대한 불신을 반복하는데, 이것은 아담의 이야기에서 중심적인 것이다.

여기에서 결정적인 요점은 죄는 우리의 생물학적 구조의 결과로 자동적으로 발생하지 않는다는 인식이다. 우리는 죄를 짓도록 "고정되어" 있지 않다. 그것은 우리의 진정한 본질로 지어진 것은 아니다. 죄는, 비록 그것이 우리의 조건의 불가피한 부분일지라도, 인간이 되는 것의 필연적인 부분은 아니다. 이것은 모순되게 들릴 수 있지만, 그러나 니이버에게, 그것은 우리의 조건 안에 타고난 매우 진정한 역설을 가리킨다. 기독교는 창즈된 질서에 대해 적대적이지 않다. 그것은 인간의 친밀감, 성적 관계와 같은 유한한 선들 혹은 심지어 물질적인 상품들의 획득을 순수한 미덕으로 간주하는데 별로 문제가 없다. 그러나 불안한 나머지 우리는 이 물질들을 신들의 신분으로 급격하게 격상시키고 우리의 전체의 삶을 그것들 주위에 집중시킨다. 유한하고 한계가 있는 것들을 가치 있게 여기는 것은 타락한 것은 아니며; 우상승배를 행하는 것이 타락한 것이다. 브라우닝은 니이버는 "자연적인 인간의 노력의 모든 양상들"을 위한 속기(shorthand)로서 그리스 말, 에로스(eros)을 사용하고, 그리고 그는 모든 이것들을 선하다고 여긴다고 지적한다. 죄는 단순하게 이 물질들을 추구한 결과로서 생기지 않는다.

"자연적인 자기존중(에로스)을 무절제한 자기존중(self-regard)과 우리가 필요한 것보다 더 가지려는 혹은, 우리 현대인들이 가끔 말하듯이, '모든 것을 독차지하는' 탐욕스러운 노력으로 왜곡시키는 것은 바로 불안과 죄의 실재이다."[9] 이 요점은 나중에 우리가 우리의 가치의 과대평가는 물론 과소평가 안에서 자기존중의 위치를 바라볼 때 결정적일 것이다. 니이버는 우리에게 포기할 것을 요구한다. 더 한층 그는 무절제한 자기존중, 우리를 하나님과 이웃으로부터 멀어지게 하는 몰입의 위험들에 대해 끈기 있게 경고한다.

어거스틴과 차이들

니이버는 "원죄"의 전통적인 개념을 부활시키기 위해 많은 것을 했지만 그는 교리의 본래의 설계자 어거스틴과, 어떤 방식들에서, 의견을 달리한다. 첫째, 니이버는 타락을 최초의 부부가 순수성의 동산에서 쫓겨나왔던 역사적 사건으로서 다루지 않는다. 우리의 집단적인 역사적 과거에서 황금의 시대는 없었다. 어거스틴에게, 물론, 최초의 부부의 교만과 불순종은 죄가 어떻게 해서 세상에 들어왔는가에 대한 원인이 되는 설명을 제공한다. 창세기의 부부를 우화적으로 말했던 필로(Philo)와 오리겐(Origen)과 같은 이전의 주석가들과는 다르게, 어거스틴은 죄의 기원뿐만 아니라 또한 성적 유전을 문자적으로 해석했다. 니이버에게, 어거스틴과는

---

9) Ibid., p. 26.

다르게, 우리는 죄의 역사적 원인을 발견할 수 없다. 그러나 창세기의 우화는 더욱이 진정으로 우리의 이야기를 말한다.

어거스틴은 또한 타락 이전에 삶의 더 정교한 묘사를 제공했다. 이 타락 이전의 상태는, 많은 어거스틴의 비판가들과는 대조적으로, 성(sexuality)을 포함했다. 그러나 그것은 타락한 성을 동반하는 짐승 같은 욕망들이 결핍된, 열정이 없는 성(passionless sexuality)이었다. 성적 행위는 죄스러운 색욕의 포로상태가 아니라 마음의 고요하고 신중한 표현이었다.[10] 다른 한편으로 거듭 창세기의 이야기가 역사적인 최초의 부부를 지적하지 않기 때문에 우리는 타락 이전의 인간성에 관해 어떤 것을 말할 수 있다고 믿지 않았다. 대신에 그것은 여기에 지금 우리의 경험을 지적한다.

> 비록 타락 이전에 아담이 가졌던 완전의 신학 안에 많은 것이 이루어질지라도, 신화는 죄 없는 아담의 어떤 행동들을 기록하지 않는다. 이레니우스(Irenaeus)는, 대부분의 신학자들보다 더 큰 현실주의적 시각으로, 그 기간이 짧았고, 죄는 그가 창조되자마자 거의 즉시 (그를) 따랐다는 것을 관찰한다. 아담은 그가 행동하기 전에 죄가 없었고 그의 최초의 기록된 행동에 죄가 있었다. 그의 죄 없음은, 다르게 말해서, 그의 첫 번째 의미심장한 행동을 앞섰고 그리고 그의 죄스러움은 그 행동에서 드러났다. 이것은 인간 역사의 전부를 위한 상징이다.[11]

---

10) Augustine, *City of God*, book 14, trans. Henry Bettenson (New York: Penguin Classics, 1972).
11) Niebuhr, *Nature and Destiny of Man*, 1:279-80.

니이버는, 그러나, 어거스틴이 그들이 열매를 먹었을 때 아담 혹은 이브의 반역의 행동 안에 죄의 근원을 두는 것을 거절하는 방식을 긍정한다. 대신에 죄는 그들의 창조주와 단절되고 자신의 세계의 중심이 되려는 최초의 부부의 점진적인 욕망들 속에서 자랐다. 이것은 어떤 반역의 행동을 앞섰다. 아담이 불순종의 행동을 범하도록 자극했던 것은 아담 안에 있는 교만의 발달이었다. 다르게 말해서, 타락은 그가 금지된 열매를 먹기 오래 전에 아담의 마음속에 시작되었다. 열매를 먹은 것은 이미 진행되어왔던 반항의 내적 과정을 단지 나타낸 것뿐이었다. 어거스틴은 이런 방식으로 이것을 말한다:

> 우리는 만약 사람이 자신을 기쁘게 하는 것을 이미 시작하지 않았다면, 악마는 하나님이 금지했던 것을 행하는 분명하고 개방된 죄에 의해 사람을 덫에 걸리게 하지 않았을 것이라는 것을 우리는 알 수 있다. 그것이 그가 "네가 신들과 같이 될 것이다"라는 말을 또한 기뻐했던 이유이다. 사실상 만약 그들이 순종 안에서 그들의 존재의 최고의 진정한 근거를 고수했다면, 만약 그들이 교만 안에서 자신들을 그들의 근거로 만들지 않았더라면, 그들은 신들과 같이 더 잘 될 수 있었을 것이다. 이것이 원초적인 악이다: 사람은 자신을 자신의 빛으로 간주하고, 그리고 그가 그것에 그의 마음을 고정시킨다면 그 사람 스스로 빛이 되게 할 수 있는 그 빛을 외면한다. 이 악은 처음에 은밀하게 왔지만, 그 결과는 개방된 곳에서 범해졌던 다른 악이었다. 성경이 "사람의 마음의 교만은 멸망의 선봉이요 겸손은 존귀의 길잡이니라"(잠언18:12)라고 말한 것은 사

실이다. 은밀하게 발생한 타락은 넓은 대낮에 발생한 타락을 앞서는데, 비록 전자가 타락으로 인정되지 않는다고 할지라도 그렇다. 비록 타락하는 것이 이미 거기 있었을지라도, 어떤 사람이 높임(exaltation)을 가장 높은 분의 유기(desertion)에서 비롯된 타락이라고 생각할 수 있을까? 다른 한편으로, 계명의 분명하고 틀림없는 위반이 있을 때 타락이 있다는 것을 보지 못할 사람은 없다.[12]

이리하여, 어거스틴에게, 최초의 부부의 불순종은 점진적으로 발달되어왔던 내적 과정의 외부의 증거이다. 이 점에서 니이버는 철저하게 어거스틴적이다.

그는, 그러나, 원죄에 의해 된 손상의 범위에 대해 어거스틴에게 동의하지 않는다. 어거스틴에게, 우리는 아담의 죄에 의해 너무나 오염되었기 때문에 심지어 우리가 죄인들이라는 것을 알기 위해서라도 은혜는 우리에게 필요하다. 니이버는 의무감, 용서를 위한 욕구와 19세기 신학자 슐라이에르마허(Schleiermacher)가 "절대적 의존의 감정"이라고 불렸던 것은 죄에도 불구하고 우리의 본성의 부분으로 남는다고 믿는다.[13] 아무튼 우리는, 깊은 차원에서, 어떤 것들이 되려고 하는 방식들이 아니라는 것을 안다. 니이버는 이 의무감과 "불편한 양심"을 일반적인, 특별하지 않은, 계시의 양상으로 이해한다.

원죄의 개념의 주요한 요점은, 니이버에게, 우리는 우리 자신의 노력으로 하나님과 이웃과의 깨어짐을 치유할 수 없다는 것을 우

---

12) Augustine, *City of God*, p. 573.
13) Niebuhr, *Nature and Destiny of Man*, 1:128-31.

리에게 상기시킨다는 것이다. 테드 피트스(Ted Peters)는 니이버의 원죄의 사상의 목적에 관해 매우 도움이 되는 논평을 제공한다: "자기주장을 관찰하기 위해 에덴동산의 역사성을 가정하거나 혹은 우리가 죄를 범하는 소질을 물려받는다는 질병 은유(metaphor)를 사용하는 것은 필수적이 아니다. 낙원 이야기와 물려받은 죄의 개념은 하나님 혼자서 신성한-인간적인 관계를 설립하는 것에 책임을 져야한다는 벌거벗은 전제를 위한 옷치장(dressing)이다."[14]

어거스틴의 죄의 유전의 역사적-원인적 설명은 가끔 수치스럽고, 비인간적이고, 그리고 심리적으로 남용의 효과(abusive effect)를 가지고 있다. 어거스틴에게, 인류의 역사에서 어떤 사람도 아담이 짧은 시간 동안 알았던 "창조된 선"을 경험한 사람은 없다. 아담이 반역했을 때 우리 모든 사람은, 심지어 20세기에 태워난 아기들까지, 그 결정에 참여했다. 우리의 첫 조상과의 이 신비한 결합은 원죄를 짓게 할 뿐만 아니라 또한 *원초적인 죄책감*을 느끼게 한다. 우리도 역시 아담의 허리에서 그 선택을 했다. 결과적으로 다음의 논리적이고, 한탄스러운 어거스틴의 단계는 심지어 유아들조차도, 만약 세례를 받지 않은 상태라면, 원죄와 죄책감의 오점 때문에 저주를 받았다고 말하는 것이다. 이리하여 이 역사적-원인적 설명에서 아담 이후의 모든 사람은 악을 향한 일종의 유전적 소질을 가지고 진정으로 죄 속에서 태워난다. 한 때 아담은 "본질적인 선"을 가지고 있었을 것이지만, 그러나 그 요소는 인류의 나머지 사람들에게 영원히 상실되었다.

---

14) Ted Peters, *Playing God: Genetic Determinism and Human Freedom* (New York: Routledge, 1977), p. 88.

원죄에서부터 원초적 죄책감으로의 이동은 우리 각 사람에게 우리가 악하게 창조되었다는 실제적이고 실존적인 의미를 가지고 있는 것 같다. 우리는 단지 존재하는 것에 대해 죄책감을 느낀다. 그러나 우리의 첫 부모들의 어떤 은유적인 존재가 아닌, 우리의 실존은 우리가 아는 모든 것이다. 어거스틴은 아담의 본질은 한 때 선하게 창조되었지만, 그러나 *우리의* 본질은 결함이 있고, 불안전하고, 타락한 상태에서 시작한다고 주장한다. 우리는 죄가 가득한 세상으로 단지 들어가지 않는다; 우리는 단지 나타나는 것만으로도 죄스럽다. 어거스틴은 마니교도들(Manichaeans)과 그의 싸움에서 창조된 선(created goodness)의 옹호자이었지만, 그러나 모든 실제적인 목적들을 위해서 아담의 후손들은 "악 속에서" 태워난다. 우리는 타락한 기질을 물려받았기 때문에 구체화된 실존은 그 자체가 죄가 가득하다. 폴 리꾀르(Paul Ricoeur)은 강력하게 이 주제를 표현한다:

> 기독교의 세기들 동안, 첫째 아담의 이야기의 문자적인 해석으로 인해, 그리고 그다음, 나중에 사변들(speculations), 즉 원리적으로 어거스틴의 원죄 교리와 더불어 역사로 취급될 이 신화의 혼돈으로 인해, 영혼들에게 끼친 해로움은 결코 적절하게 말할 수 없을 것이다. 신자들에게 이 신화적-사변적 혼돈에 대한 믿음을 고백할 것과 그것을 자기충족적인 설명으로 수용할 것을 요청하면서, 신학자들은 신자들에게 현실 의 조건의 상징적인 초지성(superintelligence)을 깨우쳐 주어야 하는 곳에서 부당하게 *지성의*

희생(sacrificium intellectus)을 요구했다.[15]

게다가, 역사적-원인적 설명에 뿌리를 둔 원죄의 개념은 우리가 역사적 아담과 이브와 완전(perfection)의 타락 이전의 상태를 강조하는 동안은 지적으로 만족스러울 것이다. 그러나 어떤 형태의 신성하게 통제된 진화(divinely directed evolution)를 믿는 많은 크리스천들에게, 현대의 진화론적 과학은 인간 역사 안에 그와 같은 황금의 시기를 아주 다르게 만든다. 문자적, 역사적, 공간과 시간적 타락은 많은 신자들이, 모두는 아닐지라도, 인류의 진화론을 이해하는 방식과 모순된다.

우리는 이 주제에 대한 어거스틴의 유산을 이런 방식으로 요약할 수 있다: 어거스틴의 원죄의 명석하지만 과장된 설명, 즉 창조된 존재가 악하다는 영지주의의(Gnostic) 사상으로부터 인간의 선을 구제하기 위해 시도되었던 이론은 그의 원초적인 죄책감의 이론의 발달에 의해 파괴되었다. 지금 각 아담의 후손들이 태어난 세상은 진정으로 모든 구조가 악하다는 마니교의 세상이다. 니이버는 "그 기원으로부터 죄의 역사를 인류의 계승되는 세대들을 통해 확장하는 노력"을 통해서 정통교회가 "원죄"의 교리를 "물려받은 타락"의 교리로 바꾸는 분기점들(ramifications)을 설명한다. 신학자들이 결코 그 본질을 정확하게 확인할 수 없지만 그것은 항상 성적 욕망과 재생산과 연관되어 있었다. "만약 원죄가 상속받은 타락이라면 그 상속은 죄의 개념에 기본적인 자유와 책임을 파괴

---

15) Paul Ricoeur, *Symbolism of Evil* (Boston: Beacon, 1967), p. 239.

한다. 그러므로 정통 교리는 자기파괴적이다."16) 니이버는 어거스틴의 전제들이 이 문제를 해결하지 못하도록 그를 방해했다고 주장했다. "물려받은 타락"이기보다는 오히려, 원죄는 "인간 존재의 불가피한 사실이며, 그것의 불가피성은 인간의 영성의 본질에 의해 주어진다. 그것은 존재의 진정한 모든 순간이지만, 그러나 그것은 역사를 가지고 있지 않다."17)

    니이버에게, 우리의 죄로의 타락에서 "잃어버린" 것(불안의 잘못된 통제와 우리의 자유의 왜곡을 통해서)은 믿음, 사랑과 소망의 관계적 특성들이다. 이 세 가지 특성들은 우리의 창조된 본질의 부분이지만, 그러나 그것들은 크게 상처를 받았다. 하나님의 섭리에 대한 믿음이 없다면 불안은 우리의 자유를 압도한다. 다시 이 압도적인 특성은 우리를 자족(self-sufficiency)혹은 자기지배(self-mastery) 안에 피난처를 구하도록 부추긴다. 단순하게 말해서, 우리는 분명히 통제할 수 있는 우리의 능력을 넘어 있는 것을 통제하려는 망상에 사로잡힌다. 두 번째, 소망은 하나님의 섭리적인 돌봄 안에 무한한 가능성들을 보는 한, 그것은 믿음의 한 부분이다. 이 소망이 없다면 미래는 맹목적인 기회 혹은 순수한 변덕처럼 진정으로 보일 것인데, 이것들은 마비시키는 두려움을 유발할 수 있다. 그리고 세 번째, 개인들 가운데 공동체는 사랑을 통해서 가능하다. 그러나 이 사랑이 발생하기 위해서 우리는 불안의 손아귀로부터 자유로워야 한다. 니이버가 그것을 아주 잘 말하듯이, "불안

---

16) Reinhold Niebuhr, *An Interpretation of Christian Ethics* (Sar. Francisco: Harper & Row, 1935), p. 55.
17) Ibid.

으로부터 자유가 없이 인간은 이기심(egocentricity)의 나쁜 순환에 너무나 얽히게 되고, 자신에 너무 관심을 두기 때문에 그는 사랑의 모험을 위해 자신을 놓아줄 수 없다."[18] 이기심의 감옥이 불안의 토대 위에 지어진다는 이 요점은 이 연구에서 나중에 더 상세하게 탐구될 것이다. 지금 하나님에 대한 믿음이 없이 인간은 불가피하게 불안을 느낀다는 것을 우리 모두 말하자. 그리고 섭리적인 하나님에 대한 신뢰가 없다면, 우리는 자기몰입에서 벗어나 오래 동안 충분히 사랑할 수 없다.

니이버의 핵심적 요점은 죄의 근원은 우리가 행하는 것이 아니라 우리가 되기를 바라는 것 안에 있다는 것을 강조한다. 인류를 상징하는 아담은 인간 이상이 되고, 인간의 창조물의 특성(creatureliness)의 한계들을 넘어서기를 원했다. 그에게 불순종의 가능성은 없었다. 대신에 그를 유혹했던 것은 상황에 대한 뱀의 분석이다. 이 분석은 아담에게 두 가지 중요한 것들을 제공했다: (a) 더욱이 그의 현재의 한계들을 설명했던, 하나님과 같이 되고 싶은 매우 매력적인 이미지(image), 그리고 (b) 유한과 자유 사이의 현재의 긴장을 끝내려는 약속. 뱀은 인간의 유한성을 초월하는 것은 아담의 힘의 범위 안에 있었다는 것을 제시했다. 더욱이 뱀은 하나님을 선과 악의 지식에 대해 그의 독점권을 질투심이 강하게 수호하는 분으로 묘사했다. 뱀의 이 거짓된 해석이 없었다면 유혹도 없었을 것이다.

뱀과의 이 만남은 원죄의 본질을 전달한다, 즉 원죄의 의미는

---

[18] Niebuhr, *Nature and Destiny of Man*, 1:162.

죄는 우리가 첫 선택을 하기 전에 세상에 있었다는 것이다. 니이버는 창세기 기사가 발달된 악마학(satanology)을 내포하지 않지만, 그러나 한편 기독교 신학자들은 뱀을 악마와 동일시하는데 있어서 잘못이 없었다는 것을 제시한다. 니이버가 말하듯이, "악마가 있다고 믿는 것은 어떤 악한 행동에 선행하는 악의 원리 혹은 힘이 있다는 것을 믿는 것이다."[19] 인간의 죄 이전에 우주적인 타락의 이야기는 죄는 어떤 사람이 선택하기 전에 현존한다는 실재를 상징하는 방법이다. 인간들은 죄를 무에서부터(ex nihilo) 창조하지 않는다. 토마스 오든(Thomas Oden)의 논평은 여기에서 도움이 된다: "바로 유대-기독교적 전통이 '아담'(대체로 인류)의 죄를 말하는 것과 마찬가지로, 사회심리학은 왜곡된 형태들의 의식과 이념의 사회적 유전에 의해 인간의 곤경을 말한다."[20]

따라서 죄는, 어거스틴이 성적으로 유전된, 물려받은 죄의 개념에서 암시했듯이, 우리의 생물학에서부터 생긴 것은 아니다. 또한 그것은 개신교 자유주의가 가르쳤던 사회적 질병도 아니다. 그것은 인류가 결국 정화하게 될, 전적으로 외부의 요인들이라고 비난받을 수 없다. 대신에 우리는 우리 자신의 실존적 자유에 의해 죄를 범한다. 공평한 사회적 조건들, 급진적인 평등, 성차별주의의 폐지와 건강한 양육은 모두 놀라운 목표들이다. 그러나 그것들은 자유를 직면하고도 불안의 문제를 우리에게서 제거할 수 없기 때문에 그것들은 우리로부터 죄의 가능성을 제거하지 못할 것이다.

---

19) Ibid., 1:180
20) Thomas Oden, *The Structure of Awareness* (Nashville: Abingdon, 1969), pp. 72-73

마지막으로, 니이버는 - 그리고, 그가 믿기로, 전 성경적 전통은 - 악의 기원에 관한 유전적 질문에서 떠나 대신에 우리 각 사람이 하나님과의 우리의 결속을 어떻게 거절하게 되었는가라는 실존적인 질문으로 이동한다. 어거스틴의 죄의 기원들의 정교한 이론은 우리의 죄의 실존적 질문의 뒤에 자리를 잡는다. 키에르케고르가 말하듯이, "각 사람은 단지 혼자서 죄가 어떻게 세상에 들어왔는가를 이해한다."[21] 우리는 죄가 어떻게 시작했는가에 대한 과학적인 이해에 관해서가 아니라, 우리 자신의 죄에 관해 물어야 한다.

> 개별적인 개인이 너무 어리석어서 마치 죄가 그에게 낯선 것처럼 죄에 관해 질문할 때 그는 바보처럼 묻는다고 볼 수 있는데, 왜냐하면 그는 질문이 무엇에 관한 것인지를 몰라서 그것을 알 수 없거나, 혹은 그가 그것을 알고 이해함으로써 어떤 학문도 그것을 그에게 설명할 수 없다는 것을 또한 이해하고 있거나 둘 중 하나이기 때문이다.[22]

다른 말로 표현하면, 우리는 우리 자신의 조건에서 벗어나서 마치 그 조사 자체가 우리의 조건에 의해 오염되지 않은 것처럼 이 기적인 자기기만의 기원들을 조사할 수 없다. 성경적 전통은 우리의 조건이 생겼던 정밀한 이유를 설명할 어떤 긴급함을 느끼지 않는다. 대신에 그것은 무엇인가(what is)라는 현실주의와 함께 시작

---

21) Soren Kierkeggard, *The Concept of Anxiety*, trans. Reidar Thomte (Princeton, N.J.: Princeton University Press, 1980), p. 51.
22) Ibid., p. 50.

한다. 죄는 첫째로 실존적인 문제이다.

니이버와 프로이드: 죄의 기만적 본질

니이버는 인간의 죄의 기만적인 본질을 분명하게 하려고 시도하면서 프로이드의 저술 안에서 많은 가치를 발견했다. 그는 프로이드의 어떤 사상들과는 의견을 달리했지만, 니이버는 프로이드의 인간 심리의 현실주의적 개념에 대해 큰 존경을 가지고 있다. 이 인식은 프로이드가 계몽주의의 오만한 성취들을 경고하는 방식과 특히 관련이 있다.

계몽주의 철학들은 다양하지만, 그러나 한편 그 통일된 요소는 인간의 잠재력의 긍정적인 평가이다. 어떤 관점들은 이성을 인간의 삶의 첫째가는 안내자로서 높인다. 또한 다른 관점들에서 볼 때, 자연은 스스로 가장 좋은 약속을 제공한다. 통일된 철학적 가정은 우리 내에 악의 성향은 제거될 수 있다는 것이다. 그와 같은 관점에서 보면, "원죄"의 사상은 절망적으로 시대에 뒤떨어진 것이다.

그러나 프로이드는 현대의 과학적 언어를 사용해서 인간 본성의 더 오래된 비관주의를 재건했다. 이기적인 타락의 불가피성에 대한 그의 토론은 죄의 유행에 뒤진 개념에 새로운 생명을 불어넣어 주었다.

프로이드의 성격의 삼분법 이론(이드, 자아, 초자아)[23]은 단순한

---

23) Sigmund Freud, *The Ego and the Id*, trans. James Strachey (New York: Norton, 1962).

이원론의 형태에 도전했다; 우리는 그것보다 훨씬 더 복잡하다. 오래된 정신-육체의 이원론은 만약 정신이 충분히 깨어있다면 그것은 심리의 나머지를 통제할 수 있고 모든 육체적인 충동들을 규제할 수 있다는 천진한 가설을 포함한다. 이성은 전형적으로, 그것이 인도된 과정 위에서 인간의 충동들을 구제하고 질서를 잡는다면, 심리의 구원자로 기능한다.

프로이드의 합리성의 견해가 이성의 잠재력에 대한 수세기 동안의 고요한 신뢰를 얼마나 많이 전복시켰는가를 평가하는 것은 매우 어렵다. 프로이드는 이성 그 자체는 더 원초적인 충동들의 도구라는 것을 무자비하게 고집했다. 행동은 끝없는 합리화들을 통해서 정당화된다. 심리에 대해 그 "통제"를 자랑스럽게 여기는 의식적인 자아는 표면 밑에서 일어나는 것에 대한 단서를 가지고 있지 않다. 무의식적 요인들은 우리 모두가 내리는 "순수하게 합리적인" 결정들을 폐지시킨다. 이성은 많은 계몽주의 철학자들이 가지기를 원한 신과 같은(godlike) 신분을 가지고 있지 않다. 프로이드와 같이 소리를 내면서 니이버는 말하기를, "이성은 개인적이고 집단적인 특색의 까다롭고 편협한 관심들로부터 결코 완전히 해방될 수 없다."[24]

니이버는, 정신보다는 자연을 더 강조한 심지어 프랑스 계몽주의에서, 우리를 자연으로 인도하는 것은 여전히 이성의 일이라는 것을 믿는다. 이성은 이 기능을 제공함으로 신뢰를 받을 수 있다. 일단 이성이 우리를 자연으로 인도하면, 그러나, 자연은 완전히 신

---

[24] Niebuhr, *Nature and Destiny of Man*, 1:268.

뢰받을 수 있다. 이리하여 우세하게 된 낭만적 심상은 외부적 요인들에 의해 타락하지 않고, 그 순수성을 오염시킬 수 있는 사회적 횡포들로부터 자유롭게 된 자연적 자기(natural self)를 상상한다.

그러나 프로이드의 인간 심리의 개념은 순수한 이성 안에 지나친 신뢰에 도전하는 만큼, 그것은 자연의 순수성으로 이 단순한 복귀에 도전한다. "자연"은 낭만주의자들이 우리가 믿기를 원하는 선의 명백한 근원을 제공하지 않는다. 아마도 온호한 생존 충동은 "쾌락 충동," 특히 성적 만족을 구하는 자기추구의, 원초적인 충동과 혼합되어 있다. 사회의 강요들에 의해 방해를 받지 않는 자유주의의 단순한 무간섭주의적인 세계도 결코 작용하지 못할 것이다. 이 원시적 충동을 대표하는 이드(원자아)는 재조정되어야 한다. 생명력 혹은 생존 충동은 낭만주의자가 평가했던 것보다 훨씬 더 복잡하다. 되찾기는 결코 자연에 대한 단순한 복귀에 있지 않다. 이것에 대한 이유는 인간 본성 그 자체는 건강한 생존과 사람들 사이의 협동을 단일하게 지향하지 않기 때문이다. 우리 인간들은 가끔 다른 사람의 생명의 대가를 희생하고서도 쾌락을 추구하는 과도한 경향을 가지고 있다. 이것이 우리의 조건에 기본적이고, 사회화 과정의 병든 영향 때문은 아니다. 이 자연적 충동이 토대를 두고 있는 "쾌락 원리"는 이기적이고, 자기중심적이며 그 자체의 만족에만 관심을 가진다. 사회로부터 어떤 종류의 저지가 없다면, 쾌락 원리는 문명을 불가능하게 만들 것이다. 이리하여 인간 유기체 안에 불가피하고 피할 수 없는 충돌, 이드의 방종에 대

한 승인(yes)과 사회의 내면화된 불승인(no) 사이에 싸움이 있다.[25]

이것은 인간 생명이 살아야 하는 전쟁터를 구성한다. 합리주의는 물론 낭만주의도 이 피할 수 없는 충돌을 이해하지 못한다. 우리는 이 딜레마를 길들이는 것은 배울 수 있지만 우리는 결코 그것을 제거하지 못할 것이다. 그리고 프로이드에게, 이 긴장은 어떤 역사적 진보의 비전을 통해서 해결되지 않을 것이다. 그것은 우리의 사회적 존재의 생물학적 차원에 뿌리를 둔 단순히 인간 조건의 부분이다. 단순하게 말해서, 이 원초적인 본능들은 단순하게 사라지지 않는다.

우리는 이 "자연에의 복귀"라는 주제가 인본주의 심리학들에서 다시 나타나는 것을 볼 것이기 때문에 이것은 결정적인 시점이다. 사회의 오염시키는 본질에 의해 여전히 영향을 받지 않은, 어린 아이의 순수성은 정신건강의 모델로서 제기될 것이다. 이리하여 치료는 "귀향," 자신의 "내적 아이"와의 재결합 같은, 잃어버린 순수성에 대한 복귀의 형식을 취할 것이다.[26] 그 가정은 인간 본성은 건강한 방향으로 우리를 인도할 수 있도록 완전히 신뢰될 수 있다는 것을 견지한다. 사실상 심리적 문제들은 이 기본적인 유기체적 신뢰에서 불신과 항상 연관이 있다. 우리는 자연의 방식에서 벗어나 각 사람이 스스로 자기를 지도하는 것을 허락할 필요가 있다. 타고난 이기심, 자기중심성(self-centeredness), 혹은 과도한 쾌락

---

25) Freud, *Ego and Id*.
26) 이 언어는 아마 존 브래드쇼의 연구를 가장 연상시킬지라도, 정신건강을 위한 기준으로서 순진한 자각의 높이기(elevation)는 브래드쇼가 기대고 있는 인본주의 심리학 안에 널리 펴져있다. 재미있는 재조사를 위해서 Thomas F. Finger, *Self, Earth and Society* (Downers Grove,Ill.: InterVarsity Press, 1997), 특히 제2장을 보라.

추구는 없다. 이리하여 우리는 이 고유한 자기실현 경향성의 활력들과 다시 연결될 필요가 있다.

그러나 프로이드에 대해, 토마스 핑거(Thomas Finger)가 우리에게 상기시키듯이, "자기는 발견되기보다는 부딪히는 압박들 가운데 창조되고 재창조된다."[27] 우리의 본능들과 조화를 이루는 타고난, 더 깊은 자기 혹은 미리 주어진 잠재력은 없다.

니이버에 대한 프로이드의 영향력은 교만이 할 수 있는 복잡한 자기기만들(self-deceptions)에 대한 니이버의 토론에서 볼 수 있다.[28] 인간들은 과도하게 자신들을 사랑한다. 유한한 존재는 그와 같은 숭배를 받을 가치가 없기 때문에 마음이 그 자체를 속이려는 끝없는 책략들에 종사하는 것은 필연적이다. 이 기만의 기제는 순수한 무지가 아니고 또한 그것은 단순한 부정직도 더욱 아니다. 대신에 교만은 그 도구들로서 은폐와 혼미함을 고용한다. 다시 정신분석의 설립자는 니이버에게 원죄의 강력하고 세속적인 번역(version)을 제공한다. 견실하게 니이버는 인간의 잠재력의 낭만주의적인 이미지보다는 프로이드의 비관주의에 더 끌린다.

죄는 노출되기를 원하지 않는다. 그것은 복잡하게 미묘하고, 영리하고 속이며, 항상 의식의 인식 밖에 항상 숨는다. 이것은 개인을 위한 그리고 특히 사회를 위한 사례이다. 집단적인 교만은 거인을 눈멀게 하여 그 자신들의 우상숭배들을 신봉하게 한다. 단체의 교만은 개인에 대해 권위를 성취하고 일치를 요구한다. 니이

---

27) Ibid., p. 38.
28) Reinhold Niebuhr, "Human Creativity and Self-Concern in Freud's Thought," in *Freud and the Twentieth Century*, ed. Benjamin Nelson (Gloucester, Mass.: Peter Smith, 1974).

버에게, 거듭 다시, 단체들은 개인들보다 항상 더 위험하다. "국가들의 교만은 그들의 조건화된 가치들을 위해서 무조건적인 요구들을 하는 경향에 있다."29) 나치 독일은 이 심각한 니이버적인 진리의 완벽한 보기이다.

프로이드의 어떤 통찰력들에는 통합하지만, 동시에 니이버는 프로이드의 기계주의적인 우주의 개념을 분명하게 거절한다. 프로이드에게, 물론, 자연적 영역 밖에 혹은 넘어서 아무 것도 있지 않다. 니이버는 자연은 물론 영도 우리의 삶들에 동기를 부여하고 질서를 준다는 것을 믿는다는 점에서 프로이드와 다르다. 니이버에게 우리의 "동물적 본성들"을 단순히 이드(id)의 노골적이고 본능적이며 원초적인 충동들과 욕망들로서 이해하는 것은 잘못된 것이다. 우리의 창조된 조건의 자연적 부분은 한계들 혹은 어떤 형태의 질서가 없이 쾌락 추구를 과도하게 동경하지는 않는다. 대신에 심지어 우리의 "더 낮은" 본성은, 그 자체의 왜곡되지 않은 형태 안에서, 이성과 문화로부터 그것에 부과된 책임들과는 별도로 어느 정도의 자기규제를 가지고 있다.30) 어거스틴의 말로 한다면, 색욕(concupiscence)은 우리의 자연적 조건이 아니다. 우리의 욕망들은, 그것들의 왜곡되지 않은 조건 안에서, 지나치지 않다.

따라서 우리가 주목했듯이, 인간성의 영적 차원은 그 자체의 에너지들과 생명력들을 가지고 있고 이드의 에너지들을 단순히 빌려오거나 혹은 변형하지 않는다. 예술의 위대한 작품들은, 예를 들면, 우리의 원초적인 본능들의 열망들로 축소되어질 필요가 없

---

29) Niebuhr, *Nature and Destiny of Man*, 1:213.
30) Browning, *Religious Thought and the Modern Psychologies*, p. 24.

는데, 이것들은 사회적으로 수용될 수 있는 형태로 다시 길을 내게 된다. 다시 영적 차원은 이드의 도움이 없이도 스스로 동기를 줄 수 있다. 자기초월을 위한 능력은 강력한 자극이다.

게다가 인간의 삶의 진퇴양난은 인간의 저지되지 않은 본능적 삶으로부터 생기지 않는다. 인간 조건의 영적 구성 요소는(예를 들면, 자기초월을 위한 능력) "더 낮은" 영역으로부터 어떤 도움이 없이 그 자체의 문제들을 창조할 수 있다. 사실상 니이버가 특히 폭로하기를 좋아한 것은 이 "더 높은" 죄들(교만, 탐욕, 야망)이다.

교만의 우위성

니이버가 교만이 우리의 가장 근본적인 문제라고 말할 때 그는 성경적 심리학의 지지와 기독교 전통의 강한 소질을 가지고 있다고 믿는다. 물론 그는 여기에 만장일치의 동의는 없다고 인정한다. 고대의(그리스적) 인간관은 때때로 고개를 드는데, 그렇게 할 때 근본적인 적들은 교만이라기보다는 오히려 무지와 육체의 열정들이 된다. 그러나 니이버는 전통의 더 일관된 요소는 교만의 우위성(primacy)이라는 것을 믿는다. 우리의 열정들은 우리가 우리의 근원으로부터 끊어지고 자신들을 우주의 중심을 삼을 때 문제가 된다. 자기높임은 방종을 앞선다.

교만은 수직적일 뿐만 아니라 또한 수평적인 차원을 가진다. 수직적인 차원은 하나님에 대한 반역이다. 도덕적이고 사회적인 차원은 우리의 형제들과 자매들을 억압하고, 타인들을 우리의 교만한 의도들에 종속시키는 것으로 구성된다. 니이버는 네 가지 종류들의 교만을 확인한다. 우리가 단지 인간의 행동을 바라보기만 해도 이와 같은 모든 것들은 경험적으로 증명될 수 있다.

1. 권력의 교만

권력의 교만 속에서 인간의 자아는 역사의 변천들을 무시하는 자족과 자기지배의 태도를 취한다.[31] 그것은 더 많은 권력을 위한 강한 욕망을 포함한다. 개인 혹은 단체가 이미 권위의 위치에 있든지, 혹은 개인 혹은 단체가 정상에 올라감으로써 불안전을 제거하기를 구하든지, 권력에의 의지는 뒤에서 조종한다. 니이버가 말하듯이, "어떤 경우에는 자아는 그 존재의 유한하고 결정적인 성격을 의식하지 못하는 것 같다. 다른 경우에는 권력을 위한 욕망은 그 불안전의 어두운 의식적인 인식에 의해 자극을 받는다."[32] 권력에의 의지는 거만하게 권위와 힘을 뽐내며 걸으면서 그 약점을 보지 못한다. 그것은 허풍떠는 자기감각의 위험한 버팀목에 무지하다. 이것이 분명하게 나타난 교만의 힘이다. 그것의 불안전은 그 관점에서부터 이지러지게 된다. 그것은, 아주 단순하게, "그 자체로 넘치는" 것이다.

그러나 이것은 교만스러운 권력의 유일한 형태가 아니다. 다른 형태의 권력에의 의지는 더 많은 권력을 획득함으로써 그 약점을 제거하려고 애쓰며, 술에 취한 채 더 위로 올라가는 것이다. 이런 의미에서 그것은 숨겨진 불안전에 의해 자극을 받는다. 그것은 정상에 올라가 그 자체를 취약하지 않게 만들면서 인간 존재의 위

---

31) Niebuhr, *Nature and Destiny of Man*, 1:188.
32) Ibid., 1:189.

험한 조건들을 "해결해야 한다." 이것이 과도한 야망의 교만이다. 이런 의미에서 이것은 우리가 무엇이 될 것인가의 비전 안에 있는 교만이다. 이 이미지는 미래에 매달리고 신성한 절대로서 기능한다. "우리는 정상으로 가는 도상에 있다."

두 가지 경우들에서 자아의 성취들은 신과 같은 지위로 격상된다. 우리가 도달했다고 믿거나 혹은 여전히 도상에 있다고 믿거나 초점은 강력한 자기의 교만한 높임이다. 두 종류들의 교만의 힘은 자기의 망상에 사로잡히고 유한성의 한계들을 탈출하려고 시도한다.

이 형태들의 두 가지를 모두 강조하는 것은 매우 중요하다. 니이버의 비판가들은 대부분의 소위 교만의 사례들의 기초를 이루는 명백한 불안전을 보지 못한 것에 대해 너무 급히 그를 기각한다. 그러나 니이버는 실제로 그것을 잘 안다. 그러나 그의 요점은 사람이 그가 어떤 사람인가 혹은 어떤 사람이 될 것인가의 영광에 취하든 간에, 숨겨진 역동성은 자기에 대한 과도한 집중, 자기아첨(self-adulation)으로 끝나기를 원하는 집중이다. 모든 불안전을 제거하려는 욕동(drive)은 그 자체가 모든 것을 소모시키는 권력을 위한 강한 욕망의 나타남(manifestation)이다. 불안전의 모든 감정을 제거하고 스스로 완전히 신뢰하기를 원하는 심리치료를 받는 내담자들은 가끔 이 냉정한 자기의 교만한 숭배를 밖으로 나타낸다. 그들은 아주 강력하다는 것을 느낄 수 있는 내부의 장소를 찾는다. 삶의 변천들에 의해 결코 흔들리지 않는 방식으로 자아를 강화하려는 욕구는 완전한 권력을 위한 갈망이다. 이런 의미에서 그것은 그 힘이 완벽한 내적 왕국을 제공하게 될 메시아적 자아(messianic ego)를 위한 추구이다.

니이버는 이 두 번째 형태의 권력의 교만의 중요한 보기로서 탐욕을 사용하는 것을 특히 좋아한다. "탐욕은 요약하면 자연에서 그의 불안전을 숨기려는 인간의 무절제한 야망의 표현이다."[33] 탐욕은 가끔 부르조아(bourgeois) 문화에서 교만의 지배적인 나타남이다. 위안과 안전의 장소를 찾으려는 과도한 욕구는 불안전, 죽음의 개요(epitome)를 잊으려는 것이다.

더욱이 이 권력에의 의지는 자연을 정복하거나 혹은 삶의 변천들을 제거하려고 단지 노력하는 것은 아니다. 다른 경쟁적인 자아들은 또한 위협으로 지각된다. 다른 사람들은 자신의 지배의 위치에 대한 위협을 대표하기 때문에 그들은 자신의 통제 아래 종속되어야 한다. 안전은 경쟁을 제거하는 것을 의미한다. 결과적으로 부정은 우리의 안전한 장소를 유지하기 위해 필수적이다. "요컨대 권력에의 의지는 부정 안에 있는 자아를 포함한다. 그것은 인간의 유한성의 한계들을 넘어서 안전을 요구하고, 이 무절제한 야망은 순수한 자연의 세계가, 생존의 그 경쟁적인 충동들과 함께, 알지 못하는 두려움들과 적대감들을 불러일으킨다."[34]

니이버는 그의 시대의 우세한 심리학들이 이 권력에의 의지와 그것의 기초가 되는 근본적인 불안 사이의 관계를 이해할 만큼 충분히 가치가 크다고 확신하지 못한다. 예를 들면, 아들러(Adler)는 권력에의 의지를 인정하지만, 그러나 한편 그는 그것을 구체적인 형태들의 열등감과 지나치게 연관시키고, 치료가 그것을 제거할

---

33) Ibid., 1:191.
34) Ibid., 1:192.

수 있다고 잘못 믿는다.[35] 캐런 호니(Karen Horny)는 권력에의 의지를 열등감의 구체적인 사례들보다 더 넓은 의미의 불안과 연결시키지만, 동시에 그녀는 그것이 협동적 사회에서 제거될 수 있다고 희망한다.[36] 니이버에게, 이 관점들은 둘 다 불안이 인간 존재의 근본적인 것이라는 인정하지 않기 때문에 부족하다. "치료하거나" 혹은 그것을 "사회의 요구에 합치시키는" 것을 불가능하게 만드는 것은 바로 자기초월적 창조물들로서 우리의 상황 안에 있는 이 고유한 불안이다. "사람은 인간 존재의 기본적인 불안전에 의해 스스로 두 배로 안전을 만들려는 유혹을 받고, 그리고 삶의 전체의 도식에서 그의 장소의 무의미에 의해 그의 중요성을 증명하려는 유혹을 받는다는 것은 진리이다. 권력에의 의지는, 요컨대, 기독교가 그 전형적인 형태 안에서 죄로 간주하는 교만의 직접적인 형태는 물론 간접적인 도구이기도 하다."[37]

니이버는 두 가지 형태들의 권력에의 의지의 구별은 단지 잠정적이라는 것을 우리에게 상기시킨다. 심지어 가장 완전한 군주도 지배의 분명한 겉모습 밑에 불안전의 속삭이는 소리들을 경험한다. 그리고 어떤 권력의 위치도 권력을 가져갈 수 있는 두려움을 제거하지 못한다. 우리가 부하면 부할수록 더 우리는 가난의 생각에 의해 두려움에 떤다. 더욱이 죽음의 위협은 절대적인 내적 안전감을 항상 오염시키는 가장 큰 폐기시키는 요인이다. 니이버는

---

[35] Alfred Adler, *What Life Should Mean to You* (1931; reprint, New York: Capricorn, 1958).
[36] Karen Horney, *The Neurotic Personality of Our Time* (New York: W. W. Norton, 1937), pp. 240-47; Niebuhr, Nature and Destiny of Man, 1:192-93.
[37] Niebuhr, *Nature and Destiny of Man*, 1:192.

아마 이것이 심지어 이집트의 파라오들도 그들의 불멸의 상징인 피라밋들을 짓기 위해 그들의 영토의 자원들을 고갈시켰던 이유라고 제시한다.38)

> 인간의 야망들이 한계들을 알지 못한다는 사실은 그러므로 인간의 상상력의 무한한 능력들에게 귀속되어야할 뿐만 아니라 또한 우리가 그것을 요구할수록 더 분명해지고, 그리고 직접적인 불안전들이 제거되면 될수록 더 궁극적인 위험들을 생성하는, 인간의 유한성, 약함과 의존의 불편한 인식에 귀속되어야 한다. 이리하여 사람은 그의 위대함은 물론 그의 약함에 의해서도 배신당하기 때문에 스스로 하나님이 되려고 애쓴다; 그리고 두려움의 태형이 야망의 채찍 안에서 적어도 한 가지 요인이 되어 있지 않는 위대함과 권력의 차원은 없다.39)

이리하여, 니이버는 자기높임을 위한 추구에 기초를 이루는 불안전을 인정하지만, 그러나 그는 안전과 내적 힘을 얻으려는 광적인 시도는 자기에 대한 부당한 집중을 포함하고 있다는 것을 믿는다.

2. 지적 교만

지적 교만은 권력에의 의지보다 덜 노골적이지만, 그러나 그것은 가끔 그것과 연관되어 있다. 다른 말로 표현하면, 모든 강력한 단체는 그것이 신성한 진리와 동등시한 이념적 정당화를 요구

---

38) Ibid., 1:194
39) Ibid.

한다.⁴⁰⁾ 지적 불안전은, 모든 형태들의 불안전과 같이, 우리가 최종의, 절대적인 진리에 이르게 된다는 확신 안에서 제거되어야 한다. 니이버는 이 주제를 요약한다:

> 모든 인간의 지식은 "이념적" 오점에 의해 감염된다. 그것은 그것보다 더 이상인 체한다. 그러나 그것은 특별한 관점에서 얻어진 유한한 지식이다; 그러나 그것은 최종의, 절대적인 지식이라고 가장한다. 권력의 더 조잡한 교만과 정확하게 유사하면서도, 지성의 교만은 한편으로 인간 정신의 유한성의 무지에서 그리고 다른 한편으로 인간의 지식의 알려진 조건화된 성격과 인간의 진리 안에 자기관심의 오점을 덮어 감추려는 시도로부터 유래된 것이다.⁴¹⁾

이리하여 지적 교만은 자주 그 자체가 역사적으로 이전의 아마추어들(amateurs)이 소유하려고 싸웠던 최종의 진리, 마지막 말, 완전한 상(picture)을 가지고 있는 것으로 간주한다. '각 위대한 사상가는, 차례로, 스스로 최후의 사상가라고 상상하는 똑같은 실수를 한다."⁴²⁾ 데카르트, 헤겔, 칸트와 콩트는, 니이버에게, 지적 교만의 분명한 보기들이다. 그리고 특히 그는 후기 계몽주의의 자연주의적 철학의 독선적인 확실성을 고발하는데, 왜냐하면 그것은 목표에 "도착했다고" 생각하기 때문이다. 현대 사상의 너무나 전형적인 자기 축하는 현대 사상이 역시 특별한 역사적 체제로부터 단

---

40) Ibid.
41) Ibid., 1:194-95.
42) Ibid., 1:195.

지 진리의 해석을 제공한다는 흐릿한 인식을 드러낸다. 이성의 교만은 항상 그 위치를 잊거나, 혹은 더 정확하게, 역사의 전진하는 흐름 안에 위치를 가지고 있다는 것을 잊는다. 그것은 역사를 초월하지 못한다. 그러나 이것은 이성의 교만이 가끔 무시하는 것이다. 그것은 절대자를 묶어 동였다고 믿기 때문에 그것은 그 자체의 한계들로부터 당황스럽게 소외된다. 그것은 다른 관점들에서 그 한계들을 항상 볼 수 있지만, 그러나 그것은 그 자체에 눈이 멀어있다. 그러나 니이버에게 이 무분별(blindness)이 순수한 무지를 대표하지는 않는다. 대신에 자기 자신의 위치가, 역시, 모든 진리의 최후의 중재인이 될 수 없다는 것은 흐릿한 인식의 도피에 의해서 가능하다. 우리는 우리 자신의 시대의 모든 시민들이다.

특히 이 점에서, 니이버는 마르크스주의(Marxism)를 비판한다. 마르크스는 여러 가지 세계관들의 이념적인 오점과 이기적인 본질을 생생하게 지적하지만 그러나 자신에게 결정적인 총들을 겨누지 못한다. 니이버가 말하듯이, "이전의 문화들의 지적 교만과 허세를 발견함에 있어서 마르크스주의의 자랑스러운 성취는 그러므로 똑같은 죄의 가련한 과시로 끝난다."[43]

우리 안의 자연과 영의 병렬(juxtaposition)은 거듭 우리의 지적인 투쟁들을 위한 추진력이 된다. 우리가 우리의 상황을 초월하며 그것을 반성할 수 없다면, 우리는 우리의 즉각적인 이해에 만족하면서 휴식하고 그것을 위한 절대적인 타당성을 주장할 필요를 느끼지 않을 수 있다. 다른 한편으로 우리의 상황의 한계들을 초월하

---

43) Ibid., 1:197

려는 이 능력은 우리가 우리의 구체적인 장소를 잊고 우리가 최종의 형태로 진리를 가지고 있다고 믿도록 우리를 부추긴다. 그 다음 우리는 이 최후의 진리를 "소유하고" 있기 때문에, 우리는 동의하지 않는 사람들을 지배하는 것을 정당화한다.

3. 미덕, 도덕성과 독선의 교만

나에게 좋은 것은 모든 사람을 위해서 무조건적인 도덕적 가치가 된다. 도덕적 교만은 다른 사람들의 독선적인 판단들에서 가장 쉽게 인정될 수 있다. 우리가 우리 자신의 기준들에 의해 타인들을 판단할 때 우리는 가끔 우리 자신의 의견들을 하나님의 표준들로 오인한다. 다른 사람의 나의 표준들에 대한 불일치는 바로 악의 본질이 된다. 니이버가 말하듯이, "도덕적 교만은 그의 높게 조건화된 미덕이 최후의 의로움이며, 그리고 그의 상대적인 도덕적 표준들이 절대적이라고 주장하는 유한한 인간의 허세이다. 도덕적 교만은 이리하여 미덕을 바로 죄의 전달 수단으로 만드는데, 이 사실은 신약성경이 '세리들과 죄인들'과 비교하여 왜 의인들을 그렇게 비판하는가를 설명한다."[44] 니이버는 죄인을 죄인으로 흔쾌히 간주하지 않으려는 마음이 죄의 궁극적인 형태라는 루터의 주장에 완전히 동의한다.[45]

니이버는 또한 독선(Self-righteousness)의 죄가 주관적인 의미에서 뿐만 아니라 또한 객관적 의미에서도 "궁극적인 죄"라는 것을 견지한다. 다른 말로 표현하면, 독선은 가장 심각한 잔인함들, 부정

---

44) Ibid., 1:199.
45) Martin Luther, cited in Niebuhr, *Nature and Destiny of Man*, 1:200n.

들과 다른 형제자매들을 향한 인간성 말살의 행동들에 책임이 있다. "인종적, 민족적, 종교적 그리고 다른 투쟁들의 전 역사는 독선의 결과에서 나온 객관적인 사악함과 사회적 불행들에 대한 논평이다."[46]

4. 영적 교만

영적 교만은 전형적인 형태의 교만이다. 여기에서 우리는 우리의 불관용에 대한 종교적 합법성을 요구한다. 이 형태의 교만은 도덕적 교만의 연장이지만 그것은 종교적 골격 안에 기초를 둔다. 단숨에, 니이버는 주장하기를, 우리는 하나님을 우리의 재판관으로 요구할 수 있지만; 다음 순간에 우리는 하나님이 어떻게 우리 편인가를 증명하려고 시도할 것이다. 인간의 기만의 복잡한 그물은 우리가 오늘의 겸손을 내일의 교만으로 바꾸도록 허용한다. "하나님이 나에게 하나님 자신을 계시했다"에서 "나는 하나님의 계시를 '소유하고' 있다"로 이동하는 것이 모든 인간의 성향이다. 영적 혹은 종교적 허세가 다시 교만의 대명사이다.

마음의 완강하고 너그럽지 못한 습관들이 종교에 의해 승인을 받을 때, 의사소통하는 것은 극히 어렵다. 종교적인 권위주의자와 일을 했던 어떤 치료사는 한 가족원이 그/녀의 불관용, 완강함 혹은 종교적 승인을 가진 의로움을 정당화할 때 그 문제를 이해한다. 그의 독단주의 때문에 접근될 수 없는 아버지는 단지 그만이 가족 안에 하나님의 진리를 대표한다고 주장할 수 있다. 의사소통

---

46) Ibid., 1:200.

과 가족의 친밀함의 가능성은 종교적으로 승인된 심판주의와 교만 때문에 방해받는다. 종교적으로 정당화된 불관용은 가장 나쁜 종류의 불관용이다.

나르시시즘과 니이버의 교만을 동등시하는 것에 관한 경고

니이버는 자기높임은 우주적인 문제이지, 자기도취적 성격장애의 특별한 병리가 아니라는 것을 믿는다. 우리 모두는 이 딜레마에 참여한다. 그것은 인간으로서 우리의 공통적인 문제이다. 니이버의 인간학을 어떤 구체적인 심리학적 진단(나르시시즘과 같은)의 한계들 내에 두려는 어떤 시도도 니이버의 분석을 최소로 평가하고 있다. 그의 분석은, 자기도취주의자로서 임상적으로 범주화된 훨씬 더 작은 부분의 분석이 아니고, 하나님의 모든 자녀들의 신학적 진단이다. 심지어 우리의 "나 세대"(me generation)의 자기도취를 묘사하기 위한 *나르시시즘*의 말의 더 느슨한 사용도 니이버의 분석을 적당하게 포괄하지 못한다. 왜 그럴까? 그 이유는 사회적 이론가들은 우리의 나르시시즘의 문화적 문제는 사회경제적 뿌리들을 가지고 있고 인간의 조건으로 "지어지지" 않았다고 믿기 때문이다. 다르게 말해서, 이 *나르시시즘*의 정의는 문화적 도취를 향한 추세를 존재론적이 아닌 역사적인 문제로서 이해한다.

다시 니이버는 교만과 우상숭배의 문제는 인간들이 유한성을 마주보고 그들의 불안들을 다루고 있는 한 우리의 주변에 있다고 믿는다. 이것은 문화적 추세는 아니다. 그것은 사물이 존재하는 방식이다. 니이버는 보편적으로 그리고 초역사적으로 감히 말한다. 우리가 주목했듯이, 그는 창세기 이야기는 이야기, 즉 우리가 각 역사적 시기에서 우리 자신들을 발견하는 방법에 관한 이야기이기 때문에 그것은 인간의 경험을 정확하게 묘사한다고 믿는다. 정신 병리들은 가끔 시대에 따라 변하지만, 그러나 죄는 똑같이 남는다. 그것이 타락의 계속되는 설화(saga)이다.

요약

이것들은 니이버에 의해 확인된 교만의 여러 가지 표명들이다. 그것들 밑에서 끊임없이 흐르는 저류는 자기에게 우상숭배적인 집중과 결부된 불안의 그릇된 관리이다. 권력의 교만이든, 지성, 도덕성 혹은 영성의 교만이든, 우리의 근원인 하나님은 자기에 의해 대체된다.

불안과 자기팽창 사이의 관계에 대한 니이버의 분석은 심오하게 통찰력이 있다. 심지어 그의 유명한 길포드 강의 이후 여러 십 년들이 지나도, 그것은 우리의 문화적 곤경에도 적절한 것 같다. 니이버는 사람들인 우리의 본질은 하나님과 타인들과의 우리의 결속 안에 있다는 것을 주장한다. 우리는 관계를 위해 창조되었다. 니이버에게 이것은 우리 자신들 안에서 만족과 성취를 발견하려는 광적인 시도로부터 우리를 자유롭게 한다. 관계는 제쳐놓고, 엄격하게 내부로부터 성취를 발견하려고 자기도취적으로 시도하는 것이 덫이다. "너 자신의 최고의 친구가 되는 것" 혹은 인간 공동체는 제쳐놓고 자존감과 자기수용을 위한 끝없는 전략들과 같은, 그와 같은 주제들에 대한 우리의 심리적 문화의 강조를 이해하는 것은 매우 중요하다. 무수한 시간동안, 개인들은 우리는 단순히 수용하거나, 정당화하거나 혹은 고립 속에서 "스스로 좋다고 선언할 수" 없다는 루터의 위대한 진리를 심리학적으로 증명한다. 자기 자신의 증언은 우선 시험 중에 있는 것이 자기일 때 많은 것을 의미하지 않는다. 자기를 수용하는 능력은 첫째 수용적이고 비심판적인 타인에 의해 중재되어야 한다.

우리는 자연은 물론 영도 가지고 있기 때문에, 우리 인간들은 불가피하게 불안스럽다. 불안은 본질적으로 죄 혹은 왜곡된 행동으로 인도하지 않는다. 그러나 그것은 우리가 불가피하게, 반드시 필연적이지 않을지라도, 우리의 근원 안에 고요한 신뢰를 멀리 떠나 스스로 모든 삶의 중심을 되는 상황을 창조한다. 이 자기의 신격화는 무절제한 욕구를 앞선다. 우리는 자기지배에 광적인 노력을 기울이면서 우리의 창조물의 특성(creatureliness)을 거절한다. 교만, 즉 우리의 창조자와의 관계에서 우리의 신분을 기억하지 않는 결과는 여러 가지 형태들을 취할 수 있다. 이것들은 제각기 하나님이 되려는 시도이다.

우리가 우리의 불안 가운데서 하나님을 신뢰하지 못하고 부당하게 자기를 우주의 중심으로 높이면 그것은 타인들과의 우리의 관계를 교란하고 평범한 인간의 욕망들을 왜곡시킨다. 그 자체로 타락하지 않은 이 욕망들은 불안한 자기관심(self-concern) 때문에 타락한다. 우리의 본래의 문제가 우리의 욕망들이 아니고 하나님에 대한 불신과 우리 자신들의 불안한 높임(exaltation)일 때, 일단 자기숭배가 시작하자마자 우리의 욕망들은 과도하게 되고 문제를 일으키게 된다.

　그러나 더 구체적으로 이 과도한 욕망들과 부당한 자기집중 사이의 관계는 무엇인가? 교만과 "육체의 죄들"은 어떤 관계가 있는가? 오늘의 언어로 말하면, 과대평가된 자기와 중독은 무슨 관계가 있는가? 니이버는 교만에 대한 그의 거대한 집중과 비교해서 무절제한 욕망(육욕)의 문제에 대해 상대적으로 별로 적지 않았다. 그의 교만의 주제를 이해하기 위해서, 우리가 여성주의와 인본주의 심리학의 비판들에 돌입하기 전에 그가 어떻게 교만과 육욕을 연결시키는가를 이해하는 것은 중요하다. 우리가 지금 살펴보려고 하는 것이 교만과 중독적인 욕망 사이의 관계이다.

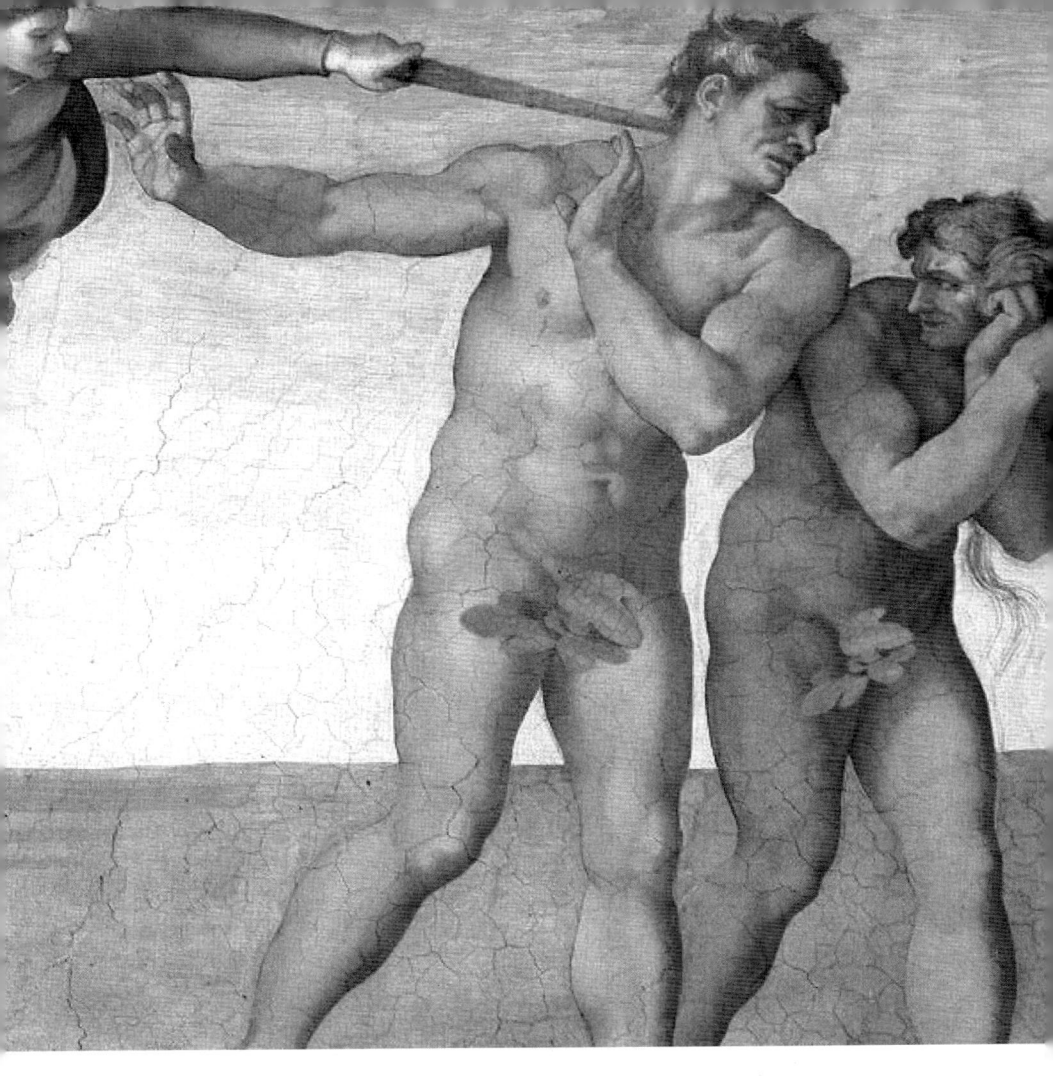

chapter 03

교만, 육욕 그리고 중독

어떤 사람이 과도하게 일시적인 걸 바란다는 것은 그가
과도하게 자신을 사랑한다는 사실 때문이다.
토마스 아퀴나스

제3장

교만, 육욕 그리고 중독

　우리가 보았듯이, 니이버는 성경적 심리학은 교만 혹은 부당한 자기애가 인간의 죄에 있어서 지배적인 요인이라는 어거스틴의 주장을 분명하게 지지한다고 믿는다. 그렇다면, 이 자기중심성(self-centeredness)과 죄의 개념과 관련된 다른 특질, 육욕 사이에 관계는 무엇인가? 다르게 말해서, 과도한 자기집중(self-focus)과 자기방종(self-indulgence) 사이에 관계는 무엇인가?

　니이버는 많은 기독교 사상이 육욕 혹은 과도한 욕망의 표현으로서 죄에 초점을 두었다는 것을 안다. 그는 육욕(sensuality)을 "자기와 그 안에 있는 특별한 충동들과 욕망들과 부당하게 동일시하고 그것들에 헌신하는 것"으로 정의한다.[1] 그는 육욕의 여러 가지 표현들을 계속해서 기록한다: "성적 방종(license), 탐식(gluttony), 사치(extravagance), 술 취함과 여러 가지 형태들의 육체적 욕망에 자포자기."[2] 더 정교한 정의는 이것들을 신성한 문제들에 대한 관심

---

1) Reinhold Niebuhr, *The Nature and Destiny of Man*, vol. 1 (New York: Charles Scribner's, 1964), p. 228.
2) Ibid.

을 방해하는 육체적 활동들로 간주한다. 따라서 니이버는 이 어려운 질문들을 제기한다: 육욕은 단순히 이기심의 형태인가? 육욕은 이기심의 결과인가? 혹은 대신에, 육욕은 교만과 필연적으로 연관되지 않은 구별된 형태의 죄인가?

 쾌락의 사랑으로서 죄에 초점을 두는 기독교 사상의 한 가닥 흐름에도 불구하고, 니이버는 기독교 사상의 더 많은 부분이 쾌락주의의 문제들을 교만의 문제에 종속적인 것으로 이해한다는 것을 믿는다. 육욕의 죄들은 교만의 죄보다 더 분명할 수 있지만, 그러나 그것들은 깊이 뿌리를 둔 것들은 아니다. 교만의 본래성의 바울-어거스틴의 해석을 위한 기둥은 로마서의 제1장인데, 그것은 21절에 시작해서 그 장의 끝까지 계속한다.

> 하나님을 알되 하나님을 영화롭게도 아니하며 감사하지도 아니하고 오히려 그 생각이 허망하여지며 미련한 마음이 어두어졌나니, 스스로 지혜 있다 하나 어리석게 되어 썩어지지 아니하는 하나님의 영광을 썩어질 사람과 새와 짐승과 기어다니는 동물 모양의 우상으로 바꾸었느니라. 그러므로 하나님께서 그들을 마음의 정욕대로 더러움에 내버려두사 그들의 몸을 서로 욕되게 하게 하셨으니 이는 그들이 하나님의 진리를 거짓 것으로 바꾸어 피조물을 조물조보다 더 경배하고 섬김이라 주는 곧 영원히 찬송할이시로다 아멘 이 때문에 하나님께서 그들을 부끄러운 욕심에 내버려 두셨으니......... 또한 그들이 마음에 하나님을 두기를 싫어하매 하나님께서 그들을 그 상실한 마음대로 내버려두사 합당하지 못한 일을 하게 하셨으니. (로마서1: 21-26, 28)

이 구절에서, 우리 자신들을 우주의 중심에 둠으로써 하나님의 명예를 손상하는 것이 우리를 야기시켜 무질서한 욕망들을 추구하도록 만든다. 교만과 자기 신격화, 하나님과 자기를 교체하는 것은 우리의 삶들의 남은 부분의 평형을 잃게 한다. 우리는 우리의 중심을 잃고 우리의 삶들을 적당히 정돈할 수 없다.

어거스틴도 또한 죄는 육체에서 나오는 것이 아니고 우상숭배에서 나온다고 강하게 주장한다.3) 그는 흥미로운 해석을 제공한다: 죄가 육체 그 자체에서부터 생긴다면, 그럼 악마는 육체를 가지고 있지 않기 때문에 죄로부터 면제 된다! 첫 번째의 죄는 영적이다. 다시 자기의 높임(elevation)은 육체들을 가진 우리의 문제들을 앞선다. 과도한 자기방종은, 그 형태가 무엇이든, 부당한 교만의 결과이다.

토마스 아퀴나스도 또한 과도한 욕망을 자기애의 부산물로서 이해한다. 그는 강한 욕정, 혹은 색욕의 문제를 인간이 하나님으로부터 떠나서 자기를 숭배한 결과라고 생각한다:

> 하나님은 원시적 상태에 있는 사람에게 그의 호의를 내렸다. 그의 마음이 하나님에게 종속되어 있는 한, 그의 영혼의 더 낮은 힘들은 그의 합리적 마음에 종속될 것이고, 그리고 그의 육체도 그의 영혼에 종속될 것이다. 그러나 죄를 통해 인간의 마음이 하나님에 종속되는 것에서 물러나는 만큼, 그 결과는 그의 낮은 힘들도 결코 그의 이성에 전적으로 종속되지 않는다; 그리고 이것에서부터 이성

---

3) Augustine, *City of Man* 14.3, trans. Henry Bettenson (New Ycrk: Penguin Classics, 1972).

에 대항하여 육체적 욕망의 더 큰 반역이 따르기 때문에 육체도 영혼에 결코 종속되지 않는다; 여기에서 죽음과 다른 육체적 결함들이 생겼다......모든 죄스러운 행동들은 변할 수 있는 행복의 무절제한 욕망에서 생긴다.[4]

하나님이 우리의 존재의 근원과 중심으로서 대접받지 못할 때 그 자체로는 나쁘지 않은 우리의 욕망들은 방향을 잃고 과도해진다. 우리의 근거로부터 찢어져 있기 때문에, 우리는 모든 종류의 열정을 추구하면서 스스로 익사하려고 불안스럽게 시도한다. 하나님이 우리의 중심이라는 것이 부정될 때 인간의 의지는 혼란스럽게 된다. 균형에서 벗어나 우리는 결코 우리의 창조된 본성의 표현이 아닌 여러 가지 일들에 빠지게 된다. 우리의 교만이 우리의 삶에서 신성한 것을 몰아내듯이, 그렇게 육욕은 가끔 그 표현을 무자비하게 찾으려고 우리의 의지를 구속한다. 우리의 욕망들은 우리가 궁극적인 의미, 하나님과 우리의 관계에 대한 연결을 잃기 때문에 "난잡하게 된다."

니이버는 다음의 질문을 가지고 교만과 육욕 사이의 관계를 추구한다:

질문은 이것이다: 그 만족이 다른 욕망들과 충돌할 정도로 너무나 자제 없이 특별한 욕망을 만족시키려고 그가 노력한 나머지, 술 취함과 탐식이 자기애를 한계까지 압박하고 자신에 대한 모든 통제를 잃게 되는가? 혹은 자제의 결핍이 자기로부터 탈출하려는 노력

---

4) Thomas Aquinas, *Summa Theologiae* 2.164.1.

인가? 그리고 성적 방종이 과도한 육체적 욕망에서 표현된 자아의 자기애에 다른 사람을 단지 종속시키는 것을 의미하는가; 혹은 훈련되지 않은 성생활이 불안하고 혼란한 자기가 그 자체를 탈출하려는 노력을 대표하는가? 다른 말로 표현하면, 육욕은 자기를 신으로 만드는 일종의 우상숭배인가; 혹은 그것이 자기숭배의 부적절함을 의식한 자기가 어떤 다른 신을 발견함으로써 탈출을 갈구하는 대안적인 우상숭배인가?[5]

이것은 흥미 있는 주제이다. 육욕은 자기애의 유출, 자기 쾌락의 우상숭배적 강화 안에서 자기를 연장시키는 방식인가? 혹은 육욕은 자기가 되는 것의 긴장들로부터 후퇴, 우리의 존재의 실재들을 직면하는 것의 거절인가? 육욕에 이르는 첫 번째의 길은 무제한적인 권리들을 받을 만한 자기, 그 자기에게 봉사하는 쾌락을 사용한다. 육욕에 이르는 두 번째의 길은 자기를 피하기 위해 쾌락을 사용한다. 자기숭배 대신에 그것은 그 자체를 여러 가지 형태들의 육욕에 감춤으로써 자기가 되는 것의 부담들을 도피하려고 시도한다. 사실상, 그것은 유한하고, 제한적인 쾌락을 신으로 바꾼다. 이 유한한 신은 구원, 즉 자기됨(selfhood)의 혼란들을 탈출할 수단들을 제공한다. 자기가 되려는 용기가 결핍되었기 때문에, 육욕은 그것이 불안을 탈출하는 것을 돕는 어떤 물질, 과정 혹은 사람에게 고착한다.

니이버는 육욕의 두 가지 측면들을 증명하기 위해 사치스러운

---

[5] Niebuhr, *Nature and Destiny of Man*, 1:233.

혹은 낭비하는 생활의 보기를 사용한다.[6] 한 가지 관점에서 보면, 풍부한 생활양식은 신분과 권위를 얻기 위한 팽창하는 자기의 시도로서 확실히 이해될 수 있다. 사치는 자기숭배의 과정을 부채질하는 것을 돕고 자기애의 확장으로 불릴 수 있다. 다른 관점에서 보면, 낭비하는 생활은 주위의 사치에 몰입함으로써 자기됨(selfhood)의 내적 혼란으로부터 탈출하려는 광적인 노력으로서 해석될 수 있다. 본래는 교만과 연결된 자기방종의 형태이기보다는, 대신에 그것은 자기도피(self-avoidance)의 시도이다. 가끔 우리는 우리의 내적 생활의 모호함들, 혹은 니이버가 자주 "불편한 양심"이라고 부른 것을 잊도록 우리를 도와줄 어떤 것에 몰입한다.

니이버는 또한 술 취함을 두 가지 유형들의 육욕의 보기로서 사용한다. 그것은 목적의 똑같은 양면성을 가지고 있다. 한편으로 사람은 권력욕과 중요성을 얻기 위해 알코올을 사용할 수 있다. 이리하여 자기는 중심 무대로 올라간다. 그러나 술 취함은 또한 자아를 높이는 것이 아니고 그것으로부터 도망가기 위한 시도로서 이해될 수 있다. 이리하여 니이버는 "도취의 첫 번째 목적을 불안에 뿌리를 두고 열등감과 불안전감을 부당하게 보상하기 위한 죄스러운 자아-주장(ego-assertion)으로" 묘사하고; "반면에 도취의 두 번째 목적은 죄책감에서 생기거나, 혹은 죄책감이 이전의 불안전감과 혼합되는 당황의 상태에서 생긴다"라고 묘사한다.[7] 그것이 또한 수반하는 자기도피는 "모든 가슴이 드러내는 죄의 논리를 묘사한다: 불안은 자기를 죄를 범하도록 유혹하고; 죄는 생활의

---

6) Ibid., 1:234.
7) Ibid., 1:234-5.

전체의 긴장으로부터 탈출이 구해질 때까지 완화될 필요가 있는 불안전을 증가시킨다."[8]

성은 방종은 물론 자기도피의 육욕의 다른 보기이다. 분명하게 난잡함(promiscuity)은 자기신격화(self-deification)의 종으로서 쉽게 인정될 수 있다. 새로운 경험들과 성적 "정복들"은 이 자기아첨(self-adulation)에 이바지한다. 자기의 진보를 숭배하기 때문에, 타인들은 단지 조정할 대상들이다. 다른 한편으로, 성적 열정은 자기로부터 우회(detour)가 될 수 있고 자신의 파트너(partner)를 신격화하는 방법이다. 자기로부터 신을 만드는 대신에, 사람은 신성한 것을 파트너로 대체한다. 신과 같은 파트너가 우리의 궁극적 관심의 초점이 된다. 성에서 자기를 신격화할 뿐만 아니라 또한 타인을 신격화하는 것을 지적하면서, 니이버는 성적이고 낭만적인 "중독"에 대한 많은 최근의 토론들을 미리 앞서는 극히 재미있는 관찰을 한다:

> 이것은 사람의 성적 생활에 불쾌감의 특성을 주는 것이다. 그것은 다른 사람을 신격화함으로써 자기로부터 탈출하려고 애쓰는, 자기 신격화의 근원적인 죄의 도구는 물론 불편한 양심의 표현이기도 하다. 다른 사람의 신격화는 거의 많은 낭만적 정서들의 문자적인 묘사인데, 그 안에서 완벽의 속성들은 감당할 수 있는 인간의 능력들을 넘어서, 그리고 불가피한 환멸의 원인을 넘어서, 사랑의 파트너에게 돌려진다. 성들과 관련하여 남자의 더 적극적인 부분과 여자의 더 수동적인 부분은 성적 행동에서 남자의 특별한 죄로

---

8) Ibid., 1:235.

서 자기 신격화를, 그리고 성적 행동에서 여자의 특별한 유혹으로서 타인의 우상숭배를 가리키지만, 그러나 한편 죄의 두 가지 요소들은 의심할 여지가 없이 두 가지 성들 안에 포함된다.[9]

두 가지 형태들의 육욕은 우상숭배를 포함한다. 한 형태에서 자기영광은 하나님을 대신한다. 다른 형태에서 다른 사람은 자신의 존재의 기반이고 원천으로 숭배된다.

니이버는 또한 성적 열정이 육욕의 도구로서 사용될 수 있는 세 번째의 길을 인정한다. 우리의 성적 파트너의 동경이 아닌, 성 그 자체는 자기로부터 다른 탈출로서 숭배될 수 있다. 자기숭배(self-worship)가 좌절되고 다른 사람의 숭배가 매력을 잃을지라도, 성적 활동은, 도취와 같이, 자기도피의 도구로서 사용될 수 있다. 다른 신을 향한 도주(flight) 대신에 니이버는 이것을 무(nothingness)를 향한 도주라고 부른다. 그 본래의 관심은 인간 의식의 고통스러운 일광(daylight)을 벗어나는 것이다.

> 술 취함, 탐식, 성적 방탕, 사치의 사랑, 혹은 변하기 쉬운 이익에 대한 과도한 헌신이든 간에, 육욕은 항상 (1) 그것이 그 자체의 목적을 좌절시키기까지 자기애의 확장; (2) 자기 밖에 있는 과정 혹은 사람 안에서 신을 발견함으로써 자기의 감옥과 같은 집에서 탈출하려는 노력; 그리고 (3) 마지막으로 죄가 어떤 형태의 잠재의식의 존재(subconscious existence)로 창조되는 혼란으로부터 탈출

---

9) Ibid., 1:237.

하려는 노력이다.[10]

우리가 추구하는 육욕이 어떤 형태이든 관계없이, 그것은 하나님을 우리의 세계의 중심으로서 신뢰하지 못하는 실패 위에서 만들어진다. 이리하여 우리는 불안의 문제를 해결하기 위해 우리들의 자원들에 의존한다. 하나님보다는 오히려 우리 자신들의 자원들을 신뢰함으로써, 우리는 불안들을 제거하는 것에 몰두한다. 우리의 조건을 제거하려는 시도들은 상태를 악화시킨다. 니이버에게 *하나님을 신뢰하지 않는 인간 존재의 문제에 대한 어떤 해결책도 교만의 표현이다.* 왜 그런가? 우리는 신성한 보증에 의존하는 대신에 우리의 해결책들을 스스로 통제하려고 한다. 이것은 부풀어 오른(puffed-up), 자기를 축하하는 교만의 명백한 형태와 같이 보이지 않을 수 있다. 그러나 교만은 어떤 형태의 하나님-교체물(God-replacement) 안에서도 고유한 것이다. 하나님에 대한 불신과 인간의 교만은 항상 단일한 과정의 두 가지 부분들이다. 우리가 나중에 어거스틴의 전통의 여성주의자의 비판들을 살펴볼 때 이 점을 기억하는 것이 중요할 것이다.

육욕은 단순히 우리의 자연적 충동들이 아니라는 것을 기억하는 것이 결정적이다. 동물의 생활은 무제한적이고 악마적인 힘들에 대해 순수하기 때문에 그것은 "동물적 본능들"이 아니다. 대신에 그것은 우리의 존재의 근원인 하나님을 교체함으로써 불안전의 문제를 해결하려는 너무나 그릇된 시도이다.

---

10) Ibid., 1:239-40.

육욕은 중독들로 가끔 불리는, 많은 이행되지 못한 노예상태들(enslavements)에 대한 과도한 애착들을 포함한다.[11] 중독들은 항상 유한한 것들에 무한한 것을 투자하는 성격을 가지고 있다. 우상숭배는 물질중독들(알코올, 코카인, 헤로인)뿐만 아니라 또한 과정중독들(도박, 일, 성 혹은 어떤 강박적 행동)에 대해 불가피하다. 단순하게 말해서 어떤 것이 모든 것이 된다. 그 종말의 결과는, 물론, 제랄드 메이(Gerald May)가 우리의 주의의 유괴(kidnapping of our attention)라고 부르는 것이다.[12] 중독의 역동성의 간략한 설명은 육욕과 그것의 교만과의 관계에 대한 니이버의 견해들을 명료하게 하는 것을 도울 수 있다.

육욕, 색욕과 중독: 어거스틴에서 제랄드 메이까지

어거스틴의 육욕의 토론은 *색욕*(concupiscence)이라는 말에 집중한다.[13] 사실상, 서구 역사에서 어거스틴 만큼 색욕의 의미를 많이 강조했던 저자도 없다. 그 말은 라틴어 *concupiscere*에서 왔으며, 그것은 추구하려고 애쓰다, 몹시 탐내다, 혹은 갈망하다, 그리고 욕망하다를 의미한다. 신약성경의 말은 *epithymia*(골3:5, 데전4:5)이며, 그것은 시기, 탐욕, 허욕 그리고 욕심과 연관된 감각적인 욕망을 가리킨다. 그러나 색욕은 단순히 평상적인 욕구를 의미

---

11) 무절제한 욕망으로서 중독의 탁월하고 정교한 설명에 대해, Gerald May, *Addition and Grace* (San Francisco: Harper & Row, 1988)을 보라.
12) Ibid.
13) Augustine, *City of God* 14; *Confessions*, trans. Henry Chadwick (New York: Oxford University Press, 1991).

하지 않는다. 대신에 그것은 절제하지 못하는 욕망, 만족할 줄 모르는 강한 욕망을 가리킨다. 색욕이라는 말을 사용할 때 어거스틴은 일반적으로 바울의 욕체의 소욕들 대(versus) 영의 소욕들을 가리킨다(롬7장; 갈5:17). 이 무질서한 욕망은 우리의 삶들의 중심인 하나님으로부터 우리의 단절의 결과로 생긴 것이다. 그것은 특별한 망상들과 강박적 애착들이 나타나는 넓은 저수지이다. 그것은 이 세상의 이익들에 대한 몰입을 부추긴다.

색욕은, 그러므로, 강박적인 애착들 뒤에 있는 영적 상태를 가리킨다. 통제를 벗어난 욕망으로서, 그것은 변함없이 우상숭배, 제한되고 유한한 이익을 신으로 만드는 것과 통하고 있다. 신성한 것과의 관계가 포기되었기 때문에 그것은 이 신을 요구한다. 욕망의 목적이 단지 일시적인 안도감을 제공한다는 사실에도 불구하고 색욕적인 갈망들은 더 많은 것을 계속 요구한다. 그것은 사라진 그 욕망의 대상을 생각하면서 당황한다. 니이버와 마찬가지로 어거스틴에게, 색욕은 항상 그들의 창조자를 제쳐놓고 창조된 사물들의 사랑을 포함한다. 존 휴고(John Hugo)는 어거스틴의 색욕에 대해 매우 도움이 되는 정의를 제공한다:

> 색욕은, 그러므로, 어거스틴의 사상에서, 적당한 자연적인 이익들의 여러 가지 욕망들에 의한 무질서한 추구, 통합성을 상실한 이후로 은혜 충만한 의지조차도 규정된 한계 내에서 담기 어려운 추구이다. 원기왕성(exuberance)과 (어거스틴의 좋아하는 말들 중의 하나인) 몹시 거칠음(turbulence)을 지향하는 이 색욕은 하나님의 의지로부터 딴 데로 돌려진, 무질서를 쉽게 가져온다. 색욕은, 그

러므로, 펠라기우스주의자들이 주장했던 것처럼, (신체의) 기능들이 적당하게 그 자체의 이익들을 구하려고 애쓰는 단지 자연적인 정력이 아니다; 그것은 의지를 하나님으로부터 떠나도록 유혹하는, 자발적으로 과도하게 부상하는 강력한 생명이 넘치는 에너지이다.14)

하나님 안에 신뢰로부터 멀어졌기 때문에, 우리는 하나님의 대체로서 열등한 것들의 습관적이고 파괴적인 즐김에 스스로 참여한다. 다시 색욕과 우상숭배는 똑같은 동전의 양면들이다. 사실상 우리는 색욕을 우상숭배를 향한 타고난 경향이라고 말할 수 있다. 우리 인간들은 유한한 것을 무한한 것으로 바꾸려고 시도하는 불결한 습관을 가지고 있다. 반복하면: 어거스틴에게 색욕은 가장 기본적인 딜레마(dilemma)가 아니다. 대신에 색욕은 하나님의 교만스러운 대체 뒤를 급속하게 따르는 종속적인 문제이다. 우리의 욕망들은 우리가 하나님 안에서 우리의 중심을 잃었기 때문에 무질서해졌다.

마거레트 마일레스(Margaret Miles)는 우리는 어거스틴의 색욕의 의미를 파악하기 위해 "놓쳐버린 것"(missing out)에 관한 실존적 불안을 이해해야한다고 제시한다. 그녀가 말하듯이, "반복강박(repetition compulsion), 즉 욕구불만인 상태로 교묘한 쾌락의 광적인 추구로서 *concupiscentia*의 어거스틴의 놀랍고도 정확한 묘사는

---

14) John Hugo, *St. Augustine on Nature, Sex and Marriage* (Chicago: Scepter, 1969), p. 55.

그의 불안의 전체적인 범위를 드러낸다."15) 우리는 어떤 것이 우리에서 상실될 것이라는 광포한 두려움 속에서 대상들을 끊임없이 움켜잡는다. 마일레스는 색욕에 대한 어거스틴의 태도는 실제로 판단보다는 동정심이었다는 것을 우리에게 상기시킨다. 그는 강박적 추구는 결국 많은 아픔과 고통으로 끝나고, 따라서 불쌍히 여기야 된다는 것을 너무나 잘 알고 있었다.16)

색욕의 개념이 단지 성적인 욕망을 가리킨다는 것을 가정하는 것은 매우 쉽다. 어거스틴은, 리비도(libido)와 그의 투쟁들에서, 이 주장을 과장했을 수가 있었다는 것은 의심할 여지가 없다. 나는 어거스틴의 자신의 성적 강박성의 묘사를 있는 그대로 받아들이고, 그것은 그에게 진정으로 매우 어려운 싸움이었다는 것을 가정한다. 그러나 어거스틴은 그 자신의 성적 강박관념(obsession)을 일반적인 강박관념의 보기로서 사용하는 것처럼 보인다. 성적 욕망은 색욕의 본질과 역동성을 이해하기 위한 모델(model)이 된다.

마일레스가 지적하듯이, 색욕을 즐거움 없는(pleasureless) 욕망으로 확인한 후에, 어거스틴은 우리에게 우리가 기대하는 많은 흥미 있고, 육욕적인 이야기들을 말하지 않는다.17) 그는 색욕의 특성의 사례로서 배나무를 훔치는 것을 가리킴으로써 우리의 호기심을 좌절시킨다. 이것은, 내가 믿기로는, 적(enemy)이란 개별적인 성적 욕망이 아니라 일반적인 강박적 욕망이라는 것을 예증한다. 스테펀 듀피도 동의한다: "그가(어거스틴이) 원죄 혹은 색욕을 성적 욕

---

15) Margaret Miles, *Desire and Delight: A New Reading of Augustine's Confessions* ((New York: Crossroad, 1992).
16) Ibid., chap. 1.
17) Ibid.

망과 전적으로 동일시한 것으로 이해하는 것은 잘못된 것이다. 성적 욕망의 무질서는 아담의 그리고 우리 자신들의 병든 의지들에 의해 생산된 증후이다. 최고로 선한 하나님을 무엇보다 사랑할 수 없기 때문에 모든 우리의 사랑들과 욕망들은 병든다."[18] 아마 그가 우리 시대에 산다면 어거스틴은 강박적 소비주의를 색욕의 본래의 보기로서 사용할 것이다. 제임스 카바나우(James Kavanaugh)는 확실히 이 점에 대해 좋은 사례를 든다.[19]

패트릭 맥코믹(Patrick McCormick)은 현대의 중독의 연구들은 죄를 색욕으로서 이해하기 위한 좋은 패러다임(paradigm)을 제공한다고 믿는다.[20] 맥코믹은 중독의 정의를 "생명을 손상시키는 결과들을 가져오는 기분 전환의(mood-altering) 경험에 대한 병리적인 관계"로서 받아들인다.[21] 그는 계속해서 "병리적인 관계 내에서 중독자는 그가 '행복의 해결 방법'을 소개함으로써 삶의 고통을 구제할 수 있는 일정한, 반복할 수 있는, 그리고 궁극적으로 의존적인 물질을 발견했다고 믿는다"라고 말한다.[22] 그의 중독의 이해에서, 맥코믹은 물질중독들(알코올, 코카인)뿐만 아니라 과정중독들(도박, 성, 소비, 등)을 포함시킴으로써 많은 중독 전문가들의 지도를 따른다. 순간적인 기분 전환을 제공하지만, 한편 제한된 세상의 물질

---

18) Stephen J. Duffy, *The Dynamics of Grace: Perspective in Theological Anthropology* (Collegeville: Minn.: Michael Glazier, 1933), p. 92.
19) John F. Kavanaugh, *Following Christ in a Consumer Society* (New York: Orbis, 1981).
20) Patrick McCormick, *Sin as Addiction* (Mahwah, N.J.: Paulist, 1989).
21) 이것은 아마 현대의 중독/회복의 문헌에서 중독의 가장 넓게 사용된 정의이다. 이것은 패트릭 카르네스(Patrick Carnes)의 모든 저술에 공식으로 나타나고 사용되었다. 특히 *Out of the Shadows* (Minneapolis, Minn.: CompCare, 1988)를 보라.
22) McCormick, *Sin as Addiction*, p. 149.

에 강박적인, 생명을 손상하는 애착을 발전시키는 것이 모든 중독의 성격이다. 문제는 활동 그 자체가 아니다. 대신에 그것은 그 활동에의 굴레(bondage)이다. 중독자의 의지는 그 경험에 노예가 될 것이다. 자유는 의지가 구속됨에 따라 감소될 것이다: "중독들은 사람의 고통에 해결 방법을 제공하는 것 같이 보이면서 시작한다. 나중에 그것들은 그 고통의 일부분이 되고, 그리고 마침내 그것들은 사람에 맞서는 가장 치명적인 문제가 된다."[23] 자신들의 한계들과 창조물의 특성(creatureliness)을 수용하는 것을 거절함으로써 중독자들은 기분 전환의 경험이 신이 된다는 의미에서 불가피하게 우상숭배를 저지른다.

맥코믹은 죄와 중독이 서로 닮는 어떤 방법들을 지적한다:

> 그러므로 구조적으로 죄가 많은 방법들에서 중독으로서 작용하고 있는 것 같다. 죄인은 중독자와 같다 - 그는 그/녀의 창조물의 특성을 부정하고, 하나님을 하나님 되게 하는 것을 거절하고, 기만, 부정과 투사를 통해 망상적 세계를 창조하고, 모든 타인들로부터 소외되어 있고, 그리고 죽음으로 끝나는 붕괴의 소용돌이 속에서 자기를 파괴한다.[24]

비슷하게, 구원과 회복도 협력하며 간다. 그의 12단계의 회복 프로그램들의 날카로운 설명을 들어보라:

---

23) Ibid., p. 154
24) Ibid., p. 163.

마지막으로 "12단계들"에 대한 치료적 접근은 심오하게도 (구체적이지 않을지라도) 기독교적이다. 그것은 사람들과 공동체들이 우상숭배적 고착들을 포기하고, 창조의 선과 그 안에 그들의 장소를 수용하고, 하나님의 사랑스러운 성실과 삶의 창조적 빛남 안에서 신앙의 진전하는 행동을 하도록 초대한다. 그것은 우리가 우리의 하나님, 우리의 이웃, 창조물과 우리 자신들과의 개방적이며 신뢰하는 관계에 들어가고, 감사와 희망 안에서 우리의 창조물의 특성을 수용하고, 그리고 손을 내밀어 고통 속에 있는 타인들을 사랑할 것을 요청한다.[25]

요약하면, 맥코믹은 중독은 죄의 역동성의 생생한 묘사를 제공한다고 확신한다. 습관적인 중독(색욕)의 문제는 특별한 중독들(어거스틴이 "실제적인 죄들"이라고 부른 것)보다 훨씬 크다. 중독의 취약한 세계에서 완전한 무기력과 절망은 하나님의 은혜와 마주침에 중요한 전주곡이다.

또한 어거스틴과 같이, 명상적인 정신의학자와 중독 전문가인 제랄드 메이(Gerald May)는 우리의 가장 깊은 갈망은 하나님 - 그가 구체적인 유대-기독교적인 내용이 없이 사용하는 말 - 을 향한 타고난 욕구라고 믿는다.[26] 우리는 완전을 향한 갈망, 완성 혹은 실현과 같은 많은 방법들에서 이것을 경험할 수 있다. 우리가 그것을 어떻게 기술하는가에 관계없이, 그것은 우선적으로 사랑을 향한 갈망이다. 우리는, 메이가 믿듯이, 사랑하고, 사랑받고 그리고

---

25) Ibid., p. 174.
26) May, *Addiction and Grace*.

사랑의 궁극적인 근원에 더 가까이 가려는 갈망을 가지고 있다. 그는 우리에게 "이 열망은 인간의 영의 본질이다"라고 말한다.[27)]

그럼 무엇이 문제인가? 메이는 우리는 우리가 진정으로 원하지 않는 것들에 혹은 우리가 불만족스럽다고 발견하는 것들에 계속해서 우리 자신들을 양도한다고 믿는다. 이것에 대한 이유는 중독의 문제와 결합되어 있다. 메이는 중독을 "강박, 망상 혹은 사람의 의지와 욕망을 노예화하는 몰입의 상태"로서 정의한다.[28)] 중독은 욕망에 부착한다(attach). 애착(attachment)이란 말은 메이의 중독의 개념에 결정적이다. 중독은 어떤 구체적인 행위들, 사물들과 사람들에 욕망의 에너지를 구속시키고 노예화함으로써 욕망에 부착한다. 애착의 대상들은, 그 다음, 강박관념들(obsessions)과 몰입하는 문제들(preoccupations)이 된다. 덫에 걸린 것이 너무 심하여 그것을 부수고 자유하려는 우리의 시도들은 단지 우리를 더 깊은 곳으로 밀어 넣는다. 메이가 말하듯이, "중독을 정복하려는 우리의 시도들을 먹고 자라는 것이 바로 중독의 본질이다."[29)]

메이는 전통적인 심리치료는 중독의 치료에서 불행히 실패했다고 매우 정확하게 지적한다. 무수한 선의의 개인들이 의지의 행동을 통해 그들의 중독을 제거하려는 영웅적인 펠라기우스적인 시도들을 했다. 많은 사람들에게 그 결과는 절망, 자기혐오와 사로잡는 중독의 더 깊은 소용돌이로 빠져갔다. 중독은, 메이가 말하기를, "하나님을 향한 인간의 욕망의 가장 강력한 영혼의 적이

---

27) Ibid., p. 1.
28) Ibid., p. 14.
29) Ibid., p. 4 (italics in original)

다."30)

정신의학자로서 말하지만, 동시에 메이는 또한 중독의 역동성을 이해하기 위한 극단적인 적절성을 가지고 있는 오래된 종교적인 말인 *우상숭배*(idolatry)를 부활시킨다. 우리의 중독의 대상은 우리가 숭배하는 것, 우리가 유의하는 것, 우리가 우리의 시간과 에너지를 주는 곳이다. 사랑은 어느 정도의 자유를 전제하기 때문에 우리는 결코 우리의 부착물(attachment)을 진정으로 사랑하지 않는다. 노예화의 강렬함을 사랑과 같이 느낄 수 있지만, 그러나 다시, 우리는 우리의 자유를 가져가는 그것을 사랑할 수 없다. 중독은 우리의 주의를 "유괴하고," 그리고 우리는 포학한 욕망들에 인질로 남는다.

어거스틴과 같이, 메이는 우주에서 중독보다 더 강력한 유일한 것은 은혜의 경험이라고 믿는다. 거듭 다시, 메이의 확신은 신학적 교육 혹은 종교적 사역으로부터 오지 않는다. 대신에 이 확신은 중독된 사람들과 함께 사역한 그의 "세속적인" 경험에서 일어났다.

또한 어거스틴과 같이, 메이는 무절제한 욕망의 보편성을 주장한다. 그것은 모든 사람들의 딜레마이다. 우리가 도랑에 누어있는 알코올 중독자를, 혹은 이 달의 월급을 콧김을 내뿜으며 날려버리는 코카인 중독자를 가리키면서 "*저 사람이 중독자야*"라고 말하는 것은 매우 쉽다. 그러나, 메이에게, "마치 이 심각하게 중독된 사람들은 모든 인간들이 더 미묘하게 그리고 더 은밀하게 경험하는 드라마(drama)를, 극단적인 규모로, 연출하는 것과 같다."31)

---

30) Ibid., p. 3.
31) Ibid., p. 43.

아마 (사람을) 구속하는 애착들의 가장 덜 명백하지만, 그러나 적 잖게 강력한 형태는 안전 중독들이다. 소유들, 권력과 인간관계들 은 우리가 빈번하게 노예화되는 거짓된 신들을 대표한다. 소유의 중독들은 수입과 재산과 관계가 있다. 권력 중독들은 신분, 영향 력, 그리고 통제를 내포한다. 인간관계의 중독들은 의존 혹은 소 유욕을 포함한다. "하나님 안에서 그들을 사랑하는 것"보다는 오 히려, 사람들을 탐하는 경향에 관해 말했던 어거스틴과 같이, 메 이는 어떤 사람을 향한 욕망의 강도는 가끔 사랑과 혼동된다고 믿 는다. 모든 형태들의 중독은, 물론, 인간이 되는 것에 포함된 불안 을 사라지게 하려고 시도한다. 다시, 우리는 키에르케고르-니이버 의 불안의 주제가 죄 혹은 습관적인 중독의 선행조건으로서 작용 하고 있는 것을 본다.

그 다음 특별한 중독들, 혹은 어거스틴이 실제적인 죄들이라고 부른 것은 강박성과 습관적인 중독의 훨씬 더 큰 문제에서 생긴 다. 원죄를 회상시키는 습관적인 중독의 인간 조건은 불가피하고 피할 수 없다. 예방적 정신건강에서 펠라기우스적인 노력들은 도 움이 될 수 있지만, 그러나 우리는 아마 인간 본성의 주요한 주제 를 변화시키지 못한다: 우리는 항상 우리의 우선적인 것들을 혼합 하고, 열등한 것들에 유의하고, 사랑으로부터 돌아서고, 그리고, 우리가 희망하기를, 우리에게서 우리의 불안을 제거할 것에 애착 을 느끼는 우상숭배자들이다.

제랄드 메이는 중독의 선행조건의 탁월한 분석을 제공한다. 그 는, 나의 견해로는, 어거스틴의 죄의 이야기의 매우 통찰력 있고, 현대적인 되풀이를 제공한다. 인간의 불가피하지만, 그러나 필연적이 아닌, 신성한 사랑으로부터 돌아서는 것(turning away)은 우리 각 사람 내에 불균형을 야기시킨다. 우리는 중심에서 떨어져 있고 그리고, 그 결과로서, 유한한 사물들에 부착하고, 그것이 우리를 안식이 없고 만족할 줄 모르는 상태로 내버려둔다. 우리는 이 일시적인 고착들(fixs)에 대해 관대함을 발달시키고 우리의 딜레마의 근원 - 우리의 창조주에 불신 - 을 피한다. 어떤 사람이 죄의 사상이 중독의 개념으로 흡수될 수 있다는 관심을 표현했지만, 그러나 한편 메이가 중독의 딜레마의 영적 배경을 기술한 방법은 죄의 적절한 교리를 위해 가장 좋은 정보를 제공해준다.[32]

교만 대(versus) 자기멸시의 충돌로 돌아감

니이버가 그의 유명한 "고요의 기도"(Serenity Prayer)를 통해 12단계의 프로그램들에 지속적인 공헌을 했다는 것은 넓게 알려져 있다. 이 기도는 모든 12단계 모임의 시작에 반복된다. 인간의 교만과 이기심의 주제에 대한 니이버의 강조는 또한 이 그룹들에게 매우 중요하게 되었다. 우리가 "더 높은 능력"(하나님)으로 인정해야 하는 곳에 우리 자신의 자아를 두는 것은 익명의 알코올 중독자 모임(A.A)에 일관된 주제이다. 이 사상은 너무나 끈질기기 때문에 자아(ego)의 두자어(E.G.O)는 "하나님을 쉽게 버리다"(easing God out)과 되었다. A.A 모임들에 새로 오는 사람들에게 자주 주어지는 약간 익살스러운 논평은 다음과 같이 선언한다: "당신이 지금 하나

---

[32] Linda Mercandante, *Sinners and Victims* (Louisville, Ky: Westminster John Knox, 1996).

님에 관해 알고 있는 모든 것은 '당신은 그가 아니다'라는 것이다." 진정으로, 익명의 알코올 중독자 모임의 설명에서 어네스트 크루츠(Ernest Krutz)는 모든 알코올 중독자는 그/녀가 우주의 중심이 아니라는 것을 배워야하기 때문에 그의 책명을 『하나님이 아님』(Nct-God)이라고 붙였다. 크루츠는 알코올 중독에 관한 이야기로서 천지창조의 이야기의 매혹적인 해석을 제공한다:

> 에덴동산에서, 아담과 이브는 주어진 것보다 더한 것에 손을 내밀다가 죄를 지었다. 그들은 뱀이 그것을 먹는 것이 그들을 "신들처럼" 되게 할 것이라고 약속했기 때문에 금단의 열매를 먹었다. 그들의 처벌은 그들에게 한 때 주어진 에덴의 상실이었다. 알코올중독자는, 술을 마심으로써, 실재에 대한 부적절한 통제 - 인간의 유한성으로 인정된 것보다 더한 것 - 을 구했다. 알코올의 약속은 하나님과 같은 통제력과 같은 것이었다: 알코올 중독자의 음주는 외부의 실재가 어떻게 알코올 중독자와 마찬가지로 그 자신의 기분들, 감정들과 정서들을 침범하는가를 통제하려고 한다. 신화적 유사물에서 보는 바와 같이, 그와 같은 남용의 형벌은 적당하게 사용할 수 있는 능력의 상실이다: 주어진 것보다 더한 것에 손을 내미는 것은 심지어 이미 주어졌던 것의 상실을 초래한다. 이것을 이해함으로써, 알코올 중독자는 "나는 알코올 중독자이다"라는 말을 바로 자백함으로 항복한다.[33]

---

33) Ernest Kurtz, *Not-God: A History of Alcoholics Anonymous* (Center City, Minn.: Hazelden Educational Services, 1979), p. 182.

익명의 알코올중독자 모임의 공동설립자인 빌 윌슨(Bill Wilson)은 자주 알코올중독을 "자기 의지가 방탕한 것"으로 설명했다.[34] 그 자신의 고백을 보면, 이것은 교만과 자기높임의 확장으로서 그의 중독의 경험과 조화되었다. 알코올은 중심무대에 서려는 그의 과대함과 욕망의 부분이었다.

이리하여, 중독에서 결정적인 요인으로서 하나님-교체물(여기에서 교만)에 대한 어거스틴-니이버의 강조는 많은 12단계의 그룹들을 자극해서 중독 속에 있는 강한 영적인 요소를 확인하게 한다. 균형을 이루시는 근원(하나님)으로부터 단절되었기 때문에, 우리는 제한되고 유한한 것들에 애착을 가진다. 이 과정은 불신은 물론 교만도 포함한다. 하나님에 의존을 불신하면서 우리는 우리의 유한성을 우회하며 우리의 삶의 중심에 자기를 두려고 시도하는 "더 쉽고, 더 부드러운 길"을 추구한다. 하나님을 자기와 자기의 불안을 감소시키는 전략들과 교만스럽게 교체했기 때문에 우리는 실제로 우리의 불안을 증가시키고, 그리고 우리의 강박적 애착들을 향해 우리 자신들을 더 깊게 몰아간다. 이리하여 중독의 경험은 하나님이 우리의 삶에서 "쉽게 잊어지고," 자기가 (주도권을) 떠맡고 강박성이 군림하는 방법에 대한 어거스틴-니이버의 강조를 자주 소생시킨다. 확실히 이것은 인간의 교만의 파괴적인 힘에 대한 다른 증언을 제공한다.

---

34) Bill Wilson, *Alcoholics Anonymous: The Story of How More Than One Hundred Men Have Recovered from Alcoholism* (New York: A. A. World Services/Works Publishing, 1939).

그러나 교만은 모든 사람을 위한 문제인가?

중독과 자기높임의 연결점이 많은 사람들 안에서 쉽게 보일 수 있지만, 그러나 한편 이것은 지배적으로 남자의 경험인가? 교만은 항상 파괴적인 생활양식 뒤에 있는 죄인(culprit)인가, 혹은 낮은 자존감 혹은 심지어 자기멸시는 주요한 요인이 될 수 있다는 것이 가능한가? 어떤 사람들은 불행한 삶의 이미지들을 가지고 있고, "자신들에게 원한을 품고 있기" 때문에 그들은 강박적인 애착들 혹은 중독들에 자연히 이끌릴 수 있는가? 교만의 문제에 관한 한 층 더한 경고가 단지 어떤 개인들을, 특히 여자들을, 자기포기, 자기도피, 그리고 낮은 자존감 쪽으로 더 깊게 밀어 넣는가? 직접적으로 물어본다면, 교만은 진정으로 모든 죄에 있어서 본래적인가? 어거스틴-니이버의 교만 주제(pride thesis)의 힘을 가리키면서, 이제 그 가능한 한계들을 조사할 시간이다. 우리는 비판의 두 가지 근원들을 탐색할 것이다: (a) 교만 패러다임(paradigm)이 대부분의 여자들의 경험을 기술하지 않는다고 믿는 중요한 여성주의자 신학자들의 그룹, 그리고 (b) 교만이 거의 모든 *사람*의 주요한 문제가 아니라는, 가장 명백하게 로저스 안에 기초한, 인본주의 심리치료의 주장. 우리가 지금 향하는 것은 여성주의자의 교만 주제의 비판들이다.

chapter 04

교만과 자기상실

신학, 그것이 교만의 죄에 초점을 두는 한, 여자의 경험을 무시할 뿐만 아니고, 또한, 자기주장과 자기정의(self-definition)를 위한 싸움을 죄들이라고 암시함으로써, 여자들이 "여성들과 사람들"이 되는 것을 방해하는 압력들을 증가시킬 뿐이다.
쥬디스 프라스코(Judith Plaskow)

제4장

교만과 자기상실

　피로에 지친 한 여자는 다가오는 일주일을 직면할 어떤 위로와 힘을 바라보면서 주일 교회 예배에 참석한다. 그녀의 삶은 어린 아이들의 필요들, 남편의 기대, 고용주의 요구들과 주변의 가사일에 너무 관심을 가지고 있기 때문에 그녀는 지쳐있다. 무슨 까닭인지, 그녀는, 한 사람으로서, 그녀의 관계들에 빠져있는 것 같다. 그녀는 남편으로부터 더 도움을 필요로 하고, 그녀는 아이들을 가능하게 하는 것을 그만 둘 필요가 있다는 것을 알고, 그리고 그녀는 직장에서 그녀의 승인을 요구하는 양식들을 깰 필요가 있다는 것을 인정한다.
　이 여자의 내면에 고집(assertiveness)과 정의(justice)의 작지만, 그러나 커져가는 목소리가 있다. 아마 스스로 자기편이 되면서 독자적으로 설 수 있는 시간이다. 그녀는 너무 오래 동안 그녀 자신의 생각들, 감정들과 좋아하는 것들(preferences)을 부정했기 때문에 그녀는 그것들이 무엇인가를 재발견하기 위해 열심히 작업을 해야 할 것이다. 그녀는 그녀의 영, 그녀의 정체성, 그녀의 용기를 키워줄 수 있는 원천을 발견할 것을 희망하면서 설교를 기다린다.

설교의 제목은 죄이다. 그녀는 목사가 교만, 자기중심성, 이기심과 자기높임에 대한 맹렬한 비난을 시작하는 것을 듣는다. 인간의 자아에 대한 비꼬는 공격은 교만의 위험들에 관한 심각한 경고를 수반한다. 그녀는 이 죄의 열정이 넘치는 설명이 어떻게 그녀에게 적용하는가를 긴장을 느끼며 보면서 경청한다. 그녀는, 수축되기 보다는 오히려, 팽창된 의지에 관해 많은 말씀을 듣는다.

그 다음 목사는 주제를 바꾸고 교만의 이 무서운 문제에 대한 교정 수단에 관해 말하기 시작한다. 우리가 필요로 하는 것은, 목사가 말하기를, 더 큰 자기희생이다. 우리의 "나 세대"(me generation) 혹은 자기도취적 문화는 타인들에 대한 무욕의 봉사(selfless service)의 의미를 재요구할 필요가 있다. 만약 교만이 죄라면, 그럼 인간성은 저주이다. 이 목사에게, 겸손은 확장하기보다는 오히려 움츠리는 자기와 관계가 있다. 회중 안에 모든 사람이 과대평가된 자기와 싸우고 있다고 분명하게 추측한 것 같다. 심지어 어떤 교인들이 과소평가된 자기를 가지고 있다는 사실은 결코 고려되지 않는다.

자기를 더 주장하면서 그녀는 어떤 권리들을 가지고 있다는 것을 인정하는 용기를 가지고 고심한 이 여성은 이 발견들을 배 밖으로 던져버리고 수동성의 무욕의 세상(selfless world of passivity)으로 돌아가도록 초대를 받는다. 교만은 적이기 때문에, 하나님은 그녀가 자신을 우선 생각하는 것을 금지시켰다. 그녀의 무욕의 생활양식, 그녀의 자유의 두려움과 타인들에 대한 자기파괴적인 수용들은 모두 종교적 보증이 주어진다. 암묵적으로 그녀는 내적 삶을 피하고 관계들에 몰두하면서 현 상태를 유지한 것에 대해 칭찬을 받는다.

세 가지 일들이 설교 가운데 발생할 수 있다. 첫째, 교만과 자기중심성에 대한 설교의 비난은 스스로 주장하고 자신을 돌보려는 그녀의 임시적인 갈망들로 인해 그녀가 죄책감을 매우 느끼도록 할 것 같다. 다른 한편으로, 두 번째의 가능성은 죄는 과도한 자기관심 혹은 교만으로 엄격하게 정의되기 때문에 그녀는 순결하며 죄 없음을 느낄 수 있다. 결국 이런 종류의 자기강화(self-aggrandizement)는 그녀의 문제가 아니다. 사실상, 그녀는 무욕의 사람이 아니기 때문에 그녀가 독선의 무의식적 감각을 느끼는 것은 아주 쉬울지 모른다. 두 번째, 그녀가 독선적이 될 가능성은 사욕의 비참함에 초점을 둔 설교에 의해 크게 탈선하게 된다. 독자적으로 일어서려는 그녀의 동기는 단념된다. 결국 그녀는 가장 자기도취적 문화에서 다른 자기중심적인 사람이 되는 것으로 끝나는 것을 원하지 않는다.

그녀는 그녀가 곁으로 보이는 것만큼 "순수하지" 않을 수 있다는 것을 알지 못한다. 그녀는 기술된 종류의 죄를 보이지 않을 수 있지만 아마 그녀는 다른 죄, 즉 그녀 자신의 이기적인 이용(exploitation)에 참여하는 죄에 가담하고 있다. 아마 자신의 소리에 주의를 기울이는 것을 거절하는 것은 하나님이 주신 그녀의 가능성으로부터 죄스럽게 움츠리는 것이다. 아마 자유, 결단하기와 자기지도(self-direction)의 내적 세계는 너무 두려워서 직면할 수 없을 것이다. 아마 그녀는 그녀를 불행하게 만드는 형쾌들을 수용하고, 강화한다.

그녀는 그 자신의 교만의 문제와 아마 싸우고 있는 목사에게 귀를 기울이고 있었다. 사실상 이 남자 목사는 그의 교만 마귀를 그의 전 회중에게 투사하고 있을지 모른다. 아마 회중 안에 남자들은 동의하면서 머리를 끄덕이지만, 그러나 어떤 여자들은 설교된 것과 결부시켜 생각하는데 큰 어려움을 가진다. 심지어 더, 변화를 위한 우선하는 요인으로 강요된 자기희생은 이 여성들을 불행한 무욕의 지하세계로 더 깊게 밀어 넣을 수가 있다.

자기팽창(self-inflation)은 진정으로 모든 사람을 위한 문제인가? 발레리 사이빙(Valerie Saiving), 다프네 함프손(Daphne Hampson), 수잔 넬슨 단피(Susan Nelson Dunfee), 쥬디스 프라스코(Judith Plaskow) 그리고 세레네 조네스(Serene Jones)와 같은 여성주의 신학자들은 교만이 모든 죄의 뿌리라는 어거스틴-니이버의 주제에 의심을 던진다.[1] 그들에게 죄는 항상 과대평가된 자기로부터 생기지 않는다. 그들은 교만의 주제가 여자들보다 남자들을 훨씬 더 묘사하고 있다고 믿는다. 사실상 그들은 여자들은 자기증대(self-aggrandizement)보다는 자기가 되지 못한 실패와 싸우고 있다고 생각한다. 1960년 초기에 사이빙은 기독교 사상에서 죄의 남성지배적인 견해의 이 문제를 매우 잘 기술했다.

---

[1] Valerie Saiving, "The Human Situation: A Feminine View," in *Womanspirit Rising: A Feminist Reader in Religion*, ed. Carol P. Christ and Judith Plaskow (San Francisco: Harper & Row, 1979); Daphne Hampson, "Reinhold Niebuhr on Sin: A Critique," in *Reinhold Niebuhr and the Issues of Our Time*, ed. R. Harries (Grand Rapids, Mich.: Eerdmans, 1986); Susan Nelson Dunfee, "The Sin of Hiding: A Feminist Critique of Reinhold Niebuhr's Account of the Sin of Pride," Soundings 65, no. 3 (1982): 316-26; Judith Plaskow, *Sex, Sin, and Grace: Women's Experience and the Theologies of Reinhold Niebuhr and Paul Tillich* (Lanham, Md.: University Press of America, 1980).

여자로서 여자의 유혹들은 남자로서 남자의 유혹들과 똑같지 않기 때문이다, 그리고 구체적으로 죄의 여성적 형태들은 - 그것들이 여자들에 제한되어 있거나 혹은 여자들은 다른 방식들로 죄를 짓을 수 없기 때문이 아니고, 그러나 그것들이 기본적인 여성적인 성격의 구조의 산물들이기 때문에 "여성적인" - "교만"과 "권력에의 의지"와 같은 말들에 의해 결코 포함될 수 없는 특성을 가지고 있다. 그들은 평범함(triviality), 주의산만(distractibility), 그리고 장황함(diffuseness); 조직된 중심 혹은 초점의 결핍; 자신의 자기정의(self-definition)를 위해 타인들에 의존; 탁월함의 기준들을 희생하는 관용; 사적 자유의 경계선들을 존경하는 무능력; 감상적임, 수다스러운 사교성, 그리고 이성의 불신 - 요약하면, 자기의 저개발 혹은 자기의 부정과 같은 말들에 의해 더 잘 암시된다.[2]

여기에서 사이빙은 남자들은 죄인들이고 여자들은 완전히 순수하다는 것을 암시하는 방식으로 인간의 역사를 읽지 않는다는 것을 주목하라. 그녀는 남자들과 여자들이 다르게 죄를 짓는다고 말하고 있다.

사이빙에게, 교만에 대한 어거스틴의 전통적 강조는, 남성과 여성, 모든 사람을 위한 해결 방법은 자기희생적인 사랑이라는 믿음을 가져온다. 다른 말로 하면, 교만과 자기희생적 사랑은 의존적인 개념들이다. 자기희생은 부당한 자기집중(self-focus)이 이미 일어났기 때문에 정확하게 구속적이다. 일단 당신이 인간 조건을 과

---

[2] Saiving, "The Human Situation," p. 37.

도하게 자기 집중된 것으로 진단하면 명백한 치유는 타인들에 대한 무욕의 봉사일 것이다.

사이빙의 작업을 확대하면서 프라스코는 무엇이 니이버의 가장 포괄적인 여성주의자의 비판인가에 대해 저술했다.[3] 프라스코에게, 여자들의 경험은 자기부인(self-abnegation)과 자기의 저개발만큼 독선과 교만을 포함하지 않는다. 사실상 프라스코는 기독교 사상의 전 역사가 본래 남자들의 죄의 경험에 초점을 두는 한, 그것에 도전한다. 결국 고립된 남자들이 신학의 본래의 건설자들이다. 그 결과는 여자들의 경험에 무지했다. 더욱이 (교만한 남자들에게 그렇게 필요한) 자기희생적인 사랑의 구속하는 성격은 그것이 자기상실(self-loss)을 강화하는 만큼 실제로 여자들을 죄의 자신들의 유형으로 더 깊게 몰아넣는다.

이것은 프라스코가 자기높임을 위한 남자의 성향에 대한 니이버의 통찰력들을 바로 평가하지 않는다고 말하는 것이 아니다. 또한 그녀가 이 기술이 결코 여자들에게 적용되지 않는다고 말한 것도 더욱 아니다. 그러나 니이버는 *인간의* 경험을 기술한다고 주장하지만, 그녀가 볼 때, 그는 여자들의 지배적인 경험을 기술하지 않는다. 단순하게 말해서 니이버는 다른 남자들에게 말하고 있다. 니이버의 죄에 대한 프라스코의 문제들은 다음의 주제들에 초점을 두고 있다: (a) 육욕은 단지 교만의 부산물로서 이해되어서는 안 되고 그 자체의 권한을 가진 문제로 이해되어야 하며, (b) 니이버는 육욕의 한 가지 정의보다 더 많은 것을 사용하고 있고, 그리

---

3) Paskow, *Sex, Sin, and Grace*.

고 (c) 그는 육욕의 발달의 잘못된 연속을 전개한다.

프라스코는 니이버가 육욕을 교만 밑에 종속시키는 것에서 잘못하고 있다고 믿는다. 사실상 그녀는 니이버가 왜 이런 방식으로 죄의 순서를 만들었는가에 대해 이상하게 여긴다. 이것이 전통의 지배적인 모델이긴 하지만, 그러나 한편 그녀는 원죄와 같은 다른 문제들에서 니이버는 개정된 전통에서 가장 편안을 느낀다고 지적한다.[4] 그녀는 그 증거는 육욕의 주장된 종속적인 본질을 지지하지 않는다고 믿는다. 그러나 그것은 단순히 니이버가 육욕을 교만 밑에 종속시키는 문제가 아니다. 그녀의 문제는 니이버가 육욕을 죄의 의미 있고 독립적인 형태로서 인정하지 않는다는 것이다. 니이버는 교만으로부터 흘러나오지 않는 것 같은 이 육욕의 양상들을 다루는데 실패한다. 프라스코는 죄스러운 자기부정은 가끔 여자의 교만과 연결될 수 있다는 것을 인정한다. 그러나 니이버는 죄에 대한 본래의 근원으로서 남자의 교만의 범위에 관해 실수한다:

> 니이버의 인간성의 교리는 인간들은 인간의 자유의 무제한적 가능성들을 부정함으로 그들의 본성의 모순들을 탈출하려고 시도할 수 있다는 통찰력을 확실히 수용할 수 있다. 니이버의 인간 본성의 견해는, 그러나, 죄의 동등하게 복잡한 교리에 기초하고 있지 않다. 죄를 다루면서 그는 자유의 번거로운 세계를 잊고 그것의 높임에 집중한 것 같다……인간들은 그들의 유한성을 무시할 수 있지만 그러나 그들은 또한 그들의 자유의 의무들을 따라 사는데 실패할 수 있다. 자기초월의 거절은, 만약 사람이 니이버의 범주들을

---

4) Ibid., p. 62.

사용한다면, 교만에 못지않은 죄 - 자신에 대한 죄, 다른 사람들에 대한 죄, 그리고 하나님에 대한 죄 - 이어야 한다. 교만이 하나님의 위치를 횡령하려는 시도라면 육욕은 그의 형상 안의 창조의 부정이다.[5]

프라스코는 여자들은 자기주장(self-assertion)의 길을 거절할 수 있고 "무욕의" 존재로 다시 가라앉을 수 있는 두 가지 이유들을 지적한다.[6] 한 가지 전통적인 이유는 물질적이다. 무욕적이 되는 것(being selfless)은 가끔 경제적으로 지지 받는 재정적인 보상이 되었다. 두 번째 이유는 무욕은 또한 여자들이 자유와 어려운 결단하기의 번거로운 세상을 피하는 것을 도울 수 있다. 프라스코는 이 무욕의 조건을 말한다, "여자들이 그 보상들을 위해 이 신분을 수용하고 자유의 짐으로부터 안도감을 환영하는 한, 그들은 자신들의 억압에서 공범의 죄책감을 느낀다; 그들은 죄를 범한다."[7]

자기로부터 이 후퇴는 우리의 믿을만한 인간성의 "과녁을 놓친 것"의 죄를 포함한다. 그러므로 죄는 여정(journey)을 거절하는 것, 자유를 부정하는 것, "차용된"(borrowed) 존재 안에서 편안하게 쉬는 것이다. "움츠리는" 자기는 높아진 자기만큼 위험하다. 죄는 말한다: "나는 사람이 될 가치가 없는 존재이다." 폴 틸리히가 "존재에의 용기"라고 부르는 것을 주장하는 것은 마음이 내키지 않는다.[8]

---

5) Ibid., pp. 66-68.
6) Ibid., p. 64.
7) Ibid., pp. 64-65.
8) Paul Tillich, *The Courage to Be* (New Haven, Conn.: Yale University Press, 1952).

프라스코는 그녀가 육욕의 문제를 연속(sequence)으로 지각하는 것에 반대한다. 그녀는 니이버의 성(sexuality)의 토론을 보기로서 사용한다. 그녀는 죄스러운 성은 (1) 자기주장을 시도하면서 타인을 지배하려는 욕망에서부터 (2) 자신의 존재의 증심으로서 타인의 우상숭배로 그리고 (3) 감각들의 잠재의식에 스스로 빠지려는 노력으로 이동한다는 니이버의 해석을 회상한다. 니이버가 이 형태를 발달적 연속으로 여기든 혹은 여기지 안 든 그것은 불분명하지만, 그러나 프라스코는 니이버를 이런 방식으로 읽는다. 다른 말로 표현하면, 그녀는 니이버가 불건전한 성은 우선 지배하려는 시도라고 말하고 있다고 믿는다. 그것이 좌절될 때 우리는 타인의 숭배로 이동한다. 타인에게 환멸을 느낀 후에 우리는 자기기제로부터 도피(escape-from-self-mechanism)로서 성 그 자체 쪽으로 향한다. 프라스코는 이 동기들은 각각 지배적인 요인일 수 있다고 인정하지만, 그러나 그녀는 한쪽이 다른 쪽을 필수적으로 따르는 것이 아니라고 주장한다. 그녀는 자기주장의 실패가 항상 자기로부터 도피를 앞서지 않는다고 믿는다. 가끔 자기주장의 시도는, 특히 그 경험으로부터 사회적으로 금지된 여자들에게, 결코 먼저 만들어지지 않는다.

다프네 함프손은 니이버와 어거스틴의 전통이 죄의 분석에서 한쪽에 치우친 것이라는 다른 이유를 제시한다. 니이버가 키에르케고르에게 매우 빚져 있지만, 그러나 한편 그는 죄의 "남자의" 형태와 "여자의" 형태 사이를 구별하는데 그의 조언자(mentor)를 따르지 않는다. 남자의 이기심을 교만(hubris)의 본래의 *인간적* 경험으로 해석함으로써, 니이버는 자기가 되는 것에 실패하는 여성적인 죄를 무시한다. 함프손이 우리에게 상기시키듯이, 키에르케고르는 남자의 이기주의(독자적으로 자신답게 되기를 시도함)와 기꺼이 자기 자신이 되지 않으려는 죄를 구별한다. 여자들이 그들 스스로가 되지 않으려고 빈번하게 사용하는 방법은 다른 사람들에게 몰두하는 것이다. 함프손은 적는다: "나는 니이버의 분석에 흠을 찾지 못한다. 그것은 확실히 깨우쳐준다. 나는 그것은 특히 남성의 유혹이 무엇인가에 대한 기술이라는 것을 단순하게 말하고 있다."[9] 그의 팽창된 자아(inflated ego)를 가진 남자는 그의 현실의 자기(actual self)에 만족하지 못한다. 대신에 그는 그 자신 위로 솟아오르기를 갈망한다. 그는 현실의 자기의 제한된 한계들을 넘어서 이상화된 자기(idealized self)로 확장되기를 바란다.[10]

여자는, 다른 한편으로, 가끔 그 자신이 되는 것을 거절하고, 대신에 다른 사람에게 빠진다. 자기가 되는 불안은 그녀가 모든 에너지들을 타인들에게 투자하면서 포기된다. 자족의(self-sufficient), 고립된 개인이 거의 될 수 없기 때문에, 그녀는 자신을 위한 책임을 부인한다. 그녀가 들을 필요가 있는 세상에서 마지막 일은 그녀는 타인들을 착취하는 것을 멈추고 그들을 위해서 희생하는 것을 시작하는 것이다. 그녀의 과업은 *자기가 되는 것*, 그녀가 처음에 결코 발견하지 못한 자기를 포기하지 않는 것이다. 함프손이 그것을 말하듯이, "그와 같은 여자에게 자기실현을 찾는 것이 교만의 죄라고 말하는 것은 그녀의 죄의 형태를 강화하는 것이다:

---

9) Hampson, "Reinhold Niebuhr on Sin," p. 47.
10) 나는 "이상화된 자기"란 용어를 캐런 호니(Karen Horney)의 저술에서 빌린다. 예를 들면, *Neurosis and Human Growth* (New York: W. W. Norton, 1950)을 보라.

타인들 안에 그녀 자신의 분산, 그들에 대한 그녀의 불필요한 봉사, 그들을 통해 삶을 살려는 그녀의 시도, 그리고 그녀의 자기비난."[11]

함프손은 우리에게 남자들의 우선하는 과업은 *관계* 속에서 자신들을 발견하는 것이고, 반면에 여자들의 우선하는 과업은 관계 안에서 *자신들을* 발견하는 것이라고 상기시킨다.[12] 키에르케고르를 따라, 그녀는 어떤 성(sex)도 죄의 "남자다운" 혹은 "여자다운" 유형들을 가질 수 있다는 것을 인정한다. 그러나 그녀의 요점은 남자들은 지배적으로 과대평가된 자기를 밖으로 나타내고, 반면에 여자들은 과소평가된 자기의 희생이 되어, 가끔 자기가 되는 것에 실패한다는 것이다.

아마 남성의 자기도취적인 죄의 이미지에 관하 가장 위험한 것은 우리의 하나님의 형상은 깊이 영향을 받는다는 것이다:

> 전통의 하나님은, 우리가 본대로, 남성의 체계(system)에 맞다. 정말로 그는 인간 남자의 가장 최악의 이미지에 따라 모형이 만들어진 것 같다. 그는 고립되고, 강력하며, 그리고 계급 조직의 꼭대기에 있다. 그는 그 자신에게 전부이다. 더구나 그의 최고권은 타자들에게 자격을 부여한다. 남자들이 자신들이 죄인들이라는 것을 아는 것은 그의 선과 비교를 통해서이다.[13]

---

11) Ibid., p. 49.
12) Ibid., p. 55.
13) Ibid., p. 56.

함프손은 더 나아가서 아들이 아버지에게 도전해야하는 것은 고전적, 절대적 금기(taboo)를 포함하고 있다는 것을 말하면서, 하나님의 이 형상에 프로이드의 관점을 덧붙여 말한다. 아들들은 그들의 아버지들의 권위를 존경할 뿐만 아니라 또한 도전하는 것을 두려워한다는 프로이드의 말이 옳다면, 이것은 교만 혹은 자기주장이 본래의 죄라는 사상에 공모하는 것은 아닌가? 남자들은 우주적인 아버지에 대항하여 감히 독선을 부리지 못한다. 함프손은 이 재미있는 논평으로 그녀의 기사(article)의 결론을 맺는다:

> 이 에세이를 쓰는 동안 나는, 그녀에게 에세이의 내용은 아무 것도 말하지 않고, 전통에서 악마는 그가 하나님보다 더 높이 날려고 시도했기 때문에 추락했던 천사라는 말을 듣는다고 나의 친구에게 말했다. 그녀의 자연스러운 반응은: "천사가 '그'보다 더 높이 날기를 시도하는 것을 '그'가 꺼린다면 그는 어떤 종류의 신인가?!" 사회, 개인과 인간관계들의 다른 평가는 우리의 하나님의 이해에 의미심장하게 영향을 미칠 수밖에 없다.[14]

수잔 넬슨 단피(Susan Nelson Dunfee)는 또한 남성 지배적인 죄의 견해에 대해 니이버를 비판하고 "은폐"의 죄(sin of "hiding")는 여자들의 경험을 서술하는 좋은 방법이라는 것을 암시했다.[15] "은폐한다"란 말에서 그녀는 자유와 자기됨(selfhood)을 탈출하려는 시도를 의미한다. 교만 아래에 은폐의 죄를 포함시킴으로써 니이버

---

14) Ibid., p. 58.
15) Dunfee, "The Sin of Hiding,"

는 여자들의 경험을 말하는 죄의 교리를 정교하게 발전시키지 못한다. 그리고 설상가상으로 죄에 대한 그의 "치유" - 즉 자기희생적 사랑 - 는 여자들을 심지어 더 깊은 곳에 숨도록 밀어 넣는다. 다시, 가장 높은 미덕으로서 자기희생적 사랑에 대한 그의 강조는 여자들이 무욕의 존재를 고집하도록 고무시킨다:

> 더 명백하게, 자기희생적 사랑을 궁극적인 기독교의 미덕으로 만듦으로써, 사람은 또한 은폐의 죄를 하나의 미덕으로 만들고, 이로 인해 은폐의 죄를 이미 저지른 사람들이 그 상태에 머물도록 격려한다. 그 다음 사람은 완전하게 인간이 되려고 결코 진정으로 애쓰지 않음으로 인해 영화롭게 된다. 더욱이 은폐를 미덕으로 높임으로써, 그리고 하나의 가능성으로서 은폐의 죄를 부정함으로써, 니이버의 신학은 은폐의 죄로 인해 죄책감을 느끼는 사람이 어떻게 그/녀의 죄 안에서 심판 받을 수 있고, 그/녀의 자유를 실현하도록 부름을 받는가에 대한 이해를 가지고 있지 않다. 탈출하려는 사람에게 심판은 없고; 은폐의 상태에서 나타나는 부름(call)도 없다.[16]

교만이 본래의 죄로 남는다면 은폐의 죄는 이름이 없다. 억압을 받은 사람들은 자신들의 자기주장의 두려움들 때문에 억압 받은 상태로 남는다.
남성의 교만의 죄에 대한 보편적인 초점 때문에 로즈마리 라드포드 루더(Rosemay Radford Ruether)는 여자들은 다른 종류의 교만,

---

16) Ibid., p. 321.

소위 겸손과 자기부인의 미덕들로부터 그들을 떠나게 하는 자기존경(self-respect)을 고려할 필요가 있다고 믿는다.[17]

> 기독교 여성들에게, 특히 더 보수적인 전통들에서, 여성주의자 의식에 가장 어려운 장벽들 중에 하나는 죄를 분노와 교만과 동일시하는 것이고, 미덕을 겸손과 자기부인과 동일시하는 것이다. 이 죄와 미덕의 교리가 추측컨대 "모든 기독교인들"을 위한 것일지라도, 그것은, 여자들에게, 남성-여성의 종속과 자존감의 결핍을 강화하는 이념이 된다. 여자들은 자신의 자기를 가지지 않음으로써 "그리스도와 같이" 된다. 그들은 남성의 학대와 착취를 받아들임으로써 "고통 받는 종들"이 된다. 여자들은 심지어 가장 작은 자기긍정에 관해서도 심각하게 죄책감을 느끼고 다른 것을 느끼도록 되어 있다. 그들은 "타인들을 첫째로 생각하기"보다는 오히려, 그들은 누구이고 그들은 무엇을 원하는가를 묻는 시작 단계들을 두려워한다.[18]

루더에게, 이 어거스틴의 교만과 겸손의 전체의 패러다임은 여자들에 의해 재평가될 필요가 있다. 아마 여자들은 겸손을 그들의 본래의 미덕으로 만듦으로써 자유의 모호함을 피하기 너무 쉬운 경향을 가지고 있다. 이 거짓된 겸손은 자존감과 적당한 자기존중의 진정한 가능성을 감소시킨다.

---

17) Rosemary Radford Ruether, *Sexism and God-Talk: Toward a Feminist Theology* (Boston: Beacon, 1983), p. 186.
18) Ibid., pp. 185-86.

그러나 이것은 여자들이 이기주의와 교만의 타락한 힘에 종속되지 않는다는 것을 의미하는가? 교만은 단지 남성의 문제인가? 루더는 여자들도, 역시, 오만과 이기주의에 아주 빠질 수 있다고 주장한다. 다시, 자기높임은 죄의 고유한 성별의 형태는 아니다. 대신에 문제는 더 사회적이고 역사적인 요인들의 결과로 생긴다. "지배의 체계들은, 체계들이 여자들이 공유하지 못하는 남성들의 독특하고 악한 능력들과 일치한다는 의미가 아니라, 남성들이 그 체계들을 형성하고 그것들로부터 이익을 받았다는 단지 역사적이고 사회학적인 의미에서 '남성적'이다. 여자들은 다르게 행동할 것이라는 다른 '본성' 때문에, 그들은 어떤 담보물도 가지고 있지 않다."[19] 이리하여 부가장제(patriarchy)가 거대한 부정들을 창조했지만, 그렇다고 해서 남자들이 본질적으로 악하다는 의미는 아니다.

교만과 자기상실: 죄를 다르게 짓도록 사회화된 것일까?

여자들이 과대평가된 자기보다 과소평가된 자기와 더 싸우는 경향이 있다고 주장함에 있어서, 여성주의 신학자들은 여자들이, 그들의 본성상, 남자들보다 덜 교만하다고 필연적으로 말하는 것은 아니다. 그들이 그 방식을 주장한다면, 그것은 여성주의 이론에서 구성주의(constructivism)보다는 오히려 더 본질주의(essentialism)의 측에 그들을 두게 될 것이다. 본질주의는 남자들과

---
19) Ibid., pp. 188.

여자들이 남성과 여성의 특징들을 미리 포장한(prepackaged) 상태로 세상에 태워난다는 입장을 가리킨다. 다르게 말하면, 성별의 특질들은 대개 생물학적으로 주어진 것이다. 대부분의 여성주의 이론가들은 명백하게 성(sex)을 생물학적으로 주어진 것이라고 인정하지만, 성별(gender)은, 다른 한편으로, 대개 사회적으로 맞추어 지어진다. 이리하여 성별은 전사회적인(pre-social) 것이 아니다. 여자들은 본질적으로 혹은 선천적으로 남자들보다 낮은 자존감으로 인해 더 고통을 겪는다고 주장하는 여성주의 신학자들은 거의 없다. 이것은 남자들과 여자들이 죄를 다르게 짓도록 "강하게 고정된"(hard-wired) 것이라고 말하는 것일 것이다. 대신에 대부분의 여성주의 신학자들은 남자들과 여자들이 다르게 죄를 짓도록 사회화된 것이라고 주장한다. 역사적이고 문화적인 압박들은 남자들과 여자들이 다른 방식들로 그들의 불안을 다루도록 강요한다.

그러나 우리는 진정으로 "남자들의" 그리고 "여자들의" 경험에 관해 일반적으로 말할 수 있는가? 그 주제는 가끔 여성주의 이론과 신학에서 힘차게 토론되고 있다. 어떤 사람은 신분과 계급과 같은 다른 요인들이 똑같은 성별의 개인들을 아주 다르게 만든다고 주장한다.

명성이 있는 대학에서 여성주의 이론을 가르치는 중상류계급의 여자가 다섯 명의 아이들을 가진 교육도 받지 못하고, 경제적으로 박탈된 혼자된 어머니와 함께 억압의 똑같은 여성적 경험을 진정으로 공유할 수 있는가?

세레네 조네스(Serene Jones)는, 그녀의 통찰력이 넘치는 저술 『여성주의 이론과 기독교 사상: 은혜의 지도작성법들』(Feminist

Theory and Christian Thought: Cartographies of Grace)에서, 우리는 여자들의 일반적인 착취를 말할 수 있을 뿐이라고 믿는다.[20] 그러나 그녀는 개인들의 삶들은 너무나 달라서 그들은 분류하는 것을 저항하기 때문에 이 통상적인 것을 발견하는 것이 어려울 수 있다고 급히 덧붙인다. 그녀는 모든 여자들은 억압의 일반적인 경험을 공유하는데, 이것은 "여자들의 번창하는 것(flourishing)을 감소시키거나 혹은 부정하는, 개인적일 뿐만 아니라 또한 사회적인, 역동적인 힘들"을 가리킨다.[21] 그녀는 이 억압의 정의가 다른 여자들의 삶들에서 수많은 경험들을 충분히 설명할 수 있을 정도로 넓다고 믿는다.

조네스는 어떻게 여성주의 이론이 우리가 종교개혁의 죄와 은혜의 이해들을 다루는 것을 도울 수 있는지를 이해하는데 특히 관심을 가지고 있다. 그녀는 루터의 칭의(justification)의 신학으로부터 보기를 사용한다. 루터의 칭의의 법정 드라마 묘사의 첫 부분에서, 하나님은 그가 우주의 중심이라고 믿는 죄인의 오만한 자기주장을 "십자가에 못박는다." 자기도취적 높임은 급진적으로 도전을 받고 발가벗겨진다. 이 높아진 자기(exalted self)의 폐위가 율법의 우선적인 과업이다. 루터에 의하면 인간 변명에 더한 이 첫 번째 공격은 사람이 신성한 은혜를 받을 준비가 있기 전에 필수적이다. 자아 수축(ego deflation)은, 윌리엄 제임스가 나중에 말하듯이, 영적 여정의 첫 단계이다. 루터에게 우리가 (신성한 도움이 없이) 우리 자

---

20) Serene Jones, *Feminist Theory and Christian Theology: Cartographies of Grace* (Minneapolis: Fortress, 2000).
21) Ibid., p. 71.

신의 문제를 자랑스럽게 해결할 수 있다고 믿는 펠라기우스의 실수는 은혜를 받기 전에 폭로되어야 한다.

이 법정의 이미지에서 루터는 그 자신의 한계들에 반역하는 굳세고, 강한 의지의 사람을 가정했다. 그러나 조네스의 질문은, 거듭 다시, 이것이 여자들의 경험을 서술하는가 혹은 하지 않는가이다.

여성주의 신학이 루터의 법정 드라마에서 하나님 앞에 죄인의 위치에 이 여자를 둔다면 무엇이 발생할까? 첫째, 여성주의 이론은 이 여성이 루터의 고전적 죄인과 다른 질병 때문에 고통을 겪는다는 것을 우리가 인정하도록 돕는다. 그녀의 죄는 지나치게 엄격한 자기억제(self-containment)의 것도 아니고; 그녀의 깨어짐은 그녀의 억제의 결핍에 있고, 타인들과 관련된 그녀의 문화적 정의(cultural definition)에 달려있다. 자기의 과잉(overabundance) 대신에 하나님으로부터 그녀의 소외의 근원은 그녀의 자기정의(self-definition)의 결핍이다; 그녀는 너무 불안정하고, 그녀는 그녀를 유지시켜주고, 그녀를 껴안아주고 감싸주는 피부가 부족하다. 그녀는 그녀가 신앙 안에서 하나님과 관계를 맺는 사람이 되도록 허용하는 구조적인 경계선들이 부족하다. 이리하여 그녀는 세상에 의해 이미 실타래가 풀린, 권력에 거짓으로 새겨진 관계들에 의해 파멸된, 피고로서 루터의 법정에 들어간다. 그녀는 율법의 분노에 의해 해체되는 것이 필요한 강건한 자기감(robust sense of self)을 가지고 오는 것이 아니라, 자기의 결핍이 그녀의 감옥인, 마음의 중심이 허물어진 신하로서 온다.[22]

---

22) Jones, *Feminist Theory and Christian Theology*, pp. 62-63.

만약 이 여자가 루터의 모델을 따르기로 시도한다면, 그녀는 그녀를 억압에 저항할 수 있도록 돕는 어떤 드러나는 고집(emerging willfulness) 혹은 자기주장을 더 비난할 수 있을 것이다. 그녀는 그녀의 고통에서 수동적인 역할을 하도록 초대를 받는다. 그녀는 이 수동성이 그녀의 착취에 기여하는 바로 그것이라는 것을 잊는다.

이리하여, 프라스코, 함프슨 루더와 다른 사람들과 같이, 조네스는 서구문명에서 잘못된 모든 것들에 대해 남성의 성별(male gender)을 기소하는 것은 별로 효과가 없다고 믿는다:

> 여성주의자들은 여자들은 이 파괴적인 힘들의 희생자들일 뿐만 아니라 또한 범인들이라고 주장한다. 여성주의자들은 또한 이 파괴적인 힘들은 구조적이고 개인적인 행동들보다 더 크다고 주장하지만, 그러나 그들은 여전히 개인들은 이미 가해진 손상들과 행하지 않은 채 남겨진 선에 대해, 그리고 도전받지 않은 채 남겨진 억압적 힘들에 대해 책임을 져야한다고 고집한다. 다른 말로 하면, 여자들의 억압의 힘들을 분석할 때 사람들은 물론 구조들도 과오가 있다고 여겨야 한다.[23]

"여자들의 경험"이 서구의 남성의 자아의 오만한 지배와 가끔 관련되어 있지 않다는 사실은 여자들은 그러므로 죄로부터 자유롭다는 것을 의미하지 않는다.

---

23) Ibid., pp. 96-97.

사회적 죄 대 개인적 죄

어떤 여성주의자들은, 해방신학자들로서, 개인적 혹은 개개의 죄에 대한 어거스틴의 죄의 강조를 죄의 진정한 근원 - 우리를 둘러싸고 있는 억압적인 사회적 죄 - 으로부터 딴 데로 쏠리게 한 것으로 이해한다. 사적인 죄에 과도하게 초점을 맞춤으로써, 우리는 인간 조건과 우리가 살고 있는 사회경제적-생태학적 체계의 상호 의존성을 놓친다. 죄는 개인적인 문제보다는 오히려 더 구조적인 문제이다.

그러나 기민한 여성주의 신학자들은 사회적 구조들이 인간의 행위에 진정으로 영향을 미치고 그것을 형성하지만, 동시에 우리 각 사람은 이 사회적 구조들에 참여하고 죄를 범한다는 것을 인정한다. 우리는 이 구조들의 전진하는 힘에 조용히 기여한다. 우리의 개인적 정체성과 사회적 힘들 사이의 관계는 변증법적이다. 우리는 그것들을 집단적으로 창조하고, 그리고 그것들은, 차례로, 더욱이 우리를 구체화하고 인격을 형성시킨다. 루더는 우리가 개인적 죄와 조직적 죄(systemic sin)를 분리하려고 노력할 때 큰 실수를 저지른다고 믿는다. 대신에 그것들은 서로 얽혀있다.

죄는 항상 개인적 측면과 마찬가지로 조직적 측면을 가지고 있다. 그러나 그것은 단지 "개인적인" 것만은 아니다; 관계적이지 않은 악은 없다. 죄는 자신과의 관계를 포함하여, 관계성의 왜곡 안에 정확하게 존재한다.....조직은 개인보다 더 커기 때문에 사람은 쉽게 스스로 전적으로 무력하고, 자신의 통제를 넘어선 악마의 힘들에 포로가 되었다고 상상할 수 있다. 그러나 이 조직은 하나님 혹은 타락한 천사들이 아닌, 인간들의 창조물이다. 우리가 그것을 만들었다. 우리는 그것에 협동하면서 그것에 죄를 범한다. 그것과의 우리의 다방면에 걸친 협동이 없이, 그것은 계속 설 수 없다.[24]

남자들과 여자들이 다른 방식들로 죄를 짓도록 *생물학적으로* 강하게 고정되었다고 말하는 것에 위험이 있듯이, 마찬가지로 우리는 다르게 죄를 짓도록 *사회적으로* 결정되었다고 말하는 것에도 위험이 있다. 어떤 방식이든, 우리가 의지력의 힘 밖에 있는 요인들에 의해 결정된 운명을 단순히 산다면 자유는 상실된다. 부상하고 있는 여성주의자의 의식의 전체의 요점은 자각이 변화를 가져올 수 있다는 것과 우리는 이 역할들에 감금되어서는 안 된다는 것을 말하는 것이다. 생물학적-본질주의자의 다양성(biological-essentialist variety)의 결정주의 혹은 사회적-구성주의자의 다양성(socal-constructivist variety)의 결정주의는 그곳에 변화를 위한 희망이 있기 위해서 회피할 필요가 있다.

여자들을 에워싸는 억압적 구조들에 저항하여 선다는 것은 "교만의 경고"가 폐기될 수 있는 내적 힘을 포함할 것이다. 메리 스트워트 류벤(Mary Stewart Leeuwen)은, 그녀의 『성별과 은혜』(*Gender and Grace*)에서, 이 주제를 잘 다룬다. "여자들이 어떤 대가를 치르고라도 평화를 고집한다면 - 그들이 억압하는 악으로부터 생길 수 있는 위험과 가능한 고립을 피하는 방식으로 비정상적인 정적주

---

24) Ruether, *Sexism and God-Talk*, pp. 181-82.

의(quietism)에 안주한다면 - 그럼 그들은 성령(the Spirit)의 열매를 보이지 않을 것이다. 그들은 그의 개인적 자유를 주장하기 위해서 관계들을 압도하는 남자만큼 확실히 죄를 범한다."[25] 이리하여, 여자들이 죄의 "남성적" 번역(교만)을 피하려고 시도하는 것은 그들을 죄의 "여성적" 번역(불공평한 수용)으로 밀어 넣는다는 것을 이해하는 것이 중요하다.

결론

어거스틴-니이버의 교만의 분석의 깊이에도 불구하고, 여성주의자의 목소리들은 죄에 다른 측면이 있다고 주장한다. 그들은 교만을 지나치게 강조함으로써 어거스틴의 전통은 자기도피의 문제들을 속인다고 주장한다.

니이버 혹은 어거스틴의 전통 안에 있는 사람들은 이 비판들에 대해 무엇을 말할 수 있을까? 그들은 어거스틴의 전통을 인간 조건에 관해 완전히 잘못되었다고 비판하지 않는다는 것을 기억하라. 대신에 여성주의 신학자들은 어거스틴의 전통이 단순히 제한적이지만, 부정확한 것은 아니라고 주장한다. 그것은 여자들의 경험을 서술할 때 특히 제한되어 있다. 니이버는 그럼에도 불구하고 교단은, 심지어 자기부인에서도, 숨겨진 주제라는 그의 입장을 고수할 것인가? 그는 하나님을 불신하는 모든 형태들은 하나님-교체물의 과정을 포함하고, 이런 고로 그것은 오만한 우상숭배라고 주

---

[25] Mary Stewart Van Leeuwen, *Gender and Grace* (Downers Grove, Ill.: InterVarsity Press, 1990), p. 46.

장할 것인가? 니이버는, 심지어 자기도피의 과정에서, 우리는 하나님과 불안의 문제에 대한 우리 자신의 "해결 방법들"을 여전히 교체하고, 그리고 교만스럽게 행동할 것이라고 말할 수 있는가? 이것들은 마지막 장에서 설명될 질문들인데, 그곳에서 우리는 어거스틴의 전통의 최고의 것과 여성주의 신학자들의 중요한 통찰력들의 가능한 통합을 찾게 될 것이다.

다시 여성주의 신학은 어거스틴의 전통은 성별들의 단지 한 측면, 여성의 측면에서 부정확하다고 주장한다. 그들은 이 전통이 모두 잘못된 것이라는 가능성을 제기하지 않는다. 그러나 어거스틴의 전통이 여자들은 물론 남자들의 본래의 문제를 왜곡시킨다면 어떤 일이 발생할까? 인간의 죄와 역기능이 교만의 주제의 탓으로 돌려질 수 없다면 어떻게 될까? 과소평가된 자기의 문제가 본래적이고, 그리고 "교만 진단"이 인간 조건의 더 깊은 층들에 이르지 못한다면 어떻게 될까?

이전에 주목했듯이, 과소평가된 자기의 비어거스틴적인(non-Augustinian) 주제는 인본주의 심리학을 통해 흐른다. 칼 로저스는 아마 이 입장의 최고의 대표자이다. 사실상 로저스는 니이버의 요구를 전도시키기를 원하고, 자기멸시가 우리의 가장 기본적인 문제라는 것을 주장한다. 우리는 우리 자신들을 적당하게 수용하고 사랑하지 못한다. 우리는 지금 이 관점에 착수한다

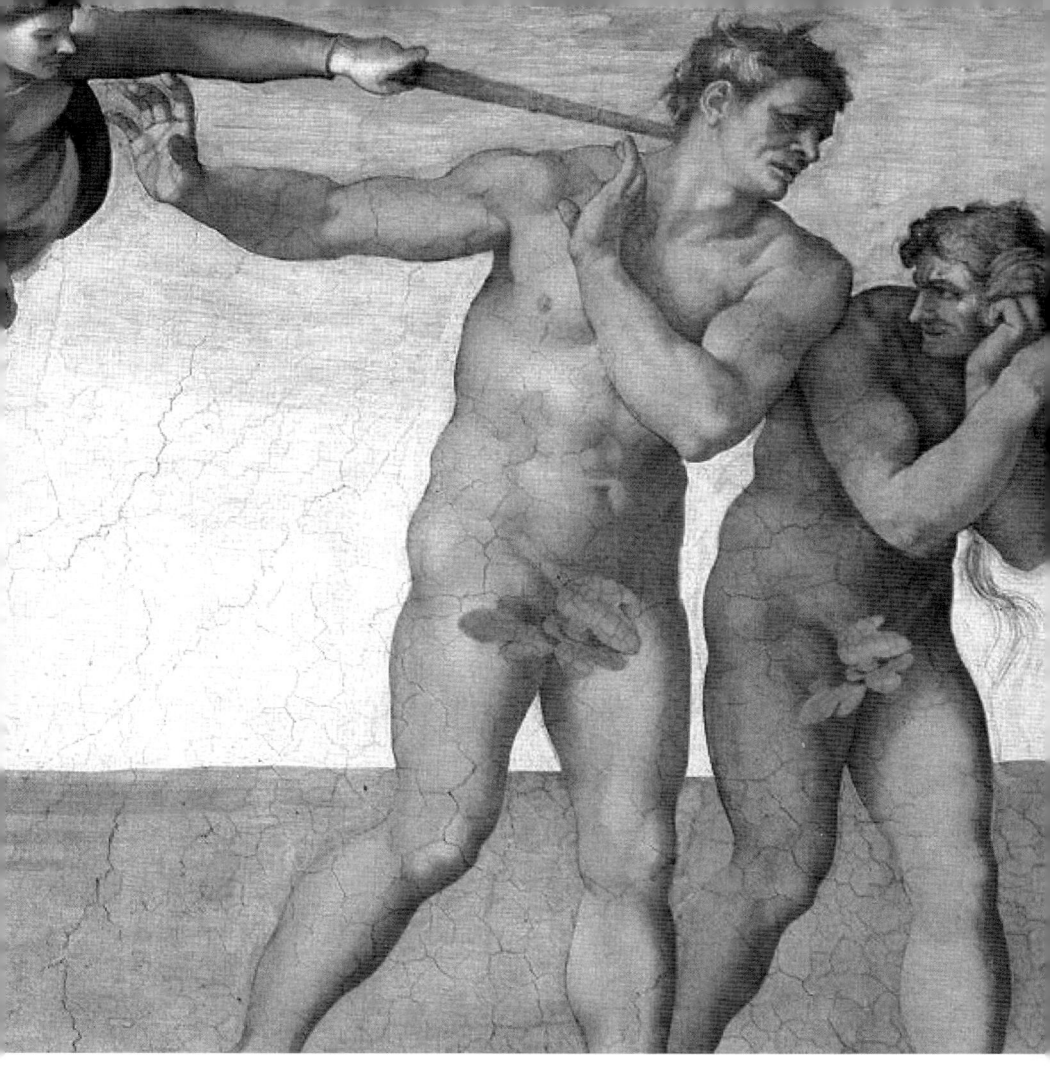

chapter 05

자기수용과
인본주의 심리학

내가 그들을 알게 되면서 사람들의 어려움의 주요한 핵심을 찾는다면, 그것은 대다수의 사례들에서 그들은 스스로 경멸하고, 자신들을 가치 없고 사랑받을 수 없다고 간주한다는 것이다.....나는 단지 사람이 개인들을 가장 피상적이거나 혹은 외부의 토대 위에서 본다면 그들은 주로 자기애(self-love)의 희생자들로서 보인다고 믿는다.

칼 로저즈

제5장
자기수용과 인본주의 심리학

인본주의 심리학들은 교만보다 우리의 본래의 문제의 다른 진단을 제안한다: 그것은 과소평가된 자기이다. 인본주의 심리학은 인간 조건에 대한 어거스틴의 전통의 오히려 어둠침침한 평가와 기꺼이 의견을 달리한다. 사실상 그것은 자주 어거스틴-니이버의 해석을 뒤집는다: 무절제한 교만에서 생겨난 파괴적인 행실 대신에, 교만은 부적절함과 가치 없음의 더 깊은 감정을 은폐하는 덮개(cover-up)이다. 다시, 교만은 결코 주요한 문제가 아니다.

인본주의 심리학은 프로이드의 비관주의는 물론 행동주의적 결정주의에 대한 반응으로서 20세기 중반에 나타났다. 병리에 대한 정신분석적 강조를 싫어했기 때문에 인본주의 심리학은 인간에 관해 불건전한 것보다 오히려 건전한 것에 초점을 두기 시작했다. 칼 로저스와 아브라함 머슬로(Abraham Maslow)는 아마 이 새로운 운동에서 두 명의 가장 중요한 지도자들이었다.

내가 이전에 암시했듯이, 인본주의 심리학은 자주 어거스틴의 교만 주제의 여성주의자의 비판보다 더 멀리 나아간다. 여성주의자의 비판은 어거스틴과 니이버가 적절하게 여자들의 경험을 서술하지 않았다고 주장하지만, 그러나 한편 칼 로저스와 같은 인본주의 심리학자들은 인간의 경험을 서술하지 않은 것에 대해 어거스틴-니이버의 전통의 흠을 찾아낸다. 로저스가 인간들이 교만으로 가득 차있다는 것을 승인하지만, 일단 우리가 더 깊은 차원에서 그들을 알게 되면, 우리는 더 복잡한 어떤 것이 계속되고 있다는 것을 발견한다. 따라서, 여성주의자들과 같이, 인본주의 심리학은 기독교 사상에서 지배적인 어거스틴-니이버의 요소를 거절한다. 그러나 그것은 "교만 모델"(pride model)은 여자들은 물론 남자들의 오해(misinterpretation)라고 주장한다. 인본주의 심리학은 인간의 유기체(organism)는 자기높임보다는 성장과 발달을 향한 기본적인 충동 혹은 경향을 가지고 있다고 주장한다. 자기실현을 향한 이 활력적인 추진력은 번영하기 위해서 단지 신뢰할 수 있는 비위협적인 분위기를 필요로 한다. 사회적 영향력들은 이 성장 원리를 왜곡하고 잘못 인도할 수 있지만, 그러나 유기체는 촉진하는 관계의 맥락에서 치유될 수 있다. 낮은 자존감은 결정적인 문제이다: 교만이 문제가 아니다.

어떤 심리학자들과 많은 신학자들에게, 이것은 전적으로 너무 많이 19세기 후반과 20세기 초반의 자유로운 낙천주의자들의 "모든 것은 개선되고 있다"의 심적 상태와 같은 소리로 들린다. 인간성의 진화적 진보의 이 순진한 개념은, 그들은 주장하기를, 두 개의 세계 전쟁들에 의해 산산이 부서졌다. 대학살(홀로코스트)의 후유증에서 어떻게 사람이 인간의 가능성에 대한 긍정적인 관점을 견지할 수 있을까? 신학에서 칼 바르트의 목소리는 20세기 초반에 폭탄과 같이 떨어졌고 그리고, 니이버와 다른 사람들과 함께, 개신교 개혁가들 안에서 인간 본성의 더 어두침침한 초상(somber portrait)으로 돌아가기 위한 무대를 만들었다. 게다가 심층심리학은 우리의 사회적 허세들 밑에 무의식적 본능들의 사악하고 파괴적인 본질을 지적했다. 어떻게 이 인본주의 심리학이 20세기에 속할 수 있는가?

그러나 아마 인본주의 심리학의 최고의 대표자, 칼 로저스는 흐름을 거슬러 올라가는데 익숙해졌다. 그는 돕는 직업들에 논쟁적이고, 심지어 혁명적인 충격을 가했다. "칼 로저스, 고요한 혁명가"라는 제목의 에세이에서, 리차드 파손(Richard Farson)은 로저스의 영향력에 관해 강한 진술을 한다:

> 그의 작업은 인간사의 거의 모든 분야를 재구축하는 것에 토대가 된다. 영향력을 끼친 분야들을 고려해보라. 그의 사상은 산업에서 민주적 혹은 참여적 관리를 위한 노력을 지지하기 위해 사용된 주요한 것들이다. 그의 이론적 공식 표기 위에서 지어지지 않은 25년 안에 단일한 조직적 발달 혹은 관리 훈련 프로그램은 아마도 없다. 그의 사상들은 학생 중심의 가르침과 배움의 길을 열었고, 학생에게 힘을 부여하려는 이 철학은 학생들의 권리 운동에 기여한다. 그의 사상은 정신의학과 돕는 직업들에서 전문주의의 비법을 일소했고, 그리고 전문가가 아닌 불규칙적인 전문가의 자원들의 발달과 이용에, 그리고 교회의 위계적 권위를 기꺼이 수용할 수 없는 비동조적 사제에게 기동력을 주었다. 그의 사상은 건강과 복지의 모든 분야들에서 자기지도와 개인적 책임감을 강조했고, 그리

고 수많은 자조그룹들을 낳는 것을 도왔다.[1]

수 십 년 동안, 심리학자들, 사회사업가들, 정신과의 간호사들, 목회상담자들, 교육지도자들과 실천적으로 돕는 직업들의 모든 분야는 로저스에 의해 크게 발달된 기술들(skills) 안에서 훈련을 받았다. 로저스의 이름이 항상 언급되지 않을지라도, 그의 사상은 "주의 깊은 경청," "공감적 이해," 그리고 "감정의 반영"과 같은 말들의 바로 핵심 속에 있다. 이 용어들은 상담과정을 지배한다. 그는 심리치료를 비의학적 개업의들(nonmedical parctitioners)에게 개방하는 것을 도운 지도적인 인물이다. 그는 그들의 학문적 필요조건들의 부분으로서 상담하는 학생들의 감독훈련에 크게 책임이 있다. "임상훈련"은 오늘날의 상담 프로그램들의 너무나 중요한 기본적인 분야이기 때문에 그것이 로저스 이전에 존재하지 않았다는 것을 잊는다는 것은 쉽다. 사람은 로저스에게 동의하지 않을 수 있고, 심지어 열정적으로 그의 사상들을 거절할 수 있지만, 그러나 돕는 직업들에서 그의 유산의 인정을 거절하는 것은 역사적으로 무책임하다. 로저스에 진 빚을 언급하지 않고 미국에서 상담과 심리치료의 역사를 언급하는 것은 스키너(B. F. Skinner)를 언급하지 않고 조건화(conditioning)의 이론들을 말하는 것과 동등하다.

처음에 사역을 준비하면서 로저스는 뉴욕에서 유니온신학교에 출석했다. 그러나 곧 그는 신학이 너무 제한되어 있고 심리학 쪽으로 옮아간 것을 발견했다. 유니온신학교에서 길을 건너 콜롬비

---

1) Richard Farson, "Carl Rogers, Quiet Revolutionary," in *Carl Rogers: The Man and His Ideas*, by Richard Evans (New York: E. P. Dutton, 1975), pp. xl-xli.

아대학교의 사범대학의 심리학과 교육학부들로의 이동은 브로드 웨이를 지난 것 이상을 상징했다. 로저스는 이 이동에 대한 그의 본래의 이유를 서술한다:

> 그 때 종교적 사역 분야를 떠날 결정을 하게 된 나의 이유는, 삶의 의미와 개인들을 위한 삶의 건설적 개선의 가능성에 대한 의문들이 나에게 깊은 관심을 가져왔을지라도, 나는 어떤 상세하게 말하는 종교적 교리를 믿도록 요구되는 분야에서 일을 할 수 없었다. 나는 내 자신의 견해가 이미 굉장하게 바뀌었고 계속해서 매우 바뀔 것 같다는 것을 깨달았다. 자신의 직업에 남기 위해서 일종의 믿음을 고백해야 한하는 것은 나에게 소름끼치는 것이었다. 나는 나의 사상의 자유가 제한될 수 없다고 확신하는 분야를 발견하기를 원했다.[2]

로저스는 그가 나중에 심리학과들의 상황에서 똑같은 형태의 기대된 일치와 지적인 경직 속으로 뛰어 들어가게 될 것을 이 때 거의 깨닫지 못했다. 그는 또한 그것들에 반감을 나타내게 될 것이다.

어거스틴의 전통이 우리를 잘못 인도하여 교만을 강조하게 되었다는 로저스의 확신을 이해하기 위해서 그의 이론의 기본적인 구조를 이해하는 것은 필수적이다.

---

[2] Carl Rogers, "Autobiography," in *A History of Psychology in Autobiography*, vol. 5, ed. E. G. Boring and G. Lindzey (New York: Appleton-Century-Crofts, 1967), pp. 354-55.

인본주의 심리학의 "복음": 실현경향성

모든 인본주의 심리학의 기초를 이루는 한 가지 주요한 요소가 있다면 그것은 소위 "실현 경향성"(actualizing tendency)을 신뢰할 수 있다는 심오한 믿음이다. 로저스는 이 실현경향성을 "유기체를 유지하거나 혹은 증진시키는 것을 돕는 방법들 안에서 유기체가 모든 능력들을 발전시키려는 타고난 경향성"으로 정의를 내린다.[3] 이것은 공기, 음식, 물, 등의 기본적인 필요들을 얻기 위해 애쓰는 것 이상을 포함한다. 그것은 외부적인 기준들에 일치하는 것에 반대하는 자율과 내적 통제를 향한 움직임을 포함한다.

이 자기실현의 뛰어난 동기이론이 이중으로 된 혹은 다수로 된 것보다, 오히려 단수로(singularly) 지향된 것이라는 것을 인정하는 것이 중요하다. 더구나 이것은 깊게 뿌리내린 생물학적 경향으로 이해된다. 기초에서부터 우리는 다수의 충동들을 가지고 있지 않고, 자기실현을 향한 단지 하나의 - 단수의 펼쳐지는 형태를 가지고 있다. 로저스는 항상 이것에 관해 매우 분명하다: "유기체는 한 가지 기본적인 경향성을 가지고 있고, 그것은 경험적인 유기체를 실현하고, 유지하고, 그리고 높이려고 애쓰는 것이다."[4] 그리고 인본주의 심리학의 매우 의미심장한 요점은 이 경향성은 자기도취적이고, 순수하게 자기흡수적인(self-absorbed) 방향을 포함하고

---

3) Carl Rogers, "A Theory of Therapy, Personality, and Interpersonal Relationships as Developed in the Client-Centered Framework," in *Psychology: A Study of a Science, vol. 3, Formulations of the Persons and the Social Context*, ed. S. Koch (New York: McGraw-Hill), p. 196.
4) Carl Rogers, *Client-Centered Therapy* (Boston: Houghton-Mifflin, 1951), p. 487.

있지 않다는 것이다. 대신에 그것은 더 큰 사교성(sociability)과 타인들에 대한 관심을 향한 움직임이다.

여기에서 만만치 않은 철학적 가정은, 우리가 수용적이고 공감적인 초대를 받는다면, 우리 각 사람은 우리 자신의 성장 여행에서 완전히 신뢰받을 수 있다는 것이다. 우리는 부가적인 격려, 찌르기(nudging) 혹은 강요를 필요로 하지 않는다. 실현경향성은 심각한 경쟁자를 가지지 않는다. 로저스는 프로이드의 죽음의 본능을 부정하는데, 프로이드는 그것이 삶의 본능을 동반한다고 믿었다. 로저스에게, 불건전 혹은 파괴의 반대하는 힘을 강요하는 어떤 것이 본질적으로 우리 안에 없다는 것이다. 실현경향성은 "자연적인" 사람의 기본적인, 단일한 성향이다. 이런 의미에서, 로저스는 악은 항상 인간의 기본적인 본성에 외부적이라고 주장하는 루소와 다른 사람들과 매우 비슷하다.[5] 유기체 내에 고유하게 있는 어떤 것도 그것을 위협하지 않는다. 순수한 유기체가 가족과 사회적 질서 내에 있는 힘들에 의해 오염되듯이, 파괴 혹은 잔인함은 외부에서 안으로 들어오는 기동력(maneuver)이다. 저 부정적인 영향력들이 유기체의 발달에 의해 어느 정도 제거될 수 있다면, 개인은, 그/녀의 자유에 의해, 건전한 방향을 일관되게 선택할 수 있다.

사람 내에 어떤 것도 파괴적일 수 있는 존재론적 불안을 불러일으킬 수 없다. 로저스는 키에르케고르에게 많은 것을 빚져 있지만, 그러나 한편 이 점에서 그는 그와 의견을 달리한다. 키에르케

---

[5] 로저스의 "번영하는 자기"(blossoming self)를 루소의 낭만주의의 계속으로 이해하는 흥미 있는 설명을 위해서, Lawrence Kohlberg, "Development as the Aim of Education," *Harvard Educational Review* 42, no. 4 (1972): 449-95를 보라.

고르에게, 니이버와 마찬가지로, 우리가 우리의 근본적인 불안을 해결하려고 시도하면 할수록 심각한 유혹은 우리 각 사람 내에서 일어나(우리의 유한성, 불안전과 자연과 영 사이의 위험한 위치 때문에) 파괴적인 행동에 가담하게 한다.[6] 로저스에게, 이 내적인 상태는 실현경향성에 심각한 위협을 제기하지 않는다. 단지 위험은 외부적이다.

거듭 다시 프로이드와 로저스의 급진적인 차이들을 여기에서 주목하는 것은 흥미롭다. 우리의 가장 기본적인 충동들이 원시적이고 위험하다고 믿기는커녕, 로저스는 우리의 타고난 성향은 우리 자신들과 마찬가지로 타인들의 최고의 이익들을 위하는 방식들 안에서 행동한다는 것을 열정적으로 주장한다. 브라우닝(Browning)은 이것을 잘 설명한다: "프로이드의 항상성(constancy)과 죽음의 모델은 성장에 타력(inertia)과 저항의 은유들에 기초하고 있는 반면에, 로저스는 진보하는 움직임, 성장과 확장의 은유들을 통해 생명, 심지어 곤란을 당하고 근심을 겪는 사람들의 생명을 본다."[7] 프로이드에게, 물론, 비합리적이고 원시적인 충동들의 직접적인 표현은 비참할 수 있다. 사회화(socialization)는 문명이 가능하기 위해 이 난폭한 본능들을 자기파괴에서부터 구출해야 한다. 로저스에게, 다른 한편으로, 실현경향성을 방해하는 것은 정확하게 일치시키려는 사회적 압력들이다. 인간 유기체의 타고난, 자연스러운 방향은 아주 신뢰할 만하다. 위험한 것은 우리의 자연적

---

[6] Søren Kierkeggard, *The Concept of Anxiety*, trans. Reidar Thomte (Princeton, N.J.: Princeton University Press, 1980).
[7] Don Browning, *Religious Thought and the Modern Psychologies* (Philadelphia: Fortress, 1987), p. 66.

상태의 표현이라기보다는 오히려, 그것의 왜곡이다. 다시 로저스의 인간성의 기술에서 "가장 깊은 특징들은 발달, 분화, 그리고 협동적 관계들을 돕는 경향이 있다."[8]

따라서 로저스의 말에 의하면, 교만은, 어거스틴의 전통이 그것을 이해한 것처럼, 우리에게 자연스러운 것이 아니다. 우리의 자연스러운 경향은 과도한 자기존중(self-regard)이 아니라 적절한 자기존중이다. 우리 자신의 실존적 불안이 자기를 높이도록 우리를 부추기지 않는다. 자기왜곡과 자기의 과소평가가 시작하는 것은 단지 적절한 자기평가(self-valuation)를 향한 이 생물학적으로 동기화된 경향성이 환경에 의해 좌절될 때이다. 우리는 가치의 외부의 조건들이 없다면 결코 우리 자신들을 과소평가하지 않을 것이다. 우리는 이 판단들을 내재화하고 낮은 자존감을 발전시킨다. 어떤 교만의 겉모습은 자기경멸(self-disdain)의 이 더 깊은 문제를 위한 단지 가면이고, 그리고 다른 사람들과 우리의 관계에서 왜곡들은 외부의 위협들로부터 나온다. 이리하여, 자기기만(self-deception)은, 로저스에게, 결코 우리 자신의 존재론적 불안에서부터 나타나지 않는다. 이 점에서, 로저스와 니이버는 완전히 일치하지 않는다.

"자연적인 선": 유기체적 가치화 과정

실현경향성과 관련되어 있기 때문에, "유기체적 가치화 과정"은 로저스의 자기의 이해에서 다른 중요한 개념이다. "가치들에

---

[8] Howard Kirschenbaum, *On Becoming Carl Rogers* (New York: Delta Books, 1979), p. 250.

현대적 접근을 위해: 성숙한 사람 안에서 가치화 과정"라는 제목의 논설에서, 그는 이 과정의 견해를 간단히 묘사한다.[9] 그는 유아는 가치들에 안정된 접근을 가지고 태워난다는 것을 아주 강하게 느낀다. 유아는 어떤 경험들은 분명하게 선호하는 반면에 다른 것들은 거절한다. 로저스는 유아의 행동의 연구를 통해 유아는 "유기체를 유지하고, 높이거나 혹은 실현하는 경험들을 선호하고, 그리고 이 목적에 이바지하지 않는 것들은 거절한다"는 것을 우리는 추론할 수 있다고 믿는다.[10] 유아의 접근은 융통성이 있고 변화하며, 그것은 경직한 체계라기보다는 과정이다.

유아의 가치화 과정에 관한 중요한 요점은 그들 자신들 내에서 그것이 일어난다는 것이다. 그들은 자신들의 유기체를 가치화 과정의 중심으로서 신뢰한다. 로저스는 설명한다:

> 우리들 중에 많은 사람들과 다르게, 그는 그가 좋아하고 싫어하는 것을 알며, 그리고 이 가치의 선택들의 기원은 엄격하게 그 자신 내에 있다. 그는 가치화 과정의 중심이고, 그 자신의 감각들에 의해 공급된 그의 선택들을 위한 증거이다. 그는 부모들이 그가 좋아해야한다고 생각하는 것에 의해, 혹은 교회가 말하는 것에 의해, 혹은 그 분야에서 가장 최근의 "전문가"의 의견에 의해, 혹은 광고하는 회사의 설득력 있는 방송 출연자들에 의해, 이 점에서 영향을 받지 않는다. 그의 유기체가 비언어적 말들로 말하는 것, - "이것은

---

9) Carl Rogers, "Toward a Modern Approach to Values: The Valuing Process in the Mature Person," in Carl Rogers and Barry Stevens, *Person to Person: The Problem of Being Human* (New York: Pocket Books, 1971).
10) Ibid., p. 6.

나에게 좋다." "저것은 나에게 나쁘다." "나는 그것을 강하게 좋아하지 않는다." - 은 그 자신의 경험하는 것에서 비롯된다. 그가 그것을 이해할 수 있다면, 그는 가치들에 대한 우리의 관심을 비웃을 것이다. 어떤 사람이 그가 좋아했고 싫어했던 것을, 무엇이 그에게 좋았고 나빴다는 것을 알지 못할 수 있을까?[11]

단계적으로, 그러나, 이 종류의 단순한 가치화(valuing)로부터 후퇴가 있다. 유아들은 어떤 행동들이 타인들로부터 책망하는 판단들을 불러온다는 것을 배우기 때문에, 그들은 자신들의 가치화의 감각을 타인들의 - 항상 엄마와 아빠의 내재화된 가치들로 바꾸기를 시작한다. 유아들은 자신들의 유기체를 신뢰하는 내적 감각을 완전히 내려놓고 자신들 밖에 평가의 소재를 둔다. 유아들은, 물론, 그들은 외부의 가치관에 따라 행동해야한다는 것을 느끼며, 그렇지 않으면 그들은 한 그룹의 한 부분이라고 느끼지 않을 것이다. 이 사랑받는다는 감각은 저 외부의 가치들을 채용하는 것에 따라 정해진다.

대부분의 사람들에게, 일단 이 내부의 가치화 과정은 상실되고 외부의 사람들의 기준에 의해 교체되면, 그것은 결코 다시 얻어지지 않는다. 수용되고 편안하고, 심지어 돌봄을 받고 있다고 느끼는 노력 안에서 우리는 외부의 가치들을 받아들인다. 로저스는 변화를 기술한다:

사랑, 승인, 존경을 얻거나 혹은 유지하려는 시도에서, 개인은 유

---
11) Ibid., p. 8.

아 때 그의 것이었던 평가의 소재를 포기하고, 그것을 타인들 안에 둔다. 그의 행동의 인도자가 되는 그 자신의 경험화(experiencing)에 대한 기본적인 불신을 가지는 것을 배운다. 그는 타인들로부터 수많은 표현된 가치들을 배우고, 그것들이 그가 경험하는 것과 넓게 모순될지라도, 그것들을 자신의 것으로 삼는다. 이 개념들이 그 자신의 가치에 기초하지 않기 때문에, 그것들은 유동적이고 변화하기보다는 고정되고 경직된 경향이 있다.[12]

성인들로서, 우리들 중에 많은 사람은 대부분의 우리의 가치들이 우리 자신이 선택한 것이 아니고 대신에 우리에게 유산으로 남겨진 것이라는 자각이 완전히 결핍된 상태로 살아간다. 많은 경우들에서, 그러나, 우리는 우리의 가치들과 경험 사이에 모순을 고통스럽게 인식한다. 가끔 외부의 근원으로부터 우리에게 주어진 경직된 절대적인 것들은 우리의 내적 삶들에 별로 의미가 없지만, 그러나 우리는 두려워서 그 외부의 기준들을 가지고 있다. 우리는 내부에서 솟아나는 가치들을 신뢰할 수 있다고 느끼지 못한다. 사실상, 이 딜레마 때문에 우리는 충돌하는 가치들 사이에서 우리 자신들이 찢어져 있는 것을 발견한다.

로저스에게 치료 회기(therapy session)는 우리가 깊게 스스로 탐색할 수 있고 우리의 내부의 가치화를 회복할 수 있는 비위협적인 분위기를 제공한다. 공감과 신뢰의 분위기에서 우리는 감히 우리의 감정대로 살 수 있고 더 많은 우리의 내적 지혜를 신뢰하게 된

---

12) Ibid., p. 9.

다. 로저스는 외부의 증거를 얻지만 그러나 자신의 가치들이 내부로부터 발전하는 것을 허용하는, 성숙한 가치화 과정을 향해 내담자가 움직이도록 돕기를 시도한다. 많은 방법들에서 성숙한 성인의 가치화 과정은 유아의 것과 비슷하지만, 그러나 성인은 그/녀의 내적인 깊은 직관들과 감정들을 알고서 신뢰한다. 로저스는 사람이 가치들의 자유로운 내부의 선택을 할 때, 자기의 최고의 이익을 위해서 뿐만 아니라 또한 사회의 더 큰 영역의 최고의 이익을 위해 선택을 하게 될 것이라고 강하게 주장한다.[13] 가장 실현할 수 있는 대안을 선택하는 우리의 능력에 대한 그의 깊은 신뢰에 관해, 로저스는 말하기를, "나는 그가 성장을 촉진시키는 분위기에 노출될 때 그와 같은 실현화시키고 사회화시키는 목표들을 좋아하는 것이 인간의 유기체의 특징이라는 것을 가정한다."[14]

불일치성과 과소평가된 자기의 출현

교만 혹은 자기높임보다는 오히려, 로저스는 인간의 딜레마는 우리의 경험화 과정(experiencing process)과 모순되게 행동하는, "불일치성"(incongruence) 주위를 맴돈다고 믿는다. 우리가 보았듯이, 원초적인 일치성의 상태에서 태어난 어린 아이들은 어른들에 의해 그들에게 부가된 가치의 조건들에 따라 살기를 시도함으로써 왜곡된 인식으로 추락한다. 이 상태의 왜곡된 인식(원죄?)으로 추락하면서 개인들은 그들의 잃어버린, 그러나 파괴되지 않은 자기

---

13) Ibid., p. 19.
14) Ibid.,

실현경향성과 다시 연결되는데 도움을 필요로 한다. 실현화를 위한 이 타고난 경향성은 다른 사람들의 기대들을 수용하려고 시도하며 자신들의 감정들을 포기함으로써 방해받는다.

이리하여, 우리는 이 가치의 조건들을 내면화하기 때문에, 우리는 우리의 경험화 과정의 완전한 범위를 수용하는 것을 거절한다. 바로 이 순간에 자기멸시는 태워난다. 우리 자신들의 부분의 외부의 거절 때문에 우리도 역시 이 부분들을 거절한다. 우리의 삶 속에서 주요한 사람들(특히 부모들)로부터 승인은 외부의 기준들과 결맞지 않는 감정들, 사고들 혹은 경험들보다 더 중요하다. 우리는 어두움에 저주받은 수용될 수 없는 차원들을 가진 채 내부적으로 나누어져 있다. 우리는 외부의 사람들이 기대하는 것을 하는 것처럼 가장할 수 있다. 이 허세부리는 과정에서, 그러나 우리는 이 이미지와 결맞지 않는 우리 자신들의 어떤 측면들을 경멸하게 될 것이다. 이리하여 내부의 멸시는 첫째로 외부의 사람들로부터 "빌린" 것이다. 일단 빌리면 그 다음 우리는 자기비하, 자기비판과 심지어 자기증오에 아주 능숙해진다. 우리는 더 이상 외부의 도움을 필요로 하지 않는다.

이 자기멸시는 매우 고통스러울 수 있다. 사실상 그것이 너무 아프기 때문에 우리는 과대함(grandiosity), 거짓된 대담성과 교만을 보이면서 그것에 가면을 씌운다. 이 교만의 과시는, 그러나, 항상 더 깊은 문제의 징후이다. 교만은 결코 본래의 진단이 아니다. 허세 밑에 불안전과 싸우고 있는 사람, 보상적이고 고양된 자기(compensatory, exalted self)를 창조하는 자기의심에 의해 미행당하는 사람이 있다.

어거스틴의 교만은, 여자들과 남자들에 대해서, 항상 종속적인 문제이지, 본래의 문제가 아니다. 주요한 문제는 자기인정(self-appreciation)의 결핍, 자기가치의 결핍이다. 어떤 경우에 자기멸시는 직접적이고 명백하다. 다른 경우에는, 그러나, 낮은 자존감은 직접적으로 그 자체를 내놓지 않는다. 그러나 교만의 연막(smoke screen)이 불어서 흩날리면, 과소평가된 자기가 보일 수 있다.

로저스와 인본주의 심리학자들에게, 우리가 우리의 경험화 과정(experiencing process)과 화해하는 것은 결정적이다. 그러나 우리의 자기멸시가 어떤 자기발견을 저주할 정도로 위협을 주기 때문에 이것은 사람을 놀라게 한다. 왜 우리는 참패당하게 될 감정들 혹은 사고들을 탐색해야 하는가?

경멸당하는 자기를 재생하기

우리의 경험의 부인당하고, 경멸당하는 차원들과 다시 연결하는 것은 자기수용을 위해 중요하다. 그러나 우리는 어떻게 이것을 할 수 있는가? 로저스는 이것은 시작부터 거기에 있을 필요가 있었던 조건들 - 공감, 무조건적 긍정적 존중과 일치성의 치료적 삼제(triad)를 재창조함으로써 성취된다고 믿는다. 이 로저스의 요인들은 방어들이 낮아질 수 있고 우리가 우리의 경험화 과정을 수용할 수 있는 비위협적인 분위기를 제공한다. 경직된 자기개념과 현실의 경험 사이의 분열은 우리가 더 통합된 전체(unified whole)가 되면서 부드러워진다. 키에르케고르를 언급하면서 로저스는 치

료의 목표는 "진정한 자기가 되는 것"이라고 자주 말한다.[15]

로저스는 변화가 발생하기 위해 필수적인 잘 발달된 핵심적인 치료적 조건들의 이론을 제공한다.[16] 이 치료적 요인들 중의 첫 번째는 공감이다. 공감은 치료사가 내담자의 경험의 "느껴진 의미"(felt meaning)를 이해하기 위해서 내담자의 내적 참조체제(internal frame of reference)에 무비판적으로 들어가는 과정이다. 공감은 내담자가 그/녀의 경험의 놀라운 세계를 탐색하도록 돕는다. 그것은 가치의 조건들, 부정 혹은 진단적 교묘함(cleverness)이 없이 내담자의 참조체제를 수용적으로 껴안는다. 내담자의 이 "내부의 의도"(interior design)의 수용은 필연적으로 치료사가 내담자의 삶 속에 있는 모든 것을 관대히 보아주거나 혹은 시인하는 것을 의미하지 않는다. 대신에 그것은 치료사가 내담자의 경험을 검열하거나, 부정하거나 혹은 최소로 평가하려는 시도가 없이 그것의 완전한 범위에 개방적인 것을 의미한다. 치료사는 공감적 과정 안에서 그/녀의 정체성을 결코 잃지 않는다.

효과적인 치료의 두 번째 핵심적 요인은 무조건적 긍정적 존중, 혹은 따뜻함, 돌봄과 내담자를 중히 여기는 태도이다. 그 요점은 내담자가 어떤 것을 수행하는 것 혹은 "행하는" 것이 없이 가치의 사람으로 수용되고 긍정된다는 것이다. 이 특성이 일관되게 발휘되기 위해서 그것은 인간의 위엄성에 관한 치료사 자신의 철학적 태도에서 나와야 한다. 그것은 단순히 고용해서 사용할 수 있는 기법이 아니다; 대신에 그것은 치료사의 사람들에 관한 가장 깊은

---

15) Carl Rogers, *On Becoming a Person* (Boston: Houghton-Mifflin, 1961), p. 166.
16) Ibid.

확신들에서 나온 산물이다.

세 번째 핵심적인 요인, 일치성은 그/녀의 경험하는 것과 접촉하고 그 과정이 관계 속에서 투명해지는 것을 허용하는 치료사의 능력을 가리킨다. 로저스는 이 일치성의 특성을 서술한다:

> 나는 인격적 성장은, 상담자가 그는 무엇인지, 그 순간에 그에게 흐르는 감정들과 태도들에 개방적이면서 그의 내담자와 관계 안에서 그가 순수하고 "안면" 혹은 외관(facade)이 없을 때, 촉진된다는 것을 가정한다. 우리는 이 조건을 서술하려고 시도하기 위해 "일치성"이란 말을 사용한다. 이 말에서 우리가 의미하는 것은 상담자가 경험하는 감정들은 그에게 유용하고, 그의 자각에 유용하며, 그리고 그는 이 감정들에 따라 살 수 있고, 관계 안에서 그것들에 충실하고, 그것이 적절하다면, 그것들을 의사소통할 수 있다는 것이다. 그것은 그가, 사람 대 사람의 기반 위에서 그의 내담자를 만나면서 그와 함께 직접적이고 인격적인 만남에 들어가는 것을 의미한다.[17]

이 순수성의 특성은 전염되는 경향이 있다. 다르게 말해서, 일치성은 일치성을 초대한다. 내담자는 치료사가 관계에서 기꺼이 진실하다는 것을 안다면 아마 내담자도 역시 마음을 개방할 각오를 한다.

치료적 삼제의 의미를 위한 증거는 매우 잘 연구되어왔다.[18]

---

17) Ibid., p. 87.
18) Godfrey T. Barrett-Lennard, *Carl Rogers' Helping System: Journey and Substance*

사실상 심리치료의 다른 체계들과 비교해보면 내담자 중심 치료의 연구가 가장 인상적이다. 심지어 1957년에 카트라이트(D. S. Cartwright)는 로저스의 체계 위에서 행해진 백 개의 연구들에 대해 보고했다.[19] 이들 중에 많은 것들이 박사 논문들이었다. 1940년 만큼 초기에 로저스는 그의 회기들을 위해서 전자녹음을 사용했다. 이것은 테이프 녹음들이 심지어 창조되기 전이었다! 이 과정에서 어떤 사람도 로저스만큼 치료 회기에서 진행된 것들을 비신비화하기(demystify) 위해 많은 것을 행한 사람도 없다. 로저스 이전에, 치료사 회상록들은 사례를 기억하기 위해 사용되었고, 치료는 대개 신비 안에서 흐려졌다. 로저스는 치료의 과정을 조사에 개방하기를 원했다. 분명하게 그는 많은 용기가 요구되는 방식으로 그 자신의 이론과 치료를 눈높이에 맞춘다.

칼 로저스를 "신학적으로 생각하기"?

내가 이미 언급했듯이, 로저스의 이론의 많은 신학적 평가들은 19세기의 진보주의로부터 천진난만하고, 명백하게 낙천적인 이월(holdover)을 고려하는 것에 비판적이다.[20] 그들은 로저스를 지나

(London: Sage Publications, 1998), 특히 12장, 13장과 14장을 보라. 바레트-랜나드의 책은 아마 로저스의 가장 포괄적인 연구를 위해 유용한 책이다.
19) Ibid.
20) 이 관점들은 그들의 비판의 강도 안에서 변한다. James A. Oakland, "Self-Actualization and Sanctification," *Journal of Psychology and Theology* 2 (1974): 202-9; Harry Van Belle, *Basic Intent and Therapeutic Approach of Carl R. Rogers* (Toronto: Wedge Publishing, 1980); Robert C. Roberts, "Carl Rogers and the Christian Values," *Journal of Psychology and Theology* 13 (1985): 263-73; Doreen Dodgen and Mark R. McMinn, "Humanistic Psychology and Christian Thought: A Comparative Analysis," *Journal of Psychology and Theology* 14, no. 3 (1986): 194-202; 그리고, 물

친 낙천가(Pollyanna)로, 인간의 악의 문제를 정통으로 직면하지 않는 사람으로 이해한다.[21] 신학적으로 말해서, 그는 죄의 부적절한 교리를 가진다.

어거스틴의 신학적 전통은 로저스가 자기높임의 위험들을 보지 못한 것을 비난한다. 로저스는 죄에 대한 인간의 능력을 최소로 평가하기 때문에 그는 인간의 잠재력의 명백하게 낙관적인 견해를 가지고 있다. 로저스는 사람들이 거듭 다시 "자신들을 믿는" 것을 필요로 하고 있다고 주장한다; 어거스틴의 사상을 따르는 사람들은, 하나님을 제쳐놓고, 그들 자신 속에 있는 이 과도한 믿음이 첫째로 그들을 고통에 빠트리는 것이라고 주장한다.

로저스 자신은 유니온신학교를 떠난 후에 명백한 신학적 반성을 제공하지 않는다. 사실상 신학적 질문들에 대한 그의 관심은 완전히 심리학적 질문들로 바뀐 것 같다. 사역과의 단절은 그의 가족의 종교와 초기의 단절만큼 날카롭고 분명하다. 그것은 로저스가 그의 어린 시절과 청소년기의 근본주의를 단순히 거절했다는 것은 아니다. 그는 유니온신학교에서 미국에서 가장 진보적인 신학적 사상들에 결국 노출되었다. 그는 그에게 그 자신의 배경을 다시 생각하도록 더 관대하고 진보적인 많은 방법들을 제공한, 해리 에머슨 포스딕(Harry Emerson Forsdick)과 같은 사람들과 함께 앉아서 과목들을 들었다. 이리하여 로저스가 신학에서 그의 초점을

론, Paul Vitz, *Psychology as Religion: The Cult of Self-Worship* (Grand Rapids, Mich.: Eerdmans, 1994)을 보라.
21) 이 로저스의 부정적인 견해들은 Thomas C. Oden, *Kerygma and Counseling* (Philadelphia: Westminster Press, 1966); 그리고 Don Browning, *Atonement and Psychotherapy* (Philadelphia: Westminster Press, 1966)에 의해 도전을 받는다.

심리학으로 바꾸었을 때 그는 자유주의적이며 마찬가지로 보수적인 종교적 사상에서부터 얼굴을 돌렸다. 단순하게 말해서, 그가 유니온에서 관대한 분위기에 편안할 수 없다면, 그가 어떤 신학적 분위기에서도 편안을 느끼지 못했을 것은 분명하다.

많은 신학자들의 오해들에도 불구하고, 토마스 오든(Thomas Oden)은, 특히 그의 초기의 저술에서, 로저스의 구조로부터 현실적으로 "신학적으로 생각하는"(theologize) 것이 아주 가능하다고 주장한다.[22] 더욱이 오든은 로저스 자신이 기독교 전통과 유사한 수용에 관한 암묵적(implicit) 존재론적 가정의 기초 위에서 영향을 미친다고 주장한다.[23]

오든은 로저스와 함께 우리 모두는 용납받기 어려움(unacceptability)의 감정들과 강력하게 싸우고 있다는 것에 동의한다. 일단 내면화된 수치심 혹은 용납받기 어려움이 우리 안에서 일어나면 우리는 스스로 그것을 제거할 수 없다. 우리는 괜찮다고 선언하는 것을 유아론적으로 결정할 수 없다. 결국 문제가 되는 것은 우리 자신의 의견이며, 따라서 왜 우리는 우리 자신들을 믿어야 하는가? 우리가 시험 중에 있는 바로 그 사람들일 때 자기증언은 별로 의미가 없다.

따라서 우리는 무엇을 필요로 하는가? 우리는 우리의 참조체제(frame of reference)에 무비판적으로 들어올 수 있고, 우리에게 우리의 용납됨(acceptability)을 중재할 수 있는 다른 사람의 수용적인 이해를 필요로 한다. 오든은 이것이 은혜의 행동이라고 믿는다. 왜

---

22) Oden, *Kerygma and Counseling*.
23) Ibid.

그런가? 그 이유는 수용적인 치료사는 단지 그/녀가, 치료사로서, 우리를 용납한다는 것을 전달하지 않기 때문이다. 또한 수용적인 치료사는, 사회의 대표자로서, 공동체가 우리를 용납한다고 말하지도 않는다. 아니, 치료사는 그것보다 훨씬 더 강력한 것을 말한다. 치료사는 우리가 용납될 수 있다고 실제적으로 말한다 - 이것이 전부이다! 우리는, 단지 치료사에게 그리고 단지 공동체에게 용납될 수 있는 것이 아니라, 생명 그 자체에 용납될 수 있다. 우리의 본질은 용납될 수 있다.

이것은 실재(reality) 자체의 본질에 관한 존재론적 메시지이다. 이것은 단지 인간학적 혹은 인본주의적 가정일 뿐만 아니라 또한 존재의 본질에 관한 무언의 신학적 가정이다. 치료사는 경험적 조사 혹은 합리적 연역의 결과로서 이 믿음에 도달하지 않는다. 치료를 가능하게 만드는 것은, 단순히 말해서, 가정이며, 철학적 전제이며, 첫 번째 원리이다. 그것은 시작부터 가정되어야 한다. 바로 생명의 근원이신 분(Source)은 우리를 용납한다. 우리에게 우리가 흠이 있고, 결함이 있거나 용납될 수 없다고 말하는 어떤 것도 진리를 말하지 않는다.

치료사는 그/녀가 신학자처럼, 암묵적으로, 말하고 있다는 생각을 가지지 않을 수 있다. 그러나 오든에게, 치료사가 바로 실재의 구조들에 관한 메시지를 중재하는 한, 그/녀는 은혜의 중재자가 될 수 있다. 그리고 내담자가 용납됨의 이 메시지를 껴안는 한, 심지어 명시적인 종교적 언어의 한 말도 말하지 않을 때에도, 내담자는 하나님의 은혜를 경험한다. 나중에 내담자는 이 만남의 더 큰 우주적 의미를 깨닫게 될 것이다. 그러나 하나님의 이름은 하나님의 은혜가 경험되기 위해 사용될 필요가 없을 수도 있다.

단 브라우닝(Don Browning)의 중요한 초기의 저술, 『속죄와 심리치료』(Atonement and Psychotherapy)는 치료사가 치료사와 내담자 사이에 진행되고 있는 것보다 더 큰 수용의 실재를 어떻게 가리킬 수 있는가를 또한 강조한다. 그는 "내담자는 치료사에게 뿐만 아니라 또한 초월적인 힘에 진실로 수용될 수 있다는 사실을 치료사의 공감적 수용은 선언하고, 선포하고 증언하고," 그리고 "내담자는 그가 단지 치료사에게 용납될 수 있다는 것을 느끼게 되는 것이 아니라, 그가 존재론적 의미에서 용납될 수 있다는 사실을 수용하게 된다"고 진술한다.[24] 브라우닝은 치료를 성공적으로 만드는 것은 이 "의미의 넓은 문맥"이라는 것을 알아챈다. "성공적인 치료는 내담자가 치료사와 함께 가지고 있는 경험의 일반화(generalization)에 의존한다. 치료사가 이 큰 구조를 결코 명명할 수 없다는 사실은 그의 태도가 그것을 내포하고 있다는 사실을 부정하지 않는다."[25] 이리하여 수용을 가진 가장 강력한 만남들은 치료사의 사무실에서 일어날 수 있다. 신성한 현존도 가끔 고요히 남몰래 작용한다. 로저스 혹은 무조건적 수용을 전달하는 다른 사람도 하나님의 수용적인 실재의 대표자(목사?)로서 활동한다. 암묵적으로 로저스는 그 근원이 경험적 세계 너머에 있는 수용의 메시지를 전달한다. 그는 존재론적 수용을 중재한다.

오든은 이 "수용하는 실재"가 그 자체를 우리에게 알려주지 않는다면, 그러나, 우리는 우리가 존재론적으로 용납될 수 있다는

---

24) Don Browning, *Atonement and Psychotherapy*, pp. 150-51.
25) Ibid.

것을 결코 진정으로 알 수 없다는 것을 지적한다. 기독교 선언은 이 수용하는 실재가 역사적 사건 안에서 그 자체를 우리에게 알렸다는 것을 선언한다. 다른 말로 하면, 세속적인 심리치료 안에 이 희미한 가정은 복음의 선포이며, 하나님이 우리의 왜곡된 존재 한 가운데서 우리를 중히 여긴다는 선언이다. 설교의 목적은 우리가 이미 서있는 곳에서 상황의 실재의 자각을 우리에게 가져온다는 것이다. 우리가 우리의 인간 조건에 관해 무엇을 생각하거나 혹은 느끼는가에 관계없이, 우리는 하나님에 의해 이미 사랑받고 용납된다. 칼 바르트를 따라서, 오든은 우리가 수용된 사람들로서 "있는 그대로 우리가 되어야" 한다는 것을 복음이 선포한다고 생각한다.[26] 사실상 죄는 우리가 진정으로 누구인가를 알지 못하는 실패이고, 우리가 하나님의 용납된 자녀들이라는 자각 밖에서 우리가 살고 있는 것처럼 우리의 진정한 정체성을 수용하지 못하는 거절이다. 오든은 죄는, 어떤 것보다, 거짓을 산다는 것이라고 주장한다.[27] 그는 복음의 메시지가 어떻게 이 거짓에게 도전하는가를 서술한다:

> 상담의 암묵적 기초인 하나님이 우리와 함께, 우리를 위해서 있다는 좋은 소식, 임마누엘은 설교의 명시적인 기초이다: 당신은 당신이 그것을 수용하든 혹은 하지 안 든, 당신 자신의 주도권에 의해서 수용된 것이 아니고, 당신의 용납됨을 수용하도록 부름을 받았

---

26) Oden, *Kerygma and Counseling*.
27) 이 주제의 더 완전한 발달을 위해서, Karl Barth, *Church Dogmatics*, 3/4 그리고 4/1 (Edinburgh: T & T Clark, 1961, 1956)을 보라.

다. 당신은 당신의 선택을 받아들이고 그것을 긍정하거나 혹은 하지 안 든, 하나님의 사랑에 의해 선택받았다. 당신이 당신의 유산을 얼마나 취해서 먼 나라로 도망을 간다할지라도 당신은 아버지의 아들이다.[28]

이리하여, 오든에게, 인간의 존재론적 신분은 심지어 우리가 이 자각으로부터 멀리 떨어져 산다고 할지라도 용서를 받는다. 그러므로 오든은 보편적 선택(우리 각 사람의 하나님의 무조건적 수용)과 보편적 구원(그 실재의 우리의 사용)을 구별한다.[29] 많은 인간들이 마치 우리가 용서받지 못한 것처럼 산다는 것이 비극이다. 그 다음 우리들 중에 많은 사람들은 우리가 용납되었다는 것을 자각하지 못하고 우리 자신의 조건에 낯선 사람들이다.

오든에게 흥미로운 점은 고백은 용서를 받기 위한 필요조건이 아니라는 것이다. 하나님의 용서는 논리적으로는 물론 심리적으로도 고백하거나 혹은 회개하는 우리의 능력을 배제한다. "사람들이 그들의 독선적인 방어들을 내려놓는 자유를 발견하고 그들의 이웃들과 책임 있는 언약(covenant) 관계에 자유롭게 들어가는 것은 무조건적 용서가 중재되는 순수한 수용의 공동체 가운데서만 가능하다."[30] 오든은 "우리가 신성한 용서의 무조건적 보편적 범위에 대한 성경적 증언을 체계적인 눈가리개들(blinders)을 끼고 읽고, 하나님의 용서는 우리의 그것의 수용에 전적으로 달려있

---

28) Oden, *Kerygma and Counseling*, p. 26.
29) Oden, *Structure of Awareness*, p. 104.
30) Oden, *Structure of Awareness*, p. 117.

다고 암묵적으로 가정하기 때문에" 회개를 선행하는 이 용서의 긍정은 우리를 놀라게 한다고 암시한다.[31] 이 점은 심리치료에 중요한 것이다. 내담자들이 감히 내부를 바라볼 수 있는 것은 그들이 스스로 용납된 것을 발견할 때이다. 은혜는 내적 성찰의 전조(forerunner)이다. 미리 확신이 없이 내부로의 여정(journey with)은 단순히 너무 놀라게 한다. 모든 치료사들은 내담자들이 내부가 안전하다는 것을 그들이 알 때 자신들의 내부를 깊이 탐구할 것이라는 것을 안다. 그렇지 않으면 발견들은 (사람을) 황폐하게 할 것이다. 수용은 내부의 여정의 연료를 공급하는 것을 돕는다.

"칼 로저스의 신학"이란 이름을 가진, 『케리그마와 상담』(Kerygma and Counseling)의 매혹적인 장에서, 오든은 로저스의 사상에서 숨겨진 신학적 주제들의 냄새를 풍기려고 시도한다.[32] 그는 만약 신학이란 우리가 "인간의 곤경, 구속과 확실성을 일관되게 말하는 사려 깊은 체계적인 시도라는 것을 의미한다면, 칼 로저스의 치료적 사역은, 비록 그가 하나님에 관해 정식으로 별로 말하지 않을지라도, 깊은 신학적 관심들을 가진다"고 말한다.[33] 오든의 과업은 로저스의 심리학적 용어들을 신학적인 용어들로 단순히 번역하는 것이 아니고, 로저스는 이미 신학자로서 기능하고 있다는 것을, 암묵적 차원에서, 보여주는 것이다. 오든은 (a) 인간의 곤경, (b) 그 곤경으로부터 구원을 위한 구속적 가능성들, 그리고 (c) 그 구속의 새로운 실재 안에서 성장을 계속하는 방법의 세 겹의 구조로부터

---

31) Ibid., p. 117.
32) Oden, *Kerygma and Counseling*, chap. 3.
33) Ibid., p. 83.

로저스를 조사한다.³⁴⁾ 그는 이 구조는 죄, 은혜와 확실성의 전통적인 신학적 배열과 일치하고, 심리학적 용어들에 단순한 신학적인 겉 장식을 공급하지 않지만, 그러나 로저스가 그것을 인정하든 혹은 하지 안 든, 신학자로 이미 기능하고 있다는 것을 믿는다.

흥미롭게도, 로저스가 사역의 세계를 공식적으로 떠났을지라도 그는 목회상담의 분야에 거대한 충격을 주었다. 목회상담 문헌을 조사하면서 오든은 수많은 참고들을 환산하여 볼 때 로저스는 단지 프로이드 다음이었다는 것을 발견했다.³⁵⁾ 오든이 우리에게 상기시켜 주듯이, "사람이 그의 직업적 봉사의 전체의 경력의 방향을 진지하게 바라본다면, 무시될 수 없는 그의 전적인 공감적 태도 밑에 의심할 여지가 없이 기독교 헌신의 깊은 토양이 있다."³⁶⁾

우리가 인간의 "원초적인 조건"을 가지고 시작해보자. 오든은 로저스가 인간의 선함(imago Dei)과 마찬가지로 인간의 타락과 소외(죄)의 강한 "교리"를 가지고 있다고 주장한다.³⁷⁾ 로저스에게, 우리가 보았듯이, 인간의 유아는 허위, 자기기만과 자기소외의 완전한 결핍을 가지고 일치성의 상태에서 세상에 들어간다. 유아 내에서 행동과 진행하고 있는 것 사이에 부드러운 계속성이 있다. 경험은 불안한 방어들에 의해 왜곡되지 않는다. 유아에 관해 순수성(genuineness)의 천진난만한 특성이 있다. 이것은 에덴의 상징적 정

---

34) Ibid., p. 84.
35) Thomas Oden, *Care of Souls in the Classical Tradition* (Philadelphia: Westminster Press, 1884), p. 31
36) Oden, *Kerygma and Counseling*, . 85.
37) Ibid., p. 90.

원이다. 이것은 어떤 형태의 자기소외 이전의 세계이다. 여기에서 좋은 삶의 완전한 가능성들은 현존한다. 오든은 그것을 이런 방식으로 설명한다:

> 로저스는, 물론, 인간의 최초의 조건 혹은 확실한 자기실현의 목적으로서 하나님의 의지와 같은 견해를 가지고 있지 않을지라도, 그럼에도 불구하고 자기실현경향성의 불가침성에 대한 그의 공감적 주장은 확실성을 향한 인간 안의 끈질긴 충동을 말하는 세속화된 방법으로 이해될 수 있고, 그리고, 차이들에도 불구하고, *하나님의 형상*(imago Dei)의 불가침성과 유사한 방법으로 이해될 수 있다.[38]

그 다음 에덴은 가능성이 충만한 이 발달적 조건이다. 가치의 조건들과 타락한 세계 혹은 불일치성이 틀림없이 따른다고 할지라도 이것은 순결과 선함의 상태이다. 그렇다면 무엇이 발생하는가?

로저스의 "타락"은 발달적인 것이다. 우리가 보았듯이, 유기체적 가치화의 가능성들을 완전히 갖춘 유아는 외부의 "가치의 조건들"을 결국 직면하게 된다. 이 불행하고 피할 수 없는 과정은 우리 자신의 경험이 왜곡되는 그와 같은 방식으로 외부의 가치들의 내사(introjection)를 포함한다. 자기는 그 자체의 경험화 과정(experiencing process)의 접촉을 잃기 시작하고 수많은 자신의 감정들에 "낯선 사람들"이 된다.

---

38) Ibid., p. 90.

오든은 이 과정을 "사람이 순수한 상황의 에덴을 떠나도록 강요당하는, 유기체적 경험화로부터의 타락... 그리고 자기됨(selfhood)과 경험 사이에 단절이 있는, 불일치성의 동떨어진 땅으로 내던져지는 것"이라고 말한다.[39] 이전에 그/녀 자신의 유기체적 가치화 과정을 신뢰했던 아이는 지금 자기불신(self-distrust)을 발전시킨다.

가끔, 타인들이 수용할 것이라고 우리가 생각하는 것에 기초한 경직한 자기개념은 우리가 진정으로 생각하고, 느끼고 그리고 지각하는 것과는 관계없이 작용한다. 우리는 우리가 원하고, 필요로 하고, 평가하거나 혹은 심지어 사랑하는 것을 더 이상 알지 못한다는 점에서 우리는 "우리 자신들"을 잃는다. 우리는 더 이상 우리 자신들을 아주 문자적으로 모른다. 저 창조적이고 신뢰할 만한 실현경향성은 포기되고, 우리는 왜곡된 인식의 상태에서 산다. 우리의 자기의 이미지와 우리의 현실의 경험은 서로 다툰다.

불일치성은 자기정당화(self-justification)의 끝없는 시도들 안에 우리를 포함시킨다. 우리는 우리에게 합법을 승인할 수 있는 가치의 특별한 조건들을 충족시키려고 시도하는 것에 몰두하게 된다. 브라우닝은 불일치성은 자기를 가치 있고 수용될 수 있게 만들기 위한 자기의 노력들에서 생긴다고 말하면서, 이 정당화의 주제를 자세하게 설명한다. "그의 존재가 어떤 조건들 아래서만 정당화된다는 것을 믿는 것은 불일치한 사람의 특징이다... 자신의 가치의 조건들을 통해 자신을 정당화하려는 이 시도는 항상 유한하고 상대

---

[39] Ibid., p. 90-91.

적인 것을 절대화하려는 문제이다."⁴⁰⁾ 가치의 특별한 조건들을 절대화하는 것은 항상 우상숭배가 된다. 우리는 정당화를 구하는 것은 신에 의해서이다. 헛되이 우리는 우리가 거절당했다고 느끼게 하는 유한한 신 앞에서 수용을 발견하려고 시도한다.

로저스는 또한 신학자들이 전통적으로 "의지의 굴레"라고 불렀던 것을 묘사했다. 그는 자기소외의 가장 어려운 양상들 중의 하나는 우리가 소외되었다는 것을 심지어 깨닫지 못한다는 것을 인정한다. 거짓 자기를 보호하기 위해 세워진 많은 방어들을 가지고 행동하면서, 우리는 우리의 딜레마의 가혹함에 관해 어두움의 상태에서 산다. 신학적으로 말해서, 죄는 그 자체의 발견을 방해한다. 경직하고 고집이 센 자기는 현실의 경험을 방해한다. 방어들은 우리가 진정으로 느끼는 것이 진정한 것이 아니라는 것을 우리에게 교활하게 확신시킨다. 이 자기소외의 상태에서 우리는 자기와 타인들에게 악한 것들을 행한다. 로저스는 그의 입장을 퉁명스럽게 진술한다: "나는 이것에 대해 오해당하는 것을 원하지 않는다. 나는 인간 본성의 지나친 낙천가의 견해를 가지고 있지 않다. 나는 방어와 내적 두려움에서 개인들은 믿을 수 없을 정도로 잔인하고, 지독하게 파괴적이고, 미숙하고, 퇴행적이고, 반사회적이고, 해로운 방식들로 행동할 수 있고, 행동한다는 것을 아주 잘 안다."⁴¹⁾

자기정당화에 끝없고 보람 없는 시도들은 이 둘레의 한 부분이다. 급히 빠져버리는 모래 속에 있는 사람과 같이, 우리가 수용을

---

40) Browning, *Atonement and Psychotherapy*, p. 108.
41) Rogers, *On Becoming a Person*, p. 27.

결정적인 것이 되도록 시도하면 할수록 우리는 더 깊게 자기의심과 자기소외로 빠져 들어간다. 우리의 자기개념과 우리의 현실의 경험 사이의 간격을 인정하는 것은 거대한 불안을 생산한다. 결국 우리는 우리가 스스로 지각하는 방식을 바꾸어야 하는 위험에 놓일 수 있다. 그것은 너무 위협적이다. 결과적으로 내부의 폭력은 "위험한" 감정들 혹은 경험들이 제거되면서 행해진다. 자기에 대한 이 내부의 폭력에 익숙해지기 때문에 타인들에게 폭력적이 되는 것은 훨씬 더 쉽다. 우리의 자기정의(self-definition)를 바꾸려는 가능성에 관해 불안하기 때문에, 우리의 방어들은 우리의 불일치성을 강화하고, 우리는 우리 자신들에게 계속해서 낯선 사람들이 된다. 오든은 불일치성과 죄의 관계를 서술한다:

> 죄(신약성경에서 *hamartia*)가 자신의 확실한 자기의 목표를 놓친 것을 의미한다면, 확실히 로저스의 불일치성의 역동성의 분석은 죄의 교리의 풍부한 설명과 신선한 재진술을 구성한다. 물론 인간의 자기소외가 그의 존재의 근거로부터 소외로서 더 깊이 해석된다고 주장하는 더 넓은 기독교적 해석은 결핍되어 있다. 로저스가 이 내용들에 대해 별로 말하지 않을지라도, 그의 인간의 곤경의 분석은 그와 같은 자세한 설명을 배제하지 않고, 그리고 사실상 그와 같은 분석을 초대한다고 주장할 수 있다. 물론 로저스는, 좋은 이유를 들어, 인간의 곤경의 도덕주의적 희석에 소용이 되는 죄와 같은 용어들을 피하지만, 그러나 인간의 궁지의 심층의 차원은 이로 인해 그의 치료의 이론에서 감소되지 않는다.[42]

---

42) Oden, *Kerygma and Counseling*, pp. 94-95.

이리하여 로저스의 불일치성의 발달적이고 현상학적 기술은 그 근원이 되는 분(Source)과 관련하여 인간의 조건의 존재론적 토론에 이른다.

그렇다면 무엇이 이 굴레에서 빠져나오는 방법인가? 우리는 정당화에 이 자기몰입적 시도에서부터 어떻게 구원을 발견하는가? 로저스에게 우리는 스스로 수용을 승인하는 능력을 가지고 있지 않다. 이것은 우리가 우리 자신의 힘으로 달성할 수 있는 것은 아니다. 분열된 관계는 자기와의 소외를 가져왔고; 치유된 관계는 우리의 회복에 본질적이다. 이 점에서 로저스는 확실하게 세속적인 구원의 독자적인 형태를 제공하지 않는다. 우리는 우리 자신의 영혼의 심층에서 존재론적 수용을 끌어낼 수 없다. 이미 주목했듯이 깊은 부적절감이 우리를 기소하고 우리를 시험 중에 둔다면, 우리를 위한 우리 자신의 증언은 충분하지 않다. 아무튼 우리의 수용은 다른 사람과 인간간의 깊은 관계에서부터 중재되고, 반영되어야 한다.

다른 사람에게 수용을 중재하는 것은 우리가 다른 사람의 내부의 참조체제(internal frame of reference)에 들어가는 것을 요구한다. 이것은 다른 사람의 경험과 의미의 사적인 세계에 조심스러운 여행을 포함한다. 수용의 순수한 중재자들은 그들의 내부의 풍경에 타인들과 함께 기꺼이 서야 한다. 괴상하고, 수치스럽고, 무섭고, 악하거나 혹은 당황스러운 것 같은 감정들은 인지되고 인정되어야 한다. 오든이 그것을 말하듯이, 수용의 중재자는 "지옥으로 어떤 하강, 소외된 사람의 내부의 충돌의 지옥, 텅 빈 상태(kenosis),

그의 인간 형제의 고통의 구체화된 참여에 개입한다."⁴³⁾

바르트의 신앙의 유추(analogy)를 사용하면서, 오든은 우리의 왜곡된 인식의 세계로 하나님의 공감적 들어감(entry)의 렌즈(lens)를 통해 이 인간간의 과정(interpersonal process)을 읽는다(성육신). 우리의 수용의 이 우주적인 선언은 치유의 인간간의 과정을 조명한다. 이 방식이 이해되면, 우리의 용납됨의 창조자는 치료사 혹은 무비판적인 친구가 아니다. 치료사 혹은 친구는 바로 실재의 구조로 지어진, 존재론적인 실재를 단지 반영할 뿐이다. 하나님은 우리의 가치 왜곡, 소외와 굴레의 와중에도 무조건적으로 우리를 사랑하고, 준중하고, 귀히 여기기 위해 선택한다. 그리스도 안에서 하나님의 활동에 궁극적으로 근거한 이 수용이 이 곤경으로부터 우리를 해방시키는 것이다. 치료사 혹은 친구는 우리가 이미 서있는 실재를 가리킨다. 이리하여 신앙의 유추는 이 인간간의 과정을 익명의 은혜(grace incognito)로 본다:

> 이리하여 로저스의 신학의 중심에 강한 구원론이 서 있는데, 그것은 어떤 조건들이 현존할 때 인간의 곤경의 해결은 일어나거나 혹은 적어도 일어날 수 있다고 주장한다. 치료는 이 조건들의 선포에 있지 않지만, 그러나 자기답게 되기 위해 자기를 자유롭게 하는 관계를 통해서 그것들의 구체적인 중재로 이루어진다......이 관계에서 수용의 실재는 불안하고 방어적인 개인에게 투명하게 진정으로 전달되어야 한다. 일치성이 있는 이웃이 따뜻함, 흥미, 존경, 돌봄, 관심과 이해의 태도를 중재하며, 그 자체가 드러난 개인의 자

---

43) Ibid., p. 95

기표현과 의식의 변동이 있는 각 국면을 무조건적으로 귀히 여기면서, 판단 혹은 평가가 없이 파편화된 인간의 사적인 세계에 한동안 머물 수 있을 때만, 그 다음 인간 소외의 악마적인 힘은 깨어진다.44)

오든은 이 구원하는 사건의 중재가 단지 하나의 개념이 결코 아니라는 것을 급히 지적한다. 우리의 수용의 사상은 그것이 우리가 실제로 그것을 경험하는 관계 안에서 구체적으로 구현될 때까지 치유하지 않는다. 우리를 수용하는 어떤 종류의 외부의 실재가 있다는 단순한 사고는 우리의 삶 속에 있는 소리들을 거절하는 공격과 싸우기에 충분하지 않다. 대신에 이 수용은 단지 머리에서 나온 사고가 아니라, 배에서 경험되어야 한다.

소외된 사람이 치료사 혹은 친구에 의해 마련된 이 수용의 존재론적 말을 받기 때문에, 그/녀는 진실한 자기와 거짓된 자기 사이의 모순들을 자유롭게 인정한다. 결점들은 거절의 부서지는 감정이 없이도 인정될 수 있다. 수용의 배경은 사람이 더 깊이 내부를 바라보도록 한다. 발견된 것이 무엇이든, 소외된 사람이 수용의 해방시키는 메시지를 *경험했기* 때문에 훨씬 덜 방어적이 될 필요가 있다. 전체의 자기는 더 이상 시험 가운데 있지 않다. 수용의 판결이 이미 안에 있기 때문에 개인은 경직한 방어에서 자란 황폐케 하는 자기몰입이 없이 삶을 살아갈 수 있다. 아래에 안전망이 있다는 지식을 가지고 팽팽하게 맨 줄을 걷는 사람들과 같

---

44) Ibid., p. 97-98.

이, 우리는 치명적인 실수를 만드는 마비시키는 불안으로부터 자유롭게 되었다. 완전히 느낄 수 있는 경험과 감정들이 필연적으로 그것에 따라 행동하지 않고도 수용될 수 있다. 자기수용은 수용되었다는 결과로서 뒤를 잇는다. 우리는 우리가 사랑받기 때문에 사랑할 수 있다. 신학적으로 말해서, 이것은 은혜 혹은 성화 안에 성장의 경험이다. 성화의 목표는 완전(perfection)이다; 로저스에게 성장의 목표는 충분히 기능하는 사람(fully functioning person)이다. 두 경우에서 이것들은 정적인 상태들이기보다는 진전하는 과정들이다. 더구나 전통적인 기독교 신학과 같이, "로저스의 신학은.......자신에게 개방된 사람의 원초적인 상황에서부터, 인간의 불일치성으로의 타락, 무조건적 긍정적 존중의 구원적인 사건, 그리고 타락 이전에 인간의 원초적인 상황과 비슷한 충분한 기능화(full functioning)를 향한 인간의 성장까지 완전한 주기를 돈다."[45]

그 다음 치료적 관계는 하나님의 은혜가 익명으로 작용하는 강력한 보기가 될 수 있다. 치료사는 존재론적 수용의 더 깊은 모습을 보면서 로저스의 방법론을 가지고 상담하는데 자유로울 수 있다. 이 은혜의 대인간의 과정은 신앙의 공동체에서 그 실재를 축하함으로써 더 명료하게 될 수 있다. 그 다음 치료적 수용과 익명의 그리스도(the incognito Christ)를 통해 전달된, 인간에 대한 하나님의 예(yes)는 우리가 서 있는 실재로서 명쾌하게 이해될 수 있다.

인본주의 심리학과의 대화에 그의 초기의 열심에도 불구하고, 오든은 로저스의 사상에 한계들이 있다고 깨닫는다. 그는 비

---

45) Ibid., p. 105.

판적인 평가가 없이 순진하게 로저스를 껴안지 못한다. 예를 들면 오든은 로저스는 치료적 과정을 이해하기 위한 더 큰 구조(framework)를 극단적으로 필요로 하고 있다고 생각한다. 로저스가 내담자의 근본적인 용납됨(acceptability)을 전달한다면, 그럼 누가, 정확하게, 용납하는 것을 행할 수 있는가? 만약 그것이 단지 로저스이라면, 내담자는 그/녀가 상담 회기를 떠난 직후에 곧 거절하는 소리를 쉽게 발견할 것이다. 그럼 이것은 치료사의 단일한 소리의 수용을 취소할 것인가? 다르게 진술하면, 로저스가 내담자의 바로 본질 혹은 존재가 수용할 수 있다고 주장한다면, 그것은 상세한 설명이 필요한 무거운 철학적 가정이다. 우리가 치료적 통찰력을 강요한다면, 그것은 존재의 근원이 되는 분(Source)에 관한 훨씬 더 큰 질문을 제기하는 것이다.[46)]

이리하여, 치료의 인간간의 수용적인 공동체는 그 수용의 근거가 되는 분(Ground)의 더 명시적인 신학적 이해를 필요로 한다. 은혜는, 결국, 단지 근원이 없는 경험이 아니다. 인간간의 은혜의 토론은 결국 신성한 실재를 가리켜야 한다. 인간들로서 우리는 은혜를 가리킬 수 있고, 가끔 그것을 모델로 삼고 전달할 수 있지만, 그러나 우리는 그것을 창조할 수 없다. 그것은 생명을 주는 분의 일이다.

오든에게 역사적 기독교 전통의 언어는 그것이 인간의 신성한 수용, 내담자의 가치와 용납됨을 전달하는 로저스의 능력의 기초를 이루는 명시적 메시지를 선언하기 때문에 결정적이다. 이것이

---

46) Ibid., p. 109.

교회의 본래의 기능, 즉 신성한 수용의 실재를 축하하는 것이다. 우리의 창조자 앞에서 우리의 이 수용된 신분의 더 완전한 이해는 우리의 인간간의 수용의 이해를 확장하고 풍부하게 한다:

> 어떤 수용하는 실재는, 존재의 근본적인 질문으로서 수용의 근원의 질문에 용감하게 맞서지 않고도, 특별한 인간간의 관계를 통해 중재된다는 가정에 치료적 과정은 그 자체를 엄격하게 제한한다......결과적으로 로저스는 기독론이 없는 구원론을, 즉 딱 한번 구원의 과정을 표명하며 정의하고, 구원의 역사에 시간과 공간 안의 중심을 주는 역사적 사건이 없는, 구원의 과정의 견해를 발전시킨다. 그것은 하나님의 행동, 하나님의 수용, 하나님의 무조건적 긍정적 존중의 어떤 인정된 축하가 없는 인본주의 구원론이다.[47]

오든은 여기에서 로저스의 심리치료가 약화되었다고 말하지는 않는다. 대신에 그는 그것이 서 있고, 즉 그것이 하나님의 수용, 실재의 바로 근원이 되는 분에 의해 기초가 되고 있는 존재론적 상황을 인정하고 승인하는 것을 필요로 하고 있다는 것을 말하고 있다. 하나님의 이름이 치유가 일어나기 위해 거의 거론될 필요가 없고, 은혜는 가끔 익명으로 작용하지만, 그러나 한편 우리를 가장 충족시키는 것은 명시적인 신학적 이해 안에 이 신성한 실재를 의식적으로 축하하는 더 이상의 행동이다.

오던은 로저스의 신학적 읽기는 우리의 죄의 역동성의 이해

---

47) Ibid., p. 111.

를 풍부하게 할 수 있다는 것을 우리가 이해하도록 돕는다. 우리의 삶 속에서 가치의 조건들로부터 수용을 얻으려는 광적인 시도는 하나님의 은혜를 제쳐놓고 우리의 수용을 설립하려는 모든 시도들의 무익을 폭로한다. 유한한 수용은, 우리가 그것을 추격하려고 아무리 힘들게 노력할지라도, 우리의 가슴의 불안전을 결코 충족시켜주지 못할 것이다. 그러나 로저스의 불일치성과 자기소외의 조건의 토론은 하나님과 관련하여 자기의 더 완전한 발전을 필요로 한다. 궁극적으로 죄는 심리학적인 문제이기 전에 신학적인 문제이다. 혼란스러운 심인적이며(intrapsychic) 인간간의 관계들은 우리의 창조주와의 관계에서 소동의 징조이다. 이런 의미에서 세속적인 심리학은 죄의 인간적인 분파들(ramifications)을 이해하는 데 우리를 크게 도울 수 있지만, 그러나 그것은 죄의 궁극적인 원인을 적당하게 이해하지 못한다. 죄는 먼저 하나님과 우리의 관계 안에 있는 균열이다. 죄를 심리학적으로 생각하려는 어떤 시도도, 이 뿌리가 되는 문제를 직면하지 않고서는, 효과적이라고 증명되지 않을 것이다.

여기에서 내가 마지막 장에서 더 상세하게 다루게 될 점을 간략하게 언급하는 것이 중요하다. 아마 인본주의 심리학과 어거스틴의 전통은 한 그룹은 교만을 심리학적인 주제로서 바라보는(인본주의 심리학) 반면에 다른 그룹은 교만을 주로 신학적인 주제로서 보기 때문에, 교만의 주제를 그렇게 다르게 본다. 그러나 낮은 자존감의 심리학적인 주제가 교만의 신학적 주제 위에 기초를 두고 있다는 것이 가능한가? 다른 말로 하면, 인간간의 낮은 자존감의 겉모습은 우리의 근원이 되는 분(Source)에 대한 불신과 절대적인 안전에 도달하기 위한 우리 인간의 시도들 안에 암묵적인 교만에 기초를 두고 있다는 것이 가능한가? 우리는 어거스틴의 전통에서, 특히 니이버 안에서, 하나님의 불신과 교만은 똑같은 과정의 두 측면들이라는 것을 발견하는 것도 무리는 아니다. 우리가 하나님에 대한 의존을 제쳐놓고, 우리의 불안에 책략으로 이기려는 우리 자신의 시도들에 의존하는 한, 우리는 교만의 죄를 범한다. 그것은 우리가 보아왔던, 일종의 부풀어 오른 교만(puffed-up pride)과 같지 보이지 않을 수 있다. 그러나 니이버에게, 하나님을 신뢰하는 것을 모두 거절하는 것은 인간이 된다는 것의 문제에 대한 우리 자신의 해결 방법들 안에 있는 교만에 기초하고 있다.

교만과 낮은 자존감은 서로 얽혀 있는가?

아마 우리는 사람들은 어떻게 자신들에게 원한을 품는가에 대한 질문을 다시 제기해야 한다. 로저스는 우리에게 그의 이유를 준다: 우리는 다른 사람들의 기대들을 내면화하고 거칠게 우리 자신들을 비판한다. 그러나 저것(that)보다 그것(it)에 더 중요한 것이 있을까? 교만의 요소가 낮은 자존감의 생산에 포함될 수 있는가? 낮은 자존감은 하나님 안의 관계를 제쳐놓고 용납됨의 어떤 기준을 충족시키려는 오만한 노력들의 결과인가? 브라우닝이 그것을 말하듯이, "죄는 그의 하나님과의 관계보다 다른 어떤 것 안에서 삶의 근원은 물론 삶의 정당화를 발견하려는 인간의 시도이다."[48]

---

48) Browning, *Atonement and Psychotheapy*, p. 35.

내가 니이버와 어거스틴의 전통을 재방문하기 전에, 나는 어떤 심리학적 이론이 인간의 딜레마의 부분으로서 교만은 물론 자기멸시를 이해하는가를 묻기를 원한다. 후자를 앞서는 전자보다 오히려, 그것들은 동시에 일어날 수 있는가? 다른 말로 하면, 로저스는 낮은 자존감이 교만의 과시들(displays)의 기초가 된다고 주장하지만, 교만이 낮은 자존감의 과시들의 뒤에 있을 수 있다는 것은 어떤 의미가 있는가? 전자가 전경(foreground) 속에 있다면 후자는 배경 속에 있는가? 두 가지의 경험들은 단일한 과정의 부분일 수 있는가? 우리는 후자에서 전자를 뽑아야 하는가? 혹은 전자가 후자의 *원인이 되는가*?

교만과 자기멸시의 연결은 우리가 처음 상상할 수 있었던 것보다 더 복잡하고 역설적인 것으로 보인다. 이 주제를 더 이상 탐색하기 위해서 우리는 교만과 자기멸시 사이의 관계를 파악하려고 시도하면서 그녀의 생애의 많은 부분을 보낸 한 여성의 연구를 조사할 것이다. 그녀는 신프로이드 학파의 성격이론가이고 분석가인 캐런 호니(Karen Horney)이다. 한때는 호니는 마치 그녀가 어거스틴-니이버의 전통에 심겨진 것처럼 교만의 주제에 관해 글을 쓴다. 여느때에는 그녀는 마치 그녀가 로저스의 사람인양 자기멸시의 주제에 관해 글을 쓴다. 내가 지금 방향을 돌리려는 그녀의 관점은 죄의 포괄적인 이해에 대한 풍부한 통찰력을 제공한다.

chapter 06

교만과 자기증오:
같은 동전의 두 면들

교만과 자기증오는 불가분하게 함께 속한다; 그것들은
한 과정의 두 표현들이다.

캐런 호니

제6장

교만과 자기증오: 같은 동전의 두 면들

 지금까지 우리는 과도한 교만은 물론 낮은 자존감이 가끔 인간의 조건을 표현한다는 것을 보았다. 우리는 교만은 본래적이라는 어거스틴-니이버의 확신을, 교만은 여성들의 경험을 묘사하지 않는다는 여성주의자의 반대를, 그리고 교만은 모든 사람의 경험을 적절하게 설명하지 않는다는 인본주의 심리학의 입장을 조사했다. 인본주의 심리학에게, 교만이 생기면 그것은 과소평가된 자기를 보호하기 위해 의도된 거짓된 전면(front)이다. 그 길을 따라 우리는 교만 대(versus) 자기멸시의 논쟁은 결국 이것이냐 저것이냐의 질문이 될 수 없다는 가능성을 때때로 암시한다.

 신프로이드 학파의 분석가 캐런 호니(Karen Horney)의 연구는 과대평가된 자기와 과소평가된 자기 사이의 막다름(deadlock)을 다루는데 있어서 가망을 제공한다는 것이 나의 확신이다. 우리가 두 견해들을 통합하기 위한 가능성들을 탐구하는 마지막 장으로 이동하기 전에, 그녀의 교만/자기멸시의 이분법의 처리를 이해하는 것은 중요하다.

 기본적 불안(basic anxiety), "이상화된 자기"(idealized self), "당위성

의 횡포"(tyranny of the should), "교만 체계"(pride system)와 자기증오 (self-hate)의 본질에 대한 호니의 토론은 모두 신경증적 교만과 자기멸시 사이의 뒤얽힌 관계를 가리킨다. 그녀의 통찰력들은 상처를 입기 쉽고 불안전한 자기가 어떻게 오만한 겉모습의 밑에 있는가를 이해하기 위해서는 결정적이다. 그러나 그녀의 관점은 또한 신경증적 교만이 어떻게 자기멸시와 낮은 자존감의 겉모습의 밑에 있는가를 이해하는데 있어서 가치가 있다. 단순하게 말해서, 그녀는 교만 안에 불안전 불안전 안에 교만을 가리킨다. 호니의 연구는 죄의 역동성의 기독교적 이해를 발전시키는 것을 돕는데 대규모로 사용되지 않았다. 교만과 자기멸시가 어떻게 정반대들이기보다는 오히려 한 과정의 두 부분일 수 있는가에 대해 예리하게 그녀의 연구를 탐구하는 것이 이 6장의 목적이다.

1932년부터 1934년까지 호니는 시카고 정신분석협회의 감독이었다. 그 시점에 그녀는 뉴욕으로 옮겼고, 그곳에서 그녀는 사적인 상담소를 설립했고 뉴욕 정신분석협회에서 가르쳤다. 뉴욕에 있는 동안 캐런은 에리히 프롬, 해리 스택 설리반(Harry Stack Sullivan), 마가레트 미드(Margaret Mead), 루스 베네딕트(Ruth Benedict)와 같은 이름들이 포함된 뛰어난 사회과학자들의 그룹과 관계들을 발전시켰다. 바로 여기에서 1937년에 그녀는 남편과 공식적으로 이혼했는데, 이것은 그들이 아주 얼마간 별거한 이후였다. 그녀는 정통 프로이드 이론에 계속 도전을 했는데, 그것은 뉴욕 정신분석협회의 많은 회원들의 눈썹을 치켜 올린 일이었다. 그녀는 결국 사임했고 그녀의 많은 이론들을 증진시키는 수단으로서 미국 정신분석협회를 설립하는 것을 도왔다. 그녀는 1952년에 암으로 죽었다.

많은 점에서 캐런 호니의 삶은 권위주의적인 남자들과의 투쟁을 포함했다. 분명하게 그녀의 아버지는 캐런보다 그녀의 오빠에게 호의를 베풀었고 캐런의 학문적 꿈을 최소로 평가했던 권위주의자이었다. 그 다음 그녀의 남편 오스카는 그녀의 아버지와 너무나 비슷하기 때문에 그녀가 어떻게 "아버지 주제들"(father issues)을 다루려고 시도했는가를 추측하는 것은 쉽다. 그리고 결국 그녀의 정신분석의 참여는 다른 권위적인 인물, 프로이드를 대표했지만, 그러나 그는 그녀의 사상의 발전을 방해했다. 열등감, 경쟁, 오만, 보상과 복수의 주제들은 인간의 조건의 대단하게 통찰력이 넘치는 그녀의 견해에서 불가피하게 길을 찾게 되었다. 그리고 내가 볼 때, 그녀의 과업의 주요한 성취는 과대평가된 자기와 과소평가된 자기 사이의 복잡한 관계의 묘사이다.

기본적 불안

니이버와 같이, 호니의 자기관은 그녀가 자주 "기본적 불안"이라고 부른 것과 함께 시작한다. 이 말에서 그녀는 "잠재적으로 적대적인 세계에서 아이가 가지고 있는 고립되고 두기력한 감정"을 의미한다.[1] 또한 니이버와 같이, 그녀는 불안이 고유하게 파괴적

---

1) Karen Horney, *Our Inner Conflicts* (New York: W. W. Norton, 1945), p. 41.

이지 않지만, 그것은 신경증전 행동의 전제조건이라는 것을 믿는다. 아이는 직접적인 환경의 위협에 매우 상처받기 쉽다. 호니는 과도한 불안을 일으키는 특정한 위험들을 기록한다:

> 환경에서 넓은 범위의 역경의 요인들은 아이의 이 불안전을 생산할 수 있다: 직접적인 혹은 간접적인 지배, 무관심, 잘못된 행동, 아이의 개인적 필요들에 대한 관심의 부족, 진정한 인도의 결핍, 얕보는 태도들, 너무 많은 칭찬 혹은 그것의 결핍, 믿을 수 있는 따듯함의 결핍, 부모의 불일치에 편들기를 해야하는 것, 너무 많은 혹은 너무 적은 책임감, 과보호, 다른 어린 아이들로부터 고립, 부정, 차별, 지켜지지 않는 약속, 적대적인 분위기, 등등[2]

아이에게 영향을 미치는 특별한 요인은 그/녀에 대한 부모들의 태도에 "숨어있는 위선"이다. 부모들의 애정과 관대성은 진정이지 않을 수 있다. 아이에 대한 부모들의 애정이 완전히 순수하지 않다는 의심은 아이에게 두는 "가치의 조건들"의 로저스의 이해와 비슷하다. 아이는 요구되는 무의식적 안전을 가지고 있지 않다.

  그녀의 초기의 작업에서 호니는 불안을 주로 인간간의 (interpersonal) 문제라고 부른다. 인간간의 불안에 대한 이 강조는 로저스와 인본주의 심리학과 같은 소리가 많이 난다. 그러나 그녀의 후기의 작업에서, 그녀는 심인적인(intrapsychic) 불안에 더 관심을 가진다. 다른 말로 하면, 그녀는 자기 자신에 대한 자기의 관계

---

2) Ib.d.

로부터 생기는 불안에 대해 더 큰 관심을 발전시킨다. 이런 점에서 그녀는 니이버와 같은 소리를 낸다.

불안을 완화하는 세 가지 신경증적 경향성들

기본적 불안의 자연적 결과로서, 아이는 인간간의 불안을 감소시키려고 설계된 다른 사람들과 관계를 맺는 유형들을 발전시킨다. 우리가 더 불안하면 할수록 우리는 특별한 유형을 더 엄격하게 고수한다. 호니는 세 가지 유형들, 혹은 그녀가 "신경증적 경향성들"(neurotic trends)이라고 부르는 것을 확인한다. 그녀는 이것들을 인간간의 "움직이기들(movements)"로서 설명한다: (1) 타인에 반해 움직이기 혹은 자기확장적인 해결(self-expansive solution), (2) 타인을 향해 움직이기, 혹은 자기소멸적인 해결(self-effacing solution), (3) 타인으로부터 멀어지기, 단념하는 해결(resignation solution). 타인들에 반해 움직이기는 적대감을 강조하고; 타인을 향해 움직이기는 무기력을 강조하고; 그리고 타인으로부터 멀어지기는 분리를 돋보이게 한다. 이 인간간의 경향성들은 각각 어떻게 다른 사람들과 관계를 맺는가에서 오는 불안을 해결하기 위한 방법을 대표한다. 우리는 이 불안의 "해결 방법들"을 하나하나 더 상세하게 살펴보자.

1. 타인에 반해 움직이기

자기확장적 해결. 타인에 반해 움직이기는 타인들을 정복하고, 패배시키고 지배함으로써 인간간의 불안을 완화하는 시도이다.

자신의 주위환경들을 통제하려는 과도한 필요는 이 경향성을 대표한다. 교만 혹은 과도한 자기존경은 지배적이다. 힘, 지도력, 영웅주의와 전능함이 높이 평가된다. 호니는 이 경향성을 자기확장적 해결이라고 부른다. 그것은 자신의 삶에서 모든 것을 지배하려는 과장된 필요에 기초하고 있다. 지배, 권위주의 사상과 보복적인 승리가 깊이 중시되면서 "정복의 심적 상태"(conquest mentality)의 특성이 나타난다. 이 관점은 지성과 의지력에 액면 이상의 가치를 두지만, 반면에 그것은 감정들의 세계를 멀리 밀어낸다. 그것의 가장 큰 두려움은 그것이 어떤 대가를 치르고도 억압해야하는 무기력이다. 자기의심들 혹은 어떤 형태의 자기비난을 제거하려는 경직되고 강박적인 필요가 있다. 모든 이 자기의심의 부정은 우월의 주관적 확신을 유지하는데 있어서 결정적이다. 거대한 에너지가 실패의 가능성을 무시하는 곳으로 들어간다. 자기비판의 어떤 형식도 피해진다. 비슷하게, 바보 취급을 받는 것, 속임을 당하는 것 혹은 사기를 당하는 것은 자신의 교만 체계(pride system)를 황폐하게 하는 손해를 가져올 것이다. 자기확장적인 사람들은 그들의 날카로운 관찰력과 직언하는 능력의 예리한 힘을 가장 자랑스럽게 여긴다.

    호니는 자기확장적이고, 타인에 반해 움직이는 그룹에서 세 가지 주요한 유형들의 윤곽을 그린다. 첫 번째는 나르시시즘인데, 그것은 그녀가 "자신의 이상화된 이미지와 사랑에 빠지는 것"이라고 부르는 것이다. 더 정확하게, 사람은 그의 이상화된 자기

(idealized self)이고 그것을 찬탄하는 경향이 있다."³⁾ 이것이 정말 그렇지 않을지라도 이것은 자기신뢰(self-confidence)로서 나타난다. 의식적으로 이 개인들은 자기의심들을 가지고 있지 않다. 그들은 자신의 위대함과 힘에서 의심할 수 없는 신념을 가지고 있는 것 같다. 그들은 또한 매력적으로 나타난다. 그러나 그들은 우월의 끝없는 확증이 필요하다. 호니는 자기도취자를 설명하기를, "그의 지배감은 그가 할 수 없는 것이 없고 그가 이길 수 없는 사람이 없다는 그의 확신에 놓여있다."⁴⁾ 자기도취자들은 심지어 사랑스럽고 관대한 것 같지만 그러나 그들은 나중에 받게 될 아첨과 칭찬을 항상 고대한다. 그들은 농담들이 그들에게 더한 주의를 불러일으키고 그들의 이미지가 심각하게 의심받지 않는 한, 그들에 대한 농담들을 또한 잘 견딜 수 있다.

자격심(sense of entitlement)은 자기도취자들의 다른 주요한 특징이다. 그들은 그들이 어떻게 행동하든 무조건적으로 사랑받기를 기대한다. 그들이 타인들의 권리들을 규칙적으로 침해한다면 그들은 어떤 종류의 보상도 하지 않고 완전한 용서를 기대한다. 타인들이 그들로부터 어떤 것을 기대하거나 혹은 그들에게 어떤 비판을 한다는 생각은 가끔 격노가 수반하는 폭발과 함께 그들에게 깊은 분노를 보내게 된다. 그들이 격분을 표현하지 않으면 자기도취자들은 깊은 절망으로 빠질 수 있다. 다시 모든 비판은 과대한 자기(grandiose self)를 완전히 황폐하게 하는, 난폭한 부정으로서 인식된다.

---

3) Ibid., p. 194
4) Ibid.

타인에 반해 움직이기, 자기확장적 유형의 두 번째 부분은 완전주의자들을 포함한다. (자기도취자들과 같이) 그들의 팽창된 이미지와 완전히 동일시함으로써, 이 완전주의자들은 그들의 행동의 우월한 기준들을 동일시한다. 완전주의자들은 스스로 낮추는 듯이 타인을 내려다보지만, 타인들에 대한 그들의 오만한 멸시는 가끔 숨겨진다. 호니에 따르면, 심지어 완전주의자들도 결점들 때문에 타인들을 멸시 속에 두는 태도를 가끔 인정하지 못한다. 물론 이것은 그들의 무의식적인 자기멸시의 투사이다.

완벽주의자들은 그들의 본래의 목표가 다른 사람의 숭배보다는 그들의 존경을 얻으려는 점에서 자기도취자들과 다르다. 완벽주의자들은 하여튼 과도한 아첨을 에누리하여 듣는다. 호니는 완벽주의자들의 그들의 위대함에 대한 신념들은 자기도취자들보다 덜 순진하지만, 그러나 그들도 역시 완전한 정의를 위한 팽창된 기대를 가지고 있다고 지적한다. 다른 말로 하면, 그들은 그들의 높은 기준들 때문에 삶에 있어서 공평한 대우를 받을 자격이 있다고 여긴다. 결국 그들은 공평하고, 정당하고 의무에 충실하지만, 그렇다고 감히 삶이 오류가 없는 정의를 어떻게 내포하고 있지 않을 수 있는가! 호니에 따르면, 그것이 좋든 혹은 나쁘든 상관없이, 완벽주의자들은 분에 맞지 않은 모든 행운을 미워한다. 이것은 "전체의 계산 체계를 무효로 한다."[5] 완벽주의자들은 심지어 그들이 이 기준에 따라 살지 못한다는 것을 무의식적으로 알고 있을 때에도 율법주의자 같이 철저한 경향이 있다. 어떤 은혜의 개념,

---

5) Ibid., p. 197.

혹은 공로 없이 얻은 호의(unmerited favor)는 그들에게 극히 의심스럽다. 그들은 자신의 운명들을 맡고 있고, 그리고 그들이 받을 가치가 있는 것을 얻는다. 이리하여 완벽주의자들의 기준들을 가지는 것은 두 개의 중요한 요소들을 제공한다: (a) 타인들보다 우월해지는 것 그리고 (b) 삶을 통제하는 것

호니가 부른 자기확장적인 해결 안에 세 번째 부분은 교만한 변호(vindication)이다. 이 개인들은 징벌하는 승리(vindictive triumph)를 위한 저항할 수 없는 필요를 가지고 있다. 사실상, 변호 혹은 복수는 삶의 전체의 길이 된다. 그들은 타인들을 억압하여 억눌린 위치로 가게 한다. 이 불안 "해결"의 과도한 경쟁심을 설명하면서 호니는 말하기를, "사실상 그는 그가 하는 것보다 더 많이 알거나 혹은 더 성취하거나 혹은 더 권력을 행사하거나 혹은 하여튼 그의 우월을 의심하는 사람을 관용할 수 없다. 강박적으로 그는 경쟁자를 끌어내리거나 혹은 그를 패배시켜야 한다."[6] 아마 이 앙심을 품은 경쟁의 가장 주목할 만한 표현은 폭력적 격분이다. 심지어 어떤 사람이 우월할 수 있다는 암시도 격노를 불러일으킨다. 호니는 자주 이것을 "징벌하는 분노"에 사로잡힌 것이라고 부른다.

이 과도한 경쟁심에 연결되어 있기 때문에 교만한-징벌하는 사람들은 환대하는 몸짓들을 매우 의심한다. 이 친절한 행동들은 몰래 농간을 부리고 해로운 것으로 해석된다. 그리드로 어떤 도움의 제공도 비뚤어진 동기들에서 생긴다. 혹은 친절함도 단순히 어리석음으로 지각될 수 있다.

---

6) Ibid., p. 198.

이런 유형의 복수심을 품은 경쟁에 개입하는 사람은 그들의 반대자들에게 굴욕을 주기를 원하는 것이 현실이다. 그들은 자주 타인들에게 심각한 냉담함을 가지고 있고, 타인들이 이 무정한 대우를 반대하면 이 반대들은 연약한, "지나치게 민감하거나" 혹은 "신경과민한" 것으로 해석된다. 하여튼 그들은 모든 감정 지향적인 사람들이 신경증적으로 과민하고, 만약 그들이 매우 경쟁적인 세상에서 과민해지면 더 강해질 것이라고 생각한다: 복수심을 품은 개인들은 타인들도 그들만큼 흉악하다고 가정한다.

징벌하는 승리는 항상 모든 상황의 무적의 지배자가 되는 것을 필요로 한다. 이 사람들은 그들의 신경증적 필요들이 충족되는 것을 요구하고 타인들의 필요들을 무시할 자격이 있다고 느낀다. 앙심을 품은 사람은 "예를 들면 그의 불친절한 관찰들과 비판들을 생략 없이 표현할 자격을 느끼지만 그러나 동등하게 그 자신이 비판을 받을 권리는 결코 없다고 느낀다. 그는 얼마나 가끔 혹은 얼마나 덜 친구를 보거나 무엇을 하며 시간을 함께 소비할 것인가를 결정할 권리가 있다. 역으로 그는 또한 타인들이 이 계산에 어떤 기대들 혹은 반대들을 표현하지 못하게 할 권리가 있다."[7]

그럼에도 불구하고 그들이 아무리 힘들게 시도할지라도 교만하고 복수심을 품은 사람들은 따뜻함, 동정심과 수용에 대한 그들의 필요들을 결코 완전히 제거할 수 없다. 그들의 냉혹한 자기 기대들이 그것을 아무리 많이 부정할지라도 심지어 그들도 승인을 좋아한다.

---

7) Ibid., p. 200.

이 필요와 대조적으로, 그러나, 호니는 징벌하는 승리의 지배적인 두려움을 "지나치게 부드럽게 되는 것"이라고 설명한다. 순전한 애정이 그들의 어린 시절에 전형적으로 결핍되어 있기 때문에 이 개인들은, 살아남기 위해서, 그들은 어떤 애정도 필요로 하지 않는다고 스스로 확신했다. 무시, 굴욕과 동정심의 결핍을 가진 초기의 경험들은 삶과 다른 사람들에 대해 가혹함을 촉진시켰다. 인간의 친밀감에 팽배해진 불신은 그들의 눈을 멀게 하여 그들이 비경쟁적인 인간의 접촉을 위한 그들의 순수한 필요를 보지 못하게 한다:

> 그는 순수한 애정은 그에게 도달할 수 없을 뿐만 아니라 또한 그것은 결코 존재하지 않는다고 점차적으로 "결정한다." 그는 마지막에는 그것을 더 이상 원하지도 않고 심지어 그것을 비웃지도 않는다. 그러나 애정, 인간의 따뜻함과 친밀함을 위한 필요는 우리를 호감이 가게 만드는, 발달시키는 특성들을 위한 강력한 동기이기 때문에 이것은 심각한 결과를 가져오는 걸음이다. 사랑받는 그리고 - 심지어 더 - 사랑할 수 있다는 감정은 아마 삶에서 가장 위대한 가치들 중에 하나이다.[8]

이리하여 사랑받을 수 없음의 이 무의식적 의심은 교만한-앙심을 품은 사람들이 삶에서 어떤 부드러움을 제거하거나 혹은 무조건적 사랑을 위한 자신들의 필사적인 갈망을 부정하거나 혹은 경

---

[8] Ibid., p. 202.

쟁의 악의에 찬 형태를 계속하도록 강요한다. 그들은 타인들과 관계를 맺지 못한다; 그들은 그들을 지배한다. 그들은 타인들과 공유하지 못한다; 그들은 그들을 정복한다.

그 다음, 이것들은 사람들이 자기확장적 해결 안에서 타인들에 반해 움직이는 세 가지 주요한 방법들이다: 나르시시즘, 완벽주의와 징벌하는 승리. 자기지배의 해결의 모든 세 가지 표현들은 세상의 의식적 통제를 고집하는 정도를 강조하는 것이 중요하다. 이 교만은 무의식적 과정들의 부정을 고집한다. 무의식의 영향력을 용인하는 것은 두려움의 문을 여는 것이다. 자기지배형의 사람들은 그들의 운명의 지배자가 되어야 한다! 무의식적 활동의 어떤 대화도 조롱당해야 하거나 혹은 부정되어야 한다.[9] 아마 그 어떤 것보다 무의식의 영역은 그들이 세상을 책임지고 있다는 지배력을 위협한다.

분명하게 낮은 자존감보다 오히려 교만은 이 자기확장적 해결에서 우세한 것 같다. 호니의 강조는 어거스틴의 전통의 높아진 자기(exalted self)의 진단에 필적하는 것 같다. 그러나 우리가 나중에 보겠지만, 이 교만은 자기멸시를 포함한 부서지기 쉬운 토대 위에 지어질 수 있다.

2. 타인들을 위해 움직이기

자기소멸적(self-effacing) 해결. 사람들을 위해 움직이는 것은 그들을 수용하고, 그들의 애정과 인정을 얻고 충돌의 어떤 가능성

---
9) Ibid., p. 192.

을 감소하려는 시도를 포함한다. 여기에서 본래의 요인들은 순응이다. 이것은 안전의 감정을 생산한다. 선함, 사랑과 덕이 높음(saintliness)은 가끔 이 해결에서 추진하는 이미지들이다. 어떤 형태의 자기주장, 교만, 야망 혹은 주도권은 의식적으로 금지된다. 사람은, 어떤 상황 아래서도, 다른 사람에게 우월을 결코 느껴서는 안 된다. "확장적인 유형과 날카롭게 대조적으로, 그는 (그가 해야 하는 것에 미치지 못하는) 산만한 실수를 하며 살고, 이런 고로 죄책감을 느끼거나, 열등감을 느끼거나 혹은 비열함을 느끼는 경향이 있다."[10] 이리하여 어떤 형태의 교만 위의 과격한 금기(taboo)는 자기 확장의 두려움과 결합된다. 야망, 징벌(vindictiveness), 승리 혹은 남을 앞서는 것(getting ahead)을 연상시키는 어떤 것도 저주로 여겨진다. "만약 우리가 금기들에 의해 은폐된 범위를 상세하게 깨닫는다면, 그것들은 사람의 확장, 싸울 수 있고 스스로 방어할 수 있는 그의 능력, 그의 성장 혹은 그의 자존감에서 생길 수 있는 어떤 것에 대한 자기관심에 대한 무능력한 좌절을 구성한다. 금지들과 자기 최소화(self-minimizing)는 *위축하는 과정을* 구성한다."[11]

호니는 심지어 다양한 게임들에서 이기는 것도 억눌린 자기가 되는 필요를 위협할 수 있다고 지적한다. 기본적인 권리들을 주장하는 것은 타인들을 강요할 가능성에 대한 죄책감을 자극시킨다. 사과들은 자기소멸적인 사람들의 입에서 꾸준하게 떨어진다:

> 심지어 완벽하게 합법적인 요구들을 하는 때에도 그는 마치 그가

---

10) Ibid., p. 215.
11) Ibid., 219 (원래 이탤릭체임).

다른 사람을 부당하게 이용하고 있는 것처럼 느낀다. 그리고 그는 묻는 것을 금하거나 또는 "죄책감이 있는" 양심을 가지고 사과하는 마음으로 그것을 한다. 그는 심지어 그에게 실제로 의존하는 사람들에 대해 무기력할 수 있고, 그리고 그들이 모욕을 주는 방식으로 그를 대우할 때에도 자신을 방어할 수 없다. 그는 그를 이용하려는 밖에 있는 사람들에게 쉬운 먹이가 되는 것은 놀랄 일이 아니다. 그는 방어력이 없고, 가끔 단지 훨씬 뒤에야 그것을 알아차리며, 그리고 그 다음 자기 자신과 이용자에게 강력한 분노로 대응한다.[12]

합법적인 권리들을 소리 내어 주장하는 것과 같은 어떤 형태의 자기주장도 이기적이고, 불손하며 공격적이라고 지각된다. 어떤 사람이 그/녀가 가지고 있는 것을 넘어선 것을 원한다면 그것은 감사의 결핍으로 저주를 받는다. 독자적으로 행해진 모든 것들은 이기적이다. 사실상 혼자서 즐긴 어떤 경험도 이기적이다.[13]

자기소멸적인 사람들은 어떤 성취에 대해 스스로 명예를 주는 것에 큰 어려움을 가지고 있다. 만성적인 두려움은 "뻔뻔스럽게 되는 것"이다. 그들은 겸허한 세상의 좁은 한계들 내에서 살아야 한다. 순수한 성취들은 항상 "운 좋은 틈들"(lucky breaks)로 축소된다.

게다가, 충돌의 생각, 그리고 특히 그들에 대한 어떤 사람의 적대감은 항복하고, "용서하고," 종속적인 입장을 취하는 자동적인 경향성을 유발시킨다. 그들은 어떤 사람도 싫어하는 것이 허용되

---

12) Ibid., pp. 216-17.
13) Ibid., p. 218.

지 않는다. 적대감은, 심지어 무의식적으로 그것이 깊이 느껴질지라도, 지지될 수 없다. 앙심들은 단순히 허용되지 않는다.

많은 경우에 자기소멸적인 사람들은 부적절을 받아들이거나 혹은 그들의 통제 밖에 있는 것들에 대해 책임을 진지하게 짐으로써 그들에 대한 다른 사람의 비판을 최소로 할 것이다. 미리 자신들의 결점들을 지적함으로 그들은 가능한 비판에서 찌르는 자극을 뽑아낸다. 끊임없이 사과를 함으로써 그들은 동정적인 확신을 끌어내려고 시도한다.[14] 그것은 마치 그들이 "당신이 비판할 기회를 가지기 전에 나 자신을 비판할 것이다"라고 말하는 것과 같다.

이 "만난을 무릅쓰고 얻은 평화"라는 인간간의 철학은 우리가 자기소멸적 사람에게 "구원은 타인들에게 놓여있다"라는 것을 깨달을 때 더 이해할 수 있다.[15] 다른 말로 하면, 타인들은 그들의 자기멸시의 내적 세계를 탈출하기 위해 매우 중요하다. 타인들을 즐겁게 하려는 끊임없는 시도들은 부적절하다고 느끼는 세계로부터 일시적인 결정에 도움이 된다. 자기소멸적인 사람들은 다른 사람들을 구별할 수가 없다. 그들은 모든 사람의 인정을 갈망한다. 호니는 수용을 위한 자기소멸적인 사람들의 필요 안에 강박적인 특성을 지적한다:

> 겉보기로는 그것은 마치 그가 인간의 본질적인 선함에 흔들릴 수 없는 믿음을 가지고 있는 것처럼 보인다. 그리고 그가 타인들 안의 호의적인 특성들에 더 개방적이고, 더 민감한 것은 사실이다. 그

---

14) Ibid., p. 219.
15) Ibid., p. 226.

러나 그의 기대들의 강박성은 그가 구별할 수 있는 것을 불가능하게 만든다. 그는 순수한 우정과 그 많은 가짜 사이를 대체로 구별할 수 없다. 그는 따뜻함 혹은 관심을 조금만 보여도 너무 쉽게 매수당한다. 게다가 그의 내적인 명령들은 그에게 모든 사람을 사랑해야하고, 의심해서는 안 된다고 말한다. 결국 적대주의와 가능한 싸움들에 대한 그의 두려움은 그가 거짓, 부정, 착취, 잔인, 배반과 같은 특질들을 무시하거나, 버리거나, 최소로 하거나 혹은 변명하도록 만든다.[16]

호니는 심지어 자기소멸적인 사람들이 타인들의 착취, 사기와 조정을 직면할 때에도 그들은 타인들이 진정으로 그렇게 하려고 하는 것이 아니라는 것을 믿는 경향이 있다고 계속해서 말한다. 타인들의 파괴적인 의도를 깨닫는 것은 실제적으로 불가능하다. 왜 그런가? 해답은 타인들이 담당하고 있는 과장된 역할에 놓여있다. 타인들이 악의를 행할 수 있다는 것을 실제로 믿는 것은 그들의 심리적 속죄의 방법을 손상시키는데, 그 이유는 그 속죄가 항상 타인들의 손에 있기 때문이다. 다르게 진술하면, 수용이 타인들로부터 필사적으로 필요해지면 이 타인들이 그것을 제공할 능력이 없다는 발견은 불안의 문제에 대한 그들의 해결을 방해한다. 그들은 모든 사람이 본질적으로 선하다고 보는 것에 관심을 투자한다. 타인들의 악의를 받아들이는 것은 그들이 많이 필요로 하는 승인의 공급을 절단할 만큼 위협적이다.

---

16) Ibid.

그러나 정확하게 이 개인들의 필요들은 무엇인가? 호니는 그것들을 애정, 사랑, 동정과 승인을 위한 과도한 필요라고 말한다. 불안의 문제에 대한 이 해결은 사랑이 모든 것의 해답이며, 그래서 그들은 심지어 그들 자신의 성실(integrity)를 희생해서라도, 감히 그 상실을 위태롭게 해서는 안 된다고 주장한다. 이리하여 그들은 타인들의 기준들에 맞추어 자동적으로 살아야 한다. 호니는 매우 날카롭게 이 조건을 그들의 내면보다는 타인들 안에서 "중력의 중심"을 가지는 것으로 묘사한다.[17] 그들은, 자신들 안에서는 물론 타인들 안에서, 그들의 자기주장의 두려움과 적대감의 두려움에 의해 통제된다.[18]

이 자기소멸적 해결의 일부분은 또한 그들의 삶을 떠맡고, 사랑, 소속, 승인, 등에 대한 이 모든 기대들을 충족시켜줄 파트너(partner)를 위한 필요를 포함한다. 사랑은 모든 문제들을 해결할 것이기 때문에 이것은 "사랑"에 보상(premium)을 둔다.[19] 혼자가 된다는 생각은 거의 견딜 수가 없기 때문에 포기의 어떤 가능성도 거대한 불안을 창조한다. 호니는 파트너를 수용하기 위해서 그녀의 영혼을 실제로 팔아버린 한 여성의 특성을 기술한다:

> 우리에게 인상을 주는 첫 번째 특징은 관계 속에 그녀의 완전한 흡수이다. 파트너는 그녀의 존재의 유일한 중심이 된다. 모든 것은 그의 주변을 맴돈다. 그녀의 기분은 그녀에 대한 그의 태도가 더

---

17) Karen Horney, *Self-Analysis* (New York: W. W. Norton, 1942), p. 51.
18) Ibid.
19) Ibid., p. 52.

긍정적인가 혹은 더 부정적인가에 의존한다. 그녀는 전화 혹은 그와의 저녁을 놓치지 않기 위해서 감히 계획을 짜지 못한다. 그녀의 노력들은 그가 기대한다고 그녀가 느끼는 것에 이르도록 되어있다. 그녀는 단지 그의 반감을 사서 그를 잃어버릴 것 같은 한 가지 두려움을 가지고 있다. 거꾸로 그녀의 다른 관심들은 가라앉는다. 그와 연결되지 않으면 그녀의 일은 비교적으로 의미가 없다. 이것은 심지어 그녀의 가슴에 전문적인 일 혹은 그녀가 어떤 것들을 성취한 생산적인 일에도 적용될 수 있다. 자연적으로 후자가 가장 고통을 겪는다.[20]

위의 기술이 미국의 문화가 상호의존의 현상에 매혹당하기 거의 30년 전, 1950년에 쓰진 것을 주목하라.

(실제로 전혀 파트너가 아닌) "파트너"가 떠나서는 안 된다는 것을 보증하기 위해서 자기소멸적인 사람들은 그들의 삶들을 매우 좁은 경계선들 내에 제한해야 한다. 그들은 매우 적은 것에 만족해야 하고 본질적으로 모든 야망들을 질식시켜야 한다. 물질적인 것들을 위한 어떤 소원도 이기적인 것으로 인식된다. "눈에 띄지 않고 제2등이 될" 강한 필요가 있다.[21] 겸손은 최고의 가치이고 교만의 어떤 암시도 급히 꺾어야 한다. 무의식적으로, 물론, 그들은 그들의 교만의 결핍을 자랑스럽게 여긴다.

자기소멸적인 사람들이 자기확장적인 유형들과 결혼하는 것

---

20) Karen Horney, *Neurosis and Human Growth* (New York: W. W. Norton, 1950), pp. 247-48.
21) Horney, *Self-Analysis*, p. 52.

은 특별하지 않다. 이것에 대한 첫 번째의 이유들 중의 하나는, 호니에 의하면, 자기지배(self-mastery)가 자기소멸적인 사람들 내에서 금지되지만, 동시에 그들은 타인들 안에 그것을 찬탄한다. 호니는, 무의식적으로, 자기소멸적인 사람들이 타인들 안에 독선적이고 심지어 공격적인 행동들을 부러워한다고 믿는다. 사실상 그들은 자기지배를 위한 그들의 필요를 외면화하고 대리적으로 그것을 다른 사람을 통해서 경험한다. 그들은 그것이 그들 내에서 나타나는 것을 허용하지 않을 것이지만, 그러나 그들은 타인들 안에서 그것을 자유롭게 즐긴다.

호니는 또한 자기부정적인 사람들(self-abnegating people)은 다른 사람들 안에 "약함"의 어떤 징후도 그들의 약함의 거울로서 소용이 되기 때문에 자기확장적인 유형들에 자연히 이끌린다고 암시한다.[22] 관계 속에서 더 강한 사람이 되어야 한다는 생각은 굳어지게 된다. 결과적으로 그들은 삶의 지배력을 가지고 있는 사람들 쪽으로 기울어진다. 사실상 그들은 심지어 타인들 안에 교만과 공격성에 매혹을 가지고 있는데, 그 이유는 이 특질들이 그들 자신의 심리들 내에서 너무 심하게 억압당하고 있기 때문이다.

이 자기소멸적인 개인의 필요들은 그/녀가 받을 자격이 있다고 느끼는 주장들이 된다: "나는 사랑, 애정, 이해, 동정을 받을 자격이 있다. 나는 어떤 일들이 나를 위해 되어야할 권리가 있다. 나는 행복을 추구할 권리는 없지만 그러나 나의 무릎에 행복이 떨어지게 할 권리는 있다. 이 주장들은 - 주장들로서 - 확장적인 해결

---

22) Horney, *Neurosis and Human Growth*, p. 244.

에서보다 더 무의식적으로 남아 있다는 것은 거의 말할 필요가 없다."[23] 이 필요들이 간청하는 긴급은 그것들이 충족되어야하는 요구들을 급속하게 가져온다. 의식적으로, 물론, 그것들이 타인들에게 두는 요구들을 받아들이는 것은 너무 이기적일 수 있다. 그러나 의식적인 자각 밑에 이 기대들은 충족되어야한다는 것을 고집한다.

자기소멸적인 해결은, 겉으로 보기에, 과도한 낮은 자존감과 매우 자기를 얕보는 태도처럼 보인다. 그러나 이 층의 아래에 그들은 "타인들과 같지 않다고" 고집하는 무의식적 교만 체제(pride system)가 있다. 결국 그들은 "더 높은" 기준들을 가지고 있다. 급진적인 이기심과 완벽한 자기희생의 과대한 이미지가 무대의 뒤에서 작용하고 있다. 가끔 포기하는 것을 어렵게 만드는 것은 그들의 자기소멸적인 태도 뒤에 있는, 정확하게 말하면, 교만이다. 다르게 말해서, 그들은 그것에서 무의식적인 이익을 얻고 있다. 자기본위의 비이기적 이미지는 그들이 자기관심을 근절하는 것을 고집하지만, 그러나 이 이미지를 유지하려는 그들의 무의식적인 필요는 자기관심을 촉진시킨다. 그들은 교만을 두려워하지만, 그러나 그들은 더 높은 형태의 교만의 이름으로 그것보다 훨씬 앞선다.

이 분석은 심지어 자기부정적인 행동도 궁극적으로 교만의 형태 위에 기초하고 있다는 니이버의 확신을 찬성하는 것처럼 보인다. 자기소멸적인 사람들이 그들의 죄책감과 자기를 깎아내리는 행동을 가동시키는 내적인 명령들을 보기 전까지 그들에게 행동

---

23) Ibid., p. 228-29.

적인 변화들을 말하는 것은 무익할 것이다. 자기멸시 밑에 과대함이 숨어 있다.

분명하게 어떤 사람도 자기소멸적인 입장의 교만 체제에 따라 성공적으로 살 수 없다. 그러나 이 해결 안에 오만한 요소는 정확하게 그들이 할 수 있다는 확신이다. 그들의 완벽한 자기부인(self-abnegation)의 가능성에 숨겨진 믿음은 무의식적인 자기높임을 드러낸다. 더욱이 그들이 얼마나 자기를 비하하는가에 관계없이, 그들은, 적어도 무의식적인 차원에서, 인간간의 부정에 분개하고, 특별한 일들을 원하고 어느 정도의 권력과 신분을 요구할 것이다. 그들은 의식적으로 이것들을 멀리할 것이지만, 그러나 그것들은 비밀히 존재한다.

분명하게 이 자기소멸적인 사람들은 여성주의자들이 교만에 대한 니이버의 과도한 강조를 비판할 때 여성주의자가 마음에 가지고 있던 것들이다. 자기소멸적인 사람들은 더 독선적이 되기를 원하는데, 그렇다면 교만이 어떻게 그들의 문제가 될 수 있는가? 자기부인이 또한 교만의 저면(underside)을 가지고 있다는 호니의 주장은 니이버와 일치한다. 어떤 의미에서 그녀는 두 가지 견해들에 지지를 제공하지만, 그러나 우리가 계속해서 볼 것이지만, 그녀는 교만과 자기멸시를 분리하는 것이 아주 불가능하다고 믿는다.

3. 타인들로부터 멀어지기

자기단념의 해결. 타인들로부터 멀어지기는 분리 혹은 무관심을 통해서 불안을 해결하려고 시도한다. 이 움직임 안에 "해결 방법"은 회피이다. 모든 인간간의 관계는 달라붙는 것으로 인식되고, 그리고 사람이 고립되어 자신만의 세계를 짓는 것이 훨씬 좋다. 지혜, 자족, 그리고 독립은 여기에서 주요한 미덕들이다. 회피되어야 하는 것은 어떤 사람을 필요로 하거나 혹은 그들과 친밀해지는 감정이다. 친밀해지는 것은 삼키는 두려움을 낸다. 관계는 인질들을 포함하는 경향이 있다고 믿는다. 간격과 분리는 안전의 유일한 근원이다.[24] 평화를 보장하기 위해, 끊임없는 사로잡힐 위협이 있는, 인간간의 관계들의 싸움터를 떠나는 것이 필수적이다. 단념한 사람들(resigned persons)은 그들이 단지 관심이 없다는 것을 스스로 확신해야 한다: "순응적인 유형이 침묵의 질문, '그가 나를 좋아할까?'를 가지고 그의 동료를 바라보고, - 그리고 공격적인 유형이 '그는 얼마나 강한 적인가? 혹은 그는 나에게 유용할 수 있는가?'를 알기를 원하는 곳에서 - 분리된 사람의 첫 번째의 관심은 '그가 나를 간섭할까, 그가 나에게 영향력을 끼치기를 원하는가 혹은 그는 나를 혼자 내버려둘 것인가?"이다.[25]

호니는 건설적인 단념과 강박적인 단념을 구별한다. 건설적인 단념은 단순히 많은 야망들과 성공을 위한 욕동들의 무익을 깨닫는다. 이것은 그들의 삶의 기대들을 원숙하게 하고 삶이 그들에게 빚진 것을 요구하지 않는 나이가 든 사람들의 지혜이다. 쟁탈전(rat race)는 가치가 없다. 이 태도는 가끔 인생에서 비본질적인 것들의 포기를 포함하기 때문에 우리는 궁극적인 문제들에 집중할

---

24) Horney, *Self-Analysis*, p. 55.
25) Horney, *Our Inner Conflict*, p. 80.

수 있다.²⁶⁾ 그것은 건강한 분리이다.

불안의 문제에 대한 "해결 방법"으로서 강박적인 단념은, 그러나, 아주 다르다. 그것은 단순히 충돌의 부재를 원한다. "그의 단념은, 그러므로, 위축하는, 제한하는, 삶과 성장을 단축하는 과정이다."²⁷⁾ 고통 혹은 마찰이 없는 삶을 위한 욕구는 또한 열심 없는 삶을 의미한다.²⁸⁾ 모든 형태들의 책임 혹은 의무에서 달아나기 때문에, 단념한 사람들의 좌우명은 "우리는 괴롭힘을 당하기를 원하지 않는다"이다. 어떤 의미에서 단념한 사람들은 그들의 인생들의 방관자들이다.

이 자기단념적 경향성(self-resigning tendency)의 다른 근본적인 특징은 어떤 형태의 야망도 제거하는 것이다. 이것은 가끔 어떤 노력의 소비에 대한 증오를 수반한다. 호니는 더 나아가 이 개인들은 어떤 일들을 행하지 않기 위한 이유들을 발견하는 것에서 선생들(masters)이라는 것을 암시한다. 목표지향적인 활동 혹은 계획은 의심을 가지고 취급된다. 그것은 성가신 일이다. 금지의 본질은 "소원들의 제한"이다.²⁹⁾ 자기단념적인 사람들은 그들이 어떤 것을 소원하거나 혹은 기대해서는 안 된다는 것을 믿는다. 행복의 비밀은 많은 것을 바라지 않는 것이다. 두 가지 뛰어난 신경증적 요구들은 삶은 쉽고, 고통이 없고, 수월해야 하는 것이고, 그리고 그가 괴롭힘을 당하지 않아야 한다는 것이다.³⁰⁾

---

26) Horney, *Neurosis and Human Growth*, pp. 259-60.
27) Ibid., p. 260.
28) Ibid.
29) Ibid., p. 263.
30) Ibid., p. 264.

자기단념적인 사람들의 끊임없이 숨겨진 두려움은 어떤 사람에게 너무 애정을 품게 되어 우리가 그를 필요로 하는 것이다. 우리가 "(그 사람이) 없이 (어떤 것도) 할 수 없는" 사람이 있어서는 안 된다. 일시적인 관계들은 가끔 우리가 의존적이 되지 않고 우리의 분리 안에서 안전하게 남아 있게 될 것을 보장한다. 단념한 사람들은 항상 그들이 방에 들어갔을 때 출구의 간판들(signs)을 바라본다.

단념한 사람들은 또한 압력, 강요 혹은 영향력에 과도하게 민감하다.[31] 그들은 다른 사람의 소원들을 떠맡는 것을 끊임없이 두려워한다. 타인들의 욕구들은 쉽게 그들의 자유를 손상시킬 수 있다. 지배당하는 것에 관한 강렬한 걱정은 계속해서 분리를 부채질한다. 호니는 이 입장의 좋은 요약을 제공한다: "그는 타인들이 그의 사적인 자유를 간섭하지 않도록 하고, 그들이 그의 것을 기대하거나 그를 괴롭히지 않도록 하고, 삶을 살아야 하는 것과 책임감들에서 면제될 권리를 느낀다."[32] 이리하여 불안의 감소는 타인들로부터 간격을 두는 것과 연결되어 있다. 흡수당하고, 통제당하고, 침입당하거나 혹은 혼잡해지는 것을 두려워한 나머지, 단념의 해결 방법은 인간의 친밀감을 상실한다.

모든 세 가지 움직임들 안에 공통적인 결속들

불안을 감소시키는 움직임들은 각각 아주 다르게 보일지라도 그것들은 어떤 공통적인 구체적인 주제들을 가지고 있다. 첫째,

---

31) Ibid., p. 266.
32) Ibid., p. 271.

그것들은 모두 다른 사람들과 순수한 친밀감의 가능성을 방해한다. 그것들은 동등한 존중의 관계의 잠재력을 금지시킨다. 타인에 반해 움직이는 자기확장적인 사람은, 불안과 평등의 두려움으로 인해, 지배하고, 정복하고 통제해야 한다. 이 움직임의 자기도취적 형태는 동등한 파트너가 아닌, 꾸준한 청중을 필요로 하고; 완벽주의자의 형태는 "높은 기준들" 때문에 부모-아이의, 저자세의 태도를 항상 세울 것이고; 그리고 과도한 경쟁적 형태는 통제 안에 있다는 것을 느끼기 위해 지배해야 한다.

비슷하게 타인을 향해 움직이는, 순응하는 사람들은 너무 "궁핍해서" 상호적으로 강한 관계를 공유하지 못한다. 그들의 순수한 필요들, 좋아하는 것들과 목표들에 대한 그들의 부정으로 인해 다른 사람을 반쯤 만족시킬 수 있는 가능성을 이행하지 않기 때문에 그들도 역시 서로가 승자가 될 수 있는 해결 방법을 전혀 모른다. 대신에 무거운 적응 능력(accommodation)을 가지고 그들의 불안을 달래려고 시도한다.

결국, 단념의 해결 방법은 너무나 많은 삼키는 두려움들을 가지고 있기 때문에 그것은 영원히 친밀감을 의심스러운 것으로 간주하고, 그리고 친밀감 뒤에 덫을 항상 내포하고 있다고 여긴다. 따라서 모든 세 가지 움직임들은 순수한 친밀감을 단축시킨다.

모든 세 가지 해결 방법들 안에 다른 요인은 이기심(egocentricity)의 불가피함이다. 이 이기심은 신경증적인 것과 다른 것을 분리시킨다. 그러나 호니는 이기심이 자기본위(selfishness) 혹은 자기찬탄(self-adoration)보다 훨씬 더 많은 것을 의미한다고 지적한다:

이기심에서 나는 단지 자신의 편의를 고려한다는 의미에서 자기본위 혹은 이기주의(egotism)를 의미하지 않는다. 신경증적인 사람은 냉담하게 이기적이거나 혹은 너무 비이기적(unselfish)일 수 있다 - 이 관점에서 모든 신경증자들에게 특성이 되는 것은 없다. 그러나 그는 자신 안에 뒤틀려 있다는 의미에서 항상 이기적이다. 이것은 겉보기로는 명백할 필요가 없다 - 그는 외로운 늑대이거나 혹은 타인들을 위해 그리고 그들을 통해서 살 수 있다. 그럼에도 불구하고 그는 자신의 교만의 가시철사의 울타리 내에서 그리고 안과 밖으로부터 오는 위험들에서 그를 보호할 그의 경계심과 함께, 어떤 경우에는 그의 사적인 종교(그의 이상화된 이미지)에 따라 살고, 그 자신의 법들(그의 당위성들)을 준수한다. 결과적으로 그는 정서적으로 더 고립될 뿐만 아니라 또한 그가 다른 사람들을, 그와는 다른, 그들의 권리들을 가진 개인들로 이해하는 것이 어렵게 된다. 그들은 그의 최상의 관심인 그 자신에 종속되어 있다.[33]

우리가 우리의 필요들의 감옥 밖에서 있을 수 없을 때 그들 자신들의 권리 안에 있는 타인들에게 말을 거는 것은 매우 어렵다. 우리는 그들이 우리를 찬탄하거나, 우리 아래에서 구부리거나, 항상 잘못되거나, 우리의 삶들을 떠맡거나 혹은 우리를 혼자 내버려 두거나 하는 것을 필요로 할 수 있다. 우리는 또한 우리 자신의 자기증오를 탈출하기 위해 그들을 필요로 한다. 우리는 투사할 어떤 사람이 없이 무엇을 할 수 있는가? 단순하게 진술하면, 우리는 항

---

33) Ibid., pp. 291-92.

상 다른 사람이 우리를 위한 그 무엇이 되어주기를 원한다. 타인들 위에 놓인 이 부담은 그들이 진정한 그들이 되는 것을 허용하지 않고, 이런 고로 그것은 관계들을 오염시킨다.

이 세 가지 움직임들 안에 다른 공통적인 분모는, 호니에 의하면, 사랑스럽지 않다는 무의식적 감각이다.[34] 우리는 타인들이 우리의 외모들, 우리의 지성, 우리의 신분과 권력 혹은 다른 특별한 특질들을 사랑한다고 느낄 수 있다. 그러나 이 표면 밑에 우리의 본질은 무슨 까닭인지 사랑스럽지 않다는 뿌리 깊은 확신이 잠복하고 있다.

호니는 이 사랑스럽지 않음(unlovableness)의 감정에 대한 세 가지 이유들을 확인한다.[35] 첫째, 우리는 타인들을 사랑하는 우리 자신의 능력이 손상되기 때문에 우리는 사랑스럽지 않다고 믿을 수 있다. 우리는 우리 자신의 필요들에 너무 뒤틀려 있기 때문에 타인들에 공손한 것이 매우 어렵게 된다. 우리는 우리 자신의 불안전의 죽음의 쥐기(death-grip)에서 벗어날 수 없고 그 무엇을 증명할 필요가 있기 때문에 타인들에게 유용할 수가 없다. 거꾸로 우리의 사랑할 수 있는 능력이 발달된다면, 우리는 우리가 사랑스러운지 혹은 그렇지 않은지에 관해 걱정하면서 많은 시간을 낭비하지 않을 것이다. 사랑스럽지 않음(unlovability)에 두 번째 기여하는 요인은 우리의 자기증오와 그 필수적인 외면화의 정도이다. 자기증오가 우리 자신들을 향한 우리의 태도를 지배하는 한, 어떤 사람이 우리를 진정으로 사랑할 수 있다고 믿는 것은 아주 어렵

---

34) Ibid., pp. 299-300.
35) Ibid.

다.[36] 세 번째 요인은 사랑이 가능하게 줄 수 있는 것보다 우리가 사랑의 더 많은 것을 기대하는 것이다. 결과적으로 우리는 끊임없이 만족하지 못한다. 사랑이 우리의 비현실적인 요구들을 구출하지 못할 때 우리는 사랑스럽지 않다고 가정한다. 문제는, 물론, 사랑이 우리를 위해 하게 될 것이라는 우리의 높아진 견해 안에 있다.

각 사람은 이 모든 세 가지의 불건전한 움직임들을 위한 능력을 가지고 있지만, 한 가지가 전형적으로 우세할 것이다. 어린 시절에서 출발한 이 패턴(pattern)은 성인기로 옮긴다. 새로운 경험들은 이 지배적인 패턴들 중에 하나의 구조를 통해서 이해되거나 혹은 해석될 것이다. 공격적인 사람은 다른 사람의 다정함이 어리석거나 혹은 농간을 부리는 시도라고 생각할 것이다. 분리된 사람은 다른 사람의 다정함이 자율을 위협하는 모든 종류의 숨겨진 요구들을 내포한다고 생각할 것이다. 그 결과로서 이 해석은 불안을 조절하기 위한 특별한 패턴을 강화한다.

우리가 보았듯이, 이 패턴들은 강박적으로 추진된다. "해결 방법"은 상황에 완전히 부적당할 수 있지만, 그러나 우리는 단순히 이 경직한 방식으로 행동해야 한다. 사람이 가끔 패턴들을 바꿀 수 있지만(말하자면, 자기소멸적인 형에서 자기고립적인 형으로 가는 것), 그러나 이것은 가끔은 아니고, 그리고 새로운 패턴은 특별한 흐름의 경직한 필요들을 중심으로 조직될 것이다. 우리는 엄격한 패턴에 구속된다. 그러나 그것들 중에 어떤 것도 우리가 갈망하는 안전을

---

[36] Ibid., p. 300.

제공하지 못한다. 신학적으로 말해서, 어떤 움직임도 구원적인 것은 아니다. 그것들은 인간의 딜레마, 우리의 위험한 본성으로부터 우리를 구원하지 못한다. 니이버의 말로 하면, 그것들은 자연과 영의 병치(juxtaposition)가 되는 긴장들로부터 우리를 구출하지 못한다. 불안은 불가피하고 도피할 수 없다.

그들의 파멸의 본성에도 불구하고, 이 해결 방법들은 각각 그것이 우리에게 계속해서 강요하는 완전한 자기상을 내포하기 때문에 심리적 구원의 약속을 제공한다. 이 이상화된 자기(idealized self)의 개념은 분명하게 호니의 가장 가치 있는 공헌들 중의 하나이다. 그것은 교만과 자기멸시 사이의 우리의 충돌을 이해하기 위해 절대 필요한 것이다.

이상화된 자기

그녀의 연구의 발달을 통해, 호니는 불안의 인간간의 원인들에 대한 강조에서 불안의 심인적인(intrapsychic) 뿌리들에 대한 더 큰 강조로 옮겼다. 다르게 말해서, 그녀는 불안을 우리 자신들과의 우리의 관계 안에 있는 문제로서 이해하기 시작했다. 당연히, 우리가 보았듯이, 우리는 우리가 타인들을 향하는, 반대하는 혹은 멀어지는 경향이 있음으로 타인들에 관계를 맺는 우리의 문제에 초기의 "해결 방법들"을 발달시킨다. 그러나 그것은 거의 불안의 토론을 끝내지 못한다. 신경증은 타인들과의 우리의 관계들 안에서 나타날 뿐만 아니라 또한 우리 자신들과의 관계 속에서 나타난다. 우리가 살펴보겠지만, 심인적인 불안으로 이동을 통해서, 호니는 니이버의 입장으로 더 가까이 움직인다. 사실상 그녀는 불안과 유한의 관계에 관한 흥미 있는 논평들을 하는데, 이것은 마치 그것들이 니이버의 입에서 직접적으로 떨어진 것처럼 들린다. 버나드 페리스(Bernard Paris)는 호니의 변화의 좋은 요약을 제공한다:

> 『신경증과 인간 성장』(Neurosis and Human Growth)에서 호니는 방어들의 인간간의 전략들에서 심인적인 전략들로 이끄는 발달적인 연속을 가정한다. 어린 아이들은 인간간의 전략들을 발전시킴으로써 약함, 부적절과 고립의 감정들을 극복하려고 시도한다. 그 다음 그들은 그것들 중의 하나를 우세하게 만들고 다른 것들은 억압함으로써 이 전략들 사이의 충돌들을 다루어야 한다. 이렇게 성취된 응집력은 너무 헐렁해지고, 그리고 어린 아이들은 더 강건하고 더 포괄적인 통합을 필요로 한다. 원초적인 방어들은, 더구나, 그들의 심리적인 필요들을 충분히 만족시키지 못하고, 어린 아이들을 그들의 진정한 자기들로부터 소외시킴으로써 그들의 연약함을 악화시킨다. 더 이상의 방어로서 어린 아이들 혹은 청소년들은 자신들의 이상화된 이미지를 발전시키는데, 이것은 대극들이 화해하는 것처럼 보이는 일종의 미적인 창조이다.[37]

페리스가 언급한 이 이상화된 자기는 수용될 수 있기 위해서 우리가 반드시 되어야 할 이미지이다. 이상화된 자기상은 상상력에서 태어나고, 그것을 실현시키는 것은 아주 불가능하다. 그것은

---

37) Bernard Paris, *Karen Horney: A Psychoanalyst's Search for Self-Understanding* (New Haven, Conn.: Yale University Press, 1994), p. 201.

과장된 자기 기대들 위에 건축된 낭만주의식의 츠상(romanticized portrait)이다. 이상화된 자기는, 격상되어 있고 무제한적인 힘과 의미심장함과 같이 보이는 것을 부여받았기 때문에, 매일의 현실의 왕래 위에 선다. 그것은 상상력을 통해 탈출함으로써 삶의 충돌들에 대한 해결 방법을 발견하려고 시도한다.

이상화된 자기의 제한적이고 경직한 삶의 개념 내에서 살려고 시도하는 것은 항상 거대한 부정을 포함한다. 우리는 우리의 이상적인 인간성의 높여진 이미지(elevated image)에 일치하지 않는 우리 자신의 경험의 측면들을 회피하기 시작한다. 호니는 이것을 자기소외(self-alienation)라고 부르는데, 이것은 대략 로저스의 불일치성과 똑같은 것을 의미한다. 우리는 점점 우리 자신들에게 낯선 사람들이 된다. 우리의 진정한 감정들과 경험을 구성하는 현실의 자기(actual self)는 뒤틀리고 왜곡되어지고 그리고 잡아당겨져서 "적당한 자기"(appropriate self)의 양식이 된다. 이 검열 활동은 자기소외의, 그리고 삶을 향한 우리의 진정한 필요들, 욕망들과 기질들의 무지의, 최후의 결과를 가지고 있다. 신경증적 속임수는, 물론, 어느 정도 거짓의 이미지를 유지하기 위한 것이다. 우리는 실재를 위조해야 하고 모든 혼란하게 하는 불리한 증거를 버려야 한다:

> 대충 말해서 사람은 실제로 자신을 있는 그대로 너그럽게 여길 수 없기 때문에 그 자신의 이상화된 이미지를 건축한다. 이미지는 겉보기에는 이 불행을 중화시킨다; 그러나 그 자신을 받침 위에 둠으로써 그는 그의 진정한 자기(real self)를 보다 덜 인내하고, 그것에 격분을 내기 시작하고, 자신을 경멸하고 그리고 자신에 대한 달성

할 수 없는 요구들의 멍에 아래서 짜증을 낼 수 있다. 그는, 의지할 굳센 중간적인 토대가 없이, 자기찬탄과 자기멸시 사이에서, 그의 이상화된 이미지와 그의 경멸당하는 이미지 사이에서 동요한다.[38)]

이상화된 자기의 구체적인 특징들은 성격의 특별한 구조에 의존하기 때문에 사람마다 달라진다. 어떤 사람들에게 권력이 지배적인 요인일 수 있다. 다른 사람들에게, 아름다움, 지성, 성자다움 혹은 인내가 이상화된 자기의 창조에서 지배적인 요인들이 될 수 있다. 이상화된 이미지가 비현실적인 정도는 필연적인 교만의 수준을 결정한다. 흥미롭게도 호니는 교만(arrogance)은 *arrogate*에서 오는데, 이것은 우리가 가지고 있지 않는 특성들을 우리 자신들에게 귀속시키는 것을 의미한다고 지적한다. 이 특질들은 잠재력들일 수 있지만, 그러나 그것들은 현실들은 아니다. 따라서 분명하게 이상화된 자기가 터무니없을수록 우리는 더 허세부리는 특성들을 사칭해야 한다.

팽창된 자기(inflated self)를 유지하기 위해 필수적인 불가항력적인 양의 심리적 에너지는 우리의 현실의 가능성을 성취하기 위해 필요로 하는 에너지를 고갈시킨다. 자기 요구들이 과장될수록 외부의 증거는 이상화된 이미지를 더 무시한다. 이리하여 심인적인 다투는 과정(intrapsychic scrambling process)은 이 거짓의 자기(pseudo-self)를 유지하는데 필연적으로 포함된다. 호니가 지적하듯이, 우리는 우리가 확실하다고 느끼는 특성들에 대한 많은 확증을 필요

---

38) Horney, *Our Inner Conflicts*, p. 112.

로 하지 않는다. 그러나 우리 자신들에 관한 거짓된 요구들은 우리를 방어적이며 신경이 날카롭게 되도록 한다.

이상화된 자기의 특별한 내용은 어린 시절에 확립된 지배적인 신경증적 해결 방법에 의해 크게 구체화될 것이다. 예를 들면 우리가 자기소멸적인, 타인들을 향한 해결 방법을 선택하면 이상화된 자기는 무욕, 관대, 동정, 선함 혹은 성자다움과 같은 "사랑스러운 특성들"의 주위를 맴돌 것이다. 이 해결 방법은 "무기력, 고통과 순교"를 미화할 것이다.[39] 거꾸로 자기표현 혹은 자기관심의 어떤 생각도 "완벽하게 자기를 주어야" 하는, 이상화된 자기의 명령들에 반하는 일종의 이기적인 불경죄로서 판단될 것이다.

다른 한편으로 우리가 오만하고 앙심을 품은 방식으로 타인들에 반해 움직이면 이상화된 자기는 타인들보다 더 재치 있고, 더 거칠고, 더 강하고, 더 통제 안에 있는 이미지들 주위를 회전할 것이다. 약함의 어떤 암시도 저주로 여겨질 것이다. 우리는 우리의 상황의 지배자가 되어야 한다! 이 경향성이 명백한 나르시시즘, 완벽주의 혹은 징벌하는 승리를 향한 강박적인 충동을 포함하든 혹은 하지 안 든, 일정한 주제는 자기지배와 통제이다.

마지막으로 우리가 고립과 분리 안에서 타인들로부터 멀어지면 이상화된 자기는 완전한 자족, 자동적인 고요, 인간간의 혼동들에 의해 괴롭힘을 당하는 것으로부터 자유, 그리고 한가하고 냉정한 평화를 소유할 것이다. 모든 압력으로부터 완전한 자유의 사상은 심리를 위한 동인(agent)으로 확대될 것이다.

---

39) Horney, *Neurosis and Human Growth*, p. 222.

이상화된 자기는 특별한 해결 방법을 위해서 노예 감독같이 강요하면서, 항상 이 이미지들 중의 하나를 추진한다. 순응하는 접근에서 이상화된 자기는 충돌에서 자유롭다: 공격적인 접근에서 약함에서 자유롭다; 그리고 고립된 접근에서 타인들에 대한 의존에서 자유롭다. 이 모든 해결들에서 *교만은 감정들을 지배한다*.[40] 우리가 나중에 더 상세하게 토론할 "교만 체제"는 이상화된 자기의 매개 변수들(parameters) 내에 있는 이 감정들을 허용한다. 그것은 호니가 가끔 "정신의 탁월성"(supremacy of the mind)라고 부른 원리 위에 작용한다. 감정들은 자주 제어하기 힘들고 심리적 세계에서 의심스러운 침입자들로서 취급될 필요가 있다. 그것들은 이상화된 자기와 "일치시켜야" 한다. 이것은 정신 - 상상력과 이성을 통해 성취된다. 자기확장적인 사람은 결코 무기력의 감정을 경험해서는 안 된다; 자기부정적인 사람은 결코 교만의 감정을 경험해서는 안 된다; 그리고 자기단념적인 사람은 결코 의존의 감정을 경험해서는 안 된다. 각 경우에 엄격한 이상화된 자기는 이 감정들이 지속하는 것을 허용하지 않을 것이다.

 이상화된 자기의 창조와 유지는 첫째로 무의식적 책략(maneuver)이다. 자기 불만족과 멸시의 추적하는 감정으로 구멍투성이가 되었기 때문에, 심리는 단순한 생존 도식(scheme)을 생산한다: 내가 현실의 자기(actual self)에 만족하지 못한다면, 왜 부정의 실험실(lab of denial)로 후퇴해서 이상적인 자기를 창조할 수 없는가? 왜 진정으로 내가 누구인가에 안주하는가? 대신에 나는, 비

---

[40] Ibid., p. 162.

록 환상적일지라도, 적당한 이미지를 제조할 나의 상상력을 승낙할 것이다. 그 다음 나는 그것이 내가 원하는 초상과 어울리도록 나의 경험을 뒤틀 수 있다. 다시, 우리의 순수한 자기(genuine self)를 경험하지 못하도록 우리를 방해하고, 현실적인 가능성들을 추구하기 위해 우리가 필요로 하는 에너지들을 우리에게서 빼앗아가는 것은, 복잡한 미묘함을 가지고 수행된, 정확하게 이 과정이다. 더 신학적으로 말해서, 우리가 이상화된 자기를 쫓고 우리가 진정으로 누구인가에 대한 현실들을 무시하는 한, 우리는 "내장 안에 있는 은혜"(grace in the gut)의 변형시키는 힘의 가능성들을, 즉 있는 그대로의 제한된 인간들을 위해 우리를 높이 평가하는 일종의 존재론적 수용을 취소한다. 상상력이 우리가 어떻게 우리 자신들을 지각하는가를 통제하는 한, 현실의 자기는 출입금지(off-limits)이다. 그리고 현실의 자기가 출입금지일 때, 은혜는 우리의 존재의 깊은 곳으로 받아들이질 수 없다. 대신에 우리는 이 수용을 얻으려고 필사적으로 시도한다. 이상화된 자기에 관해 아마 그녀의 가장 생생한 진술을 한 호니는 그것에 사로잡힌 사람을 묘사한다:

> 그는 극도로 정직하고, 관용하고, 동정심 있고, 정의롭고, 위엄 있고, 용기 있고, 무욕적이어야 한다. 그는 완전한 연인, 남편과 선생이 되어야 한다. 그는 모든 것을 인내할 수 있어야 하고, 모든 사람을 좋아하고, 그의 부모들, 그의 아내, 그의 나라를 사랑해야 한다; 혹은 그는 어떤 것 혹은 어떤 사람에 애착을 가져서는 안 된다, 어떤 것도 그에게 중요해서는 안 된다, 그는 결코 아픔을 느껴서는 안 되고, 그리고 그는 항상 고요하고 냉정해야 한다. 그는 항상 인

생을 즐겨야 한다; 혹은 그는 쾌락과 즐거움을 초월해야 한다. 그는 자발적이어야 한다; 그는 항상 그의 감정들을 통제해야 한다. 그는 모든 것을 알고, 이해하고, 그리고 예견해야 한다. 그는 그 자신의 혹은 타인들의 모든 문제를 즉시 해결할 수 있어야 한다. 그가 그것을 보자마자 모든 어려움을 극복할 수 있어야 한다. 그는 결코 지치거나 혹은 병들어서는 안 된다. 그는 항상 일을 발견할 수 있어야 한다. 그는 두 혹은 세 시간들 안에 될 수 있는 것들을 한 시간 안에 할 수 있어야 한다.[41]

호니는 그녀의 통찰력이 있는 논평들의 사례들을 제공하기 위해 문학으로부터 이미지들을 자주 사용한다. 이상화된 자기를 묘사할 도움이 되는 이미지는 메리 셸리(Mary Shely)의 유명한 소설 『프랑켄스타인』(Frankenstein)에서 온다.[42] 이상화된 자기는 많은 방식들에서 프랑켄스타인 박사의 괴물과 같다. 처음에 이 창조는 놀라운 작품과 같았다. 그러나 괴물은 궁극적으로 그를 파괴하면서 창조적인 의사에게 적대하는 것으로 끝난다. 비슷하게 이상화된 자기는 현실의 자기에 반항하고 파괴하려고 애쓰는 창조된 괴물이다.

이상화된 자기와 현실의 자기 사이의 이 내부의 전쟁의 다른 강력한 보기는 로버트 루이스 스티븐슨(Robert Louis Stevenson)의 고전적 이야기 『지킬박사와 하이드씨』(Dr. Jekyll and Mr. Hyde)이다.[43] 빅토리아 시대의 정직한 의사 헨리 지킬은 그의 이상화된 자기를

---

41) Ibid., p. 65.
42) Ibid., p. 118.
43) Ibid., pp. 189-90.

완전히 구현하는 것을 필사적으로 원했다. 이 이상화된 초상과 어울리지 않는 그의 성격의 귀찮은 측면들을 제거하려고 노력한 나머지 그는 한 사람을 창조했다. 그의 현실의 자기의 취급은 거칠고, 허세를 부리고 매우 독선적이었다. 그의 화학적 혼합의 다른 측면에서, 그는 완전무결의 행복한 상태를 발견하지 못했다. 대조적으로 그의 억압된 측면은 삶을 위한 갈망과 지킬의 허위를 지적하기 위한 반역적인 능한 솜씨를 가지고 앞으로 돌진했다. 정말로 하이드씨는 또한 지킬박사를 증오했고, 완벽하게 정돈된 삶에 대한 그의 모든 빅토리아 시대의 기대들을 증오했다. 호니는 이 과정을 묘사한다: "현실의, 경험적인 자기는 이상화된 자기가 속박하려는 불쾌한 이방인이 되고, 그리고 후자는 증오와 멸시를 가지고 이 이방인에게 반항한다. 현실의 자기는 잘난체하는 이상화된 자기의 희생자가 된다."[44] 이리하여 호니는 이 조건을 단지 분열이 아니라, 잔인하고 살인적인 싸움으로 묘사한다. 그녀는 말하기를, "우리는 현실의 자기의 모든 걸음에서 오만한 자기가 굴욕을 느끼고 억눌려진 것으로 인해 느끼는 격분을 깨달아야 한다."[45] 지킬은 하이드씨의 간담이 서늘해지는 괴상한 몸짓을 증오했고, 그리고 하이드씨는, 차례로, 선량한 의사의 위선을 싫어했다. 이 내적 전쟁의 심각함은 자기 파괴로 끝났다. 지킬, 즉 이상화된 자기는 하이드씨를 그 자신의 존재의 부분으로 결코 "승인할" 수 없었다. 분열이 그를 파괴했다.

 이상화된 자기의 창조는 단지 일회적인 행동이 아니다. 대신에

---

44) Ibid., p. 112.
45) Ibid., p. 114.

그것은 계속되는 창조이다. 이미지에 장작을 지펴야 하고, 그리고 이 요구들은 현실을 부정하는 비현실적인 기준들에 많은 주의를 요구한다. 단순하게 말해서, 자기인식(self-realization) 혹은 로저스가 자기실현(self-actualization)이라고 부른 것에 이바지하기 위해 사용될 수 있는 에너지들을 흡수하는 것은 계속되는, 전 시간을 요구하는 일이다.

이상화된 자기에 대한 세 가지 반응들

이상화된 자기는 자주 권위주의적이고 독재자적인 본성을 가지고 있다. 이것을 세 가지 반응들을 자극시키는 경향이 있다. 첫째는 탁월한 이미지와 완전하게 동일시하는 것이다. 우리가 이것을 할 때, 호니는 주장하기를, 우리는 이상화된 자기와 현실의 자기 사이에 갈라진 틈을 의식하지 못한다. 우리는 우리의 초상만큼 완벽하다고 믿는다. 우리는 팽창된 자기도취자들이다. 우리는 그들의 높여진 자기(exalted self)를 의식적으로 믿는다.

두 번째 반응은 필사적으로 그것에 도달하려고 시도하는 것이다. 언젠가 우리는 "그것을 바로 얻을 수 있다"는 것을 끊임없이 시도하고, 견디고 믿기 때문에 우리는 완벽주의자들이다. 우리는 항상 "도중에 있다."

세 번째 반응은 만성적인 자기비난과 자기멸시이든가 또는 타인들에 대한 자기멸시의 투사이다. 여기에서 낮은 자존감은 거의 명백한 것 같다. 이 세 번째 반응에서 낮은 자존감 밑에 작용할 수 있는 교만 체제를 보는 것은 더 힘들다.

많은 시간동안 우리는 이상화된 자기의 요구가 아무튼 우리 밖에 존재한다고 생각한다. 사실상 우리는 요구들이 우리 자신들의 내부에서 올라오는 것을 인식하지 못하고 비현실적인 기대들에 반감을 나타낼 수 있다. 자기멸시를 외면화하는 것은 그것을 우리 자신들로부터 경험하는 것보다 훨씬 더 쉽다. 우리 자신의 자기멸시를 인정하는 고통은 너무 클 수 있다:

> 그 자신의 모든 경멸을 느끼는 것은 신경증적인 사람이 가질 수 있는 그럴듯한 자기 확신이 무엇이든 그것을 분쇄할 수 있고, 그를 붕괴의 가장자리로 가게 할 수 있다. 그것은 타인들에 의해 멸시당할 정도로 충분히 고통스럽지만, 그러나 그들의 태도를 변화시킬 수 있는 희망이 항상 있거나 혹은 그것들을 깊아줄 전망이 있다. 그것이 자신이 경멸하는 자신일 때, 모든 것은 소용이 없다. 공소의 법정도 없다. 신경증자가 그 자신에 관하여 무의식적으로 느끼는 모든 절망은 분명한 기분전환이 될 수 있을 것이다.[46]

실제로 이상화된 자기의 내부의 압력은 어떤 외부의 압력보다 훨씬 더 나쁘다. 이리하여 우리는 자기증오를 분산시키기 위해 "다른 사람들"을 사용한다. 이상화된 자기의 요구들에 의해 저주를 받았기 때문에 우리는 타인들이 우리가 스스로 억제하는 그와 같은 멸시 안에서 우리를 억제한다고 가정한다. 그러므로 자기를 향한 무자비한 태도는 타인들에게 강요된다. 실수들이 동정심

---

[46] Horney, *Our Inner Conflicts*, p. 119.

없는 저주와 함께 만날 것이다. 타인들도 우리의 잘못들에 대해서 아무것도 관용하지 않을 것이다.

교만과 자기증오

호니의 연구에서 주요한 주제는 자기증오의 유행(prevalence)을 다룬다. 가끔 억압될지라도 그것은 항상 교만의 뒷면이다. 과대평가된 자기(니이버)와 과소평가된 자기(로저스) 사이의 우리의 논쟁을 해결하기 위한 가장 위대한 약속을 제공하는 것은 이 교만과 자기멸시 사이의 관계의 토론이다. 호니는 우리가 스트레스를 받는 순간들 동안 우리의 자기증오를 의식할 수 있다고 믿지만, 그러나 우리는 가끔 그것에 관해 잊는다. 그러나 그것은 여전히 무의식적인 차원에서 매우 많이 활동적이다. 우리는 예를 들면 어리석다는 일시적인 감정들을 가지고 있다고 말할 수 있지만, 그러나 이 감정들은 가끔 무의식 속에서 강렬하게 고동친다. 호니에 의하면, 심지어 자기비난들을 의식하는 사람들조차도 가끔 이 과정이 실제로 얼마나 파괴적인가에 대해 생각이 없다.

자기증오가 이 결과들의 원인이라고 인정하는 것보다 자기증오의 결과들 혹은 중요성들을 주목하는 것이 훨씬 더 쉽다. 예를 들면 만성적으로 죄책감, 열등감, 갑갑함 혹은 내적으로 고통을 느끼는 것은 실제로 자기멸시의 직접적인 결과일 수 있다. 우리가 주목하듯이, 자기증오의 직접적인 격노를 경험하는 것은 빈번하게 너무 고통스럽고, 따라서 그것은 외면화되어야 하고, 우리의 감정들은 바깥의 사람들에게 옮겨져야 한다. 외면화(externalization)

는 적극적이거나 혹은 수동적일 수 있다. 적극적인 외면화는 다른 사람들, 제도들 혹은 심지어 세계 밖의 전체의 증오를 포함한다. 외부의 요인들에 관한 심각한 냉소주의는 우리 자신의 존재와 함께 내적인 혐오를 피하는데 필수적이다. 거꾸로 수동적인 외면화는 외부의 세계가 우리를 증오한다고 믿는 것을 포함한다. 우리 자신의 자기멸시를 직면하기보다는 오히려, 우리는 그것을 외부의 세계에 전가시킨다. 외부의 세계는 우리에게 반대하고, 적대적이고 대립적이다. 우리는 심지어 우리의 편집병(paranoia)을 세상적인 지혜라고 부를 수 있다. 요점은 우리는 심인적인 근원으로부터 핍박을 외부의 근원으로 옮긴다는 것이다.

호니가 제공하는 가장 통찰력이 넘치는 공헌들 중의 하나는 신경증적 자기비난들과 건강한 양심 사이의 구별이다. 중요한 점은 과도한 죄책감은 항상 신경증적 교만으로부터 나타난다는 것이다. 이상화된 자기의 명령들은 무자비하게 현실의 자기를 위한 어떤 관심도 없이 인간이 된다는 불가피한 문제들을 심판한다. 우리는 비현실적인 요구들의 기준들을 충족시키지 못한다. 가끔 현실의 자기는 내적인 명령자로부터 처벌들을 두려워하여 무의식 속에서 움츠린다.

건강한 양심은, 다른 한편으로, 진정한 자기(true self)가 우리를 우리의 현실적인 가치들과 기준들을 상기하도록, 진정한 자기의 최고의 관심을 보호한다. 여기에서 죄책감의 목적은 굴욕이 아니라 교육이다. 그것은 우리가 우리 자신의 기준들을 가지고 변덕스럽게 행동하고 있다는 것을 상기시켜주는 것이다. 아마 이 기준들은 재검토될 필요가 있다. 우리는 우리 자신의 결점들과 인간의 연약의 인식에 의해 부서지는 것을 느끼지 않을 필요가 있다. 이 상화된 자기의 요구들과 다르게, 건강한 양심은 수치심을 가지고 굴복시키지 않는다: "우리의 양심은 우리의 성장에 이바지하는 도덕적 대리인이고, 반면에 자기비난들은 개인이 그의 존재하는 어려움들을 진지하게 검토하는 것을 방해하고, 이로 인해 그의 인간 성장을 방해하기 때문에, 그것들은 기원에서 도덕과 관계가 없고 (amoral) 효과에서 부도덕적(immoral)이다."[47]

호니는 우리가 자기증오의 네 가지 결과들을 증언할 수 있다고 믿는다. 하나는 자기와 타인들을 비교하는 강박적인 필요이다. 전형적으로 그 결과는 "비교하는 열등감"이다. 다른 사람은 항상 더 똑똑하고, 더 잘났고, 더 전문적이고, 더 견문이 넓다. 자기와 타인들의 이 냉혹한 비교는 우리가 이미 우월의 무의식적인 요구를 하기 때문에 필연적이다. 우리는 반드시 우월해야 한다. 우리가 비교에서 경험하는 자기비난은 우리가 모든 사람들보다 더 잘하도록 되어 있기 때문에 단지 가능하다. 이 역동성은 교만과 자기멸시의 미묘한 관계를 드러낸다. 이런 의미에서 낮은 자존감은 교만의 산물이다. 기본적인 불안은 진정한 자기를 도랑에 빠지게 하고 우월의 무의식적인 요구를 하는 쪽으로 우리를 밀어 넣는다. 이 부서지기 쉬운 우월감은 반증에도 아랑곳하지 않고 끊임없이 날아다닌다. 이 증거는 비교하는 열등감과 혹평하는 자기비난을 자극한다. 우리는 부적절감에 치어서 아래로 쓰러지는 것을 느낀다. 그러나 부적절의 가혹함은 우리가 모든 타인들보다 우월해야

---

47) Horney, *Our Inner Conflicts*, p. 119.

한다는 교만 체제의 요구에 전적으로 의존한다. 이리하여 우리는 가끔 우리의 자기 기대들의 오만 때문에 스스로 자기혐오를 만든다. 교만과 자기멸시는 우리의 심리적 화포(canvas) 위의 전경과 배경 사이에서 교대한다.

자기증오의 다른 결과는 비판에 대한 과민증(hypersensitivity)이고, 이로 인해 우리의 관계들 안에 있는 과도한 취약성이다. 우리가 보았듯이, 우리가 우리 자신들을 증오한다면 타인들이 우리를 증오한다고 가정하는 것은 쉽다. 이상화된 자기의 비판에 대한 우리의 과민증은 타인들이 불공평하게 비판적이고, 우리는 그렇지 않다는 것을 믿는 것을 매우 중요하게 만든다. 우리는 감히 저 부정적인 총들을 우리들에 돌리지는 않는다. 우리들 중에 어떤 사람도 만성적인, 의식적인 자기멸시를 가지고 살 수 없다. 그러므로 우리는 타인들을 진정한 비판가들과 범죄자들이라고 간주하는데 관심을 투자한다.[48]

여전히 자기증오의 다른 결과는 타인들로부터 너무 많은 학대를 허용하는 것이다.[49] 우리가 타인들이 육체적으로, 정서적으로, 재정적으로, 혹은 영적으로 우리를 학대하도록 허용할 때 우리는 자존감에 미치는 무시무시한 영향력을 거의 평가할 수 없다. 가정폭력의 상황들 속에 있었던 수많은 여성들이 증언하듯이, 도망치는 것이 얻어맞는 것보다 훨씬 더 낫다고 말할 수 있다. 우리의 생명과 자녀들의 생명들에 대한 위협, 살아야하는 장소에 대한 의문들, 우리의 아이들을 위한 음식과 다른 문제들은 매우 실제적이

---

48) Horney, *Neurosis and Human Growth*, p.131.
49) Ibid., p. 136.

다. 그러나 너무 자주 지적되는, 학대의 수용은 우리가 더 잘 대접 받을 가치가 없다고 우리를 믿게 한다. 자존감은 조금씩 깎여서 우리가 스스로 동등한 사람으로 설 수 있는 가치가 있다고 여기지 않는 지점까지 이른다. 학대는 사기를 꺾고 자기 존경의 마지막 외가닥을 찢는다.

자존감에 대한 학대의 이 극단적으로 부정적인 충격은 분명히 인정되어야 한다. 그러나 그것은 항상 전체의 이야기가 아니다. 나는 고통당하고 있는 사람을 오해하고 그들에게 둔감하다는 두려움 때문에 큰 망설임을 가지고 나의 주장을 관철한다. 그러나 교만은 또한 너무 많은 학대의 관용과 함께 혼합될 수 있다. 자존감의 부서진 수준으로 보이는 것 밑에 교만 체제는 가끔 작용하고 있다. 그러나 어떻게? 이것은 희생자를 비난하는 가장 최악의 형태와 같이 들리지 않는가?

어떤 사람들은 그들이 인내, 관용, 용서와 긴 고통을 모두 가지고 있어야 한다고 이상화된 자기가 요구하기 때문에 학대를 허용한다. 그들의 권리를 인정하는 것, 동등성을 기대하는 것, 인간간의 타협을 주장하는 것은 "불평하지 않는 것"에서부터 작은 신을 만들어내는 이상화된 자기에 의해 모두 금지된다. "항상 당신이 가진 것에 감사하라," "결코 다른 것에 관해 불평하지 마라," 그리고 "모든 사람 속에서 좋은 것을 발견하라"는 가끔 사람을 파괴적인 상황에 구속시키는 신경증적 교만의 명령들이다. 우리가 이런 개인들을 만날 때 우리는 가끔 그들의 수동성의 자기멸시적 측면만을 본다. 그러나 어떤 학대당하는 사람들이 그들의 교만으로부터 가끔 나오는 질주하는 비현실적인 기대들을 보도록 돕는 것은 필수적이다. 그들은 "반드시 가져야 한다"는 특성들을 사칭하지만, 그러나 그것들은 인간적으로 불가능하다. 다른 사람들은 화를 내지만, 그러나 그들은 그렇게 해서는 안 되고; 다른 사람들은 공평을 요구하지만, 그러나 그들의 이상화된 자기는 결코 그것을 허용하지 않고; 다른 사람들은 불건전한 상황들에서 벗어나지만, 그러나 그들은 결코 어떤 사람도 포기하지 않는다.

　이 개인들과 일하는 많은 사람들은 그들이 더 높은 자존감을 조성하도록 돕는 고상한 시도들을 한다. 그러나 나는 이 작업이 그들이 그들의 교만 체제를 무너뜨리는 것을 도와줌으로써 보완될 필요가 있다는 것을 제시하고 싶다. 그들에게 그들은 "자신들에게 너무 까다롭다"라고 단순하게 말하는 것은 효과가 없을 것이다. 대신에 그들의 이상화된 자기의 팽창된 본질과 그것이 그들로 하여금 진정한 자기를 아는 것을 방해하는데 어떻게 이바지하고 있는가를 그들이 보도록 돕는 것이 중요하다. 이리하여 심지어 자기 멸시의 거대한 껍질들을 포함하는 사례들에서도, 낮은 자존감의 문제가 또한 교만의 문제라는 것을 기억하는 것이 중요하다.

　다른 실례는 거의 끊임없이 어리석거나 혹은 이해력이 없다고 느끼는 개인이다. 여기에서 명백한 필요라고 보이는 것은 그 사람의 지적인 신뢰를 짓는 것을 돕는 것이다. 거듭 다시, 주제는 순수하고, 단순하고, 바른, 낮은 자존감인가? 정확하게 말해서 그렇지 않다. 대신에 우리는 명백한 낮은 자존감의 문제와 섞인 교만의 다른 실례를 가지고 있다. 자신의 어리석음의 부정적인 견해 밑에 가끔 전능을 기대하는 교만 체제가 있다. 다시 우리가 그와 같은 경멸적인 자기평가들을 가지고 살고 있다는 것은 정확하게 우리가 우리의 지적인 능력의 감각을 부풀리기 때문이다: "어리석음의 합성적인 감정(resultant feeling)과 함께, 지성에 관해 자기를 얕보는 것은 이성의 전능 속에 있는 교만과 일치한다. 그리고 교만 혹은 자기멸시가 전경(foreground)에 있는가는 전체의 구조에 의존한다... 전능하게 보이는 거역할 수 없는 필요는 배우는 능력을 방해할 수 있다."50)

자기증오의 가장 마지막의 결과는 주의, 관심, 감사 혹은 타인들로부터 찬탄을 가지고 자기멸시를 완화하려는 강박적인 필요이다. 이 사람들은 만족할 수 없다. 그들은 우리를 지치게 한다. 가끔 그들의 주위에 있은 후에 우리가 왜 그렇게 소모되는 것을 느끼는가를 우리는 확신할 수 없다. 가끔 우리가 그들과의 상호작용이 결코 상호적이 아니라는 것을 깨달으면서 우리는 좌절을 느끼지만, 그러나 항상 하나의 길 - 즉 우리는 그들에게 우리의 시간, 주의와 에너지를 준다. 그러나 우리를 위해서 수행되는 그들의 일정한 노력에서 연민스러운 부르짖음이 있다. 분명하게 그들은 그들이 필요로 하는 어떤 것을 얻으려고 시도하면서 사람들을 거쳐 간다.

아마 이 낮은 자존감의 "명백한" 형태에서 간과된 것은 모든 사람이 나와 같아야 하거나 혹은 나는 완전히 사랑스럽다고 말하는 숨겨진 교만 체제이다. 인정과 애정을 얻으려는 변함없는 시도는 우리가 모든 사람으로부터 어떤 것들을 획득할 수 있다는 확신에 기초하고 있다. 여기에 두 개의 과대함(grandiosity)이 있다: (a) 우리는 타인들이 우리를 생각하는 것을 통제할 수 있고 (b) 우리가 단

---

50) Ibid.

순히 일을 하기만 해도 모든 사람이 우리를 좋아할 것이다. 이리하여 심지어 여기에서도 교만과 낮은 자존감은 함께 혼합된 것 같다.

"영광의 추구"

"자신 안에 있는 신경증적 경멸은 정확하게 무엇인가"라고 호니는 묻는다. 그녀는 대답하기를: "가끔 모든 것: 그의 인간적인 한계들; 그의 육체, 그 외모와 기능; 그의 마음의 능력들─추리, 기억, 비판적인 생각, 계획, 특별한 기술들 혹은 재능들─단순한 사적인 행동들에서부터 공적인 수행들까지 모든 활동."[51]

이 자기증오의 정도는, 의식적이든 혹은 무의식적이든, "영광의 추구"를 하도록 우리를 부추기는데, 이것은 니이버의 개념과 아주 비슷하게 들리는 호니의 개념들 중의 어떤 것이다. 영광의 추구는 항상 인간적으로 가능한 것을 넘어서 도달하려는 시도를 수반한다. "영광을 위한 모든 추진력들은 공통적으로 인간에게 주어진 것보다 더 위대한 지식, 지혜, 미덕 혹은 권력들에 도달하려고 노력하는 것이다; 그것들은 모두 *절대적인, 무제한의, 무한한* 것을 목표로 한다."[52] 니이버의 교만의 이해와 유사성은 명백하다. 우리의 유한성을 수용하는 것을 우리가 거절하는 것은 신과 같은(godlike) 신분을 얻으려는 쉼 없는 시도를 우리 안에 야기한다. 그러나 또한 호니의 로저스와의 유사성을 주목하라. 영광의 추구는 자기실현을 향한 우리의 추진력의 왜곡이다. 그것은 우리

---

51) Ibid., p. 139.
52) Ibid., p. 137.

가 되어야할 존재의 배신이고, 용납될 수 없음(unacceptability)의 강한 감정들에 기초한 자기소외로의 추락이다. 예를 들면, 다른 경우에서, 호니는 영광의 추구를 이런 방식으로 묘사한다: "그것은 그 결과들에서 파괴적일지라도, 그럼에도 불구하고 그것은 그의 좁은 한계들을 넘어서 확장하려는 인간의 최고의 욕망들에서 생긴다. 그것과 건전한 노력들을 구별하는 것은, 마지막 분석에서, 바로 그 거대한 이기심이다."[53]

건전한 노력이 성장하고, 진보하고 성취하려는 고유한 동기에서 생기지만, 이 영광의 추구는 한계들을 부정하고, 사실들을 왜곡하고 강박적으로 추진된다. 건전한 노력이 우리의 선택들의 자발성에 기초하지만, 영광의 추구는 무제한적인 힘을 위한 갈망에 의해 유도된다. 그것이 권위주의적 확실성이든, 완벽한 올바름이든 혹은 완전한 선이든, 절대성이 구현되어야 한다. 못 미치는 어떤 것도 불만족스럽다. 이 추구는 어떤 형태의 느긋함도 불가능하게 만든다. 우리가 합법성을 확신하려면 해야 할 더한 그 무엇이 항상 있다.

신경증적 주장들과 권리

가끔 이상화된 자기는 현실의 자기뿐만 아니라 또한 타인들에게 요구들을 올린다. 타인들의 과도하고, 격상된 기대들은, 물론, 우리 자신들의 격상된 견해에서 자란다. 다른 말로 하면, 우리는,

---

53) Ibid., p. 34.

우리의 우월한 자리에서, 그것을 받을 가치가 있기 때문에 우리는 타인들에게서 많은 것을 기대한다. 우리는 요구들을 올리고 이 우월의 기초 위에서 주장들을 할 수 있는 권리가 있다. 우리는 다른 사람에 의해 결코 실망당하지 않을 권리가 가지고 있다.

호니는 이 과정을 신경증적 주장들(claims)의 발달이라고 설명한다. 이 책략에서 소원 혹은 필요는 요구로 바뀌고, 그리고 모든 우리의 주장들이 충족되지 않으면 그것은 큰 위반이라고 여긴다. 그것은 단순히 불공평한 것이다. 일반적인 권리의 감정에서 나타나는 팽창된 명령들은 다른 사람들, 제도들과 삶 자체를 지향한다.

이 신경증적 주장들은 버릇없는 아이와 매우 흡사하다. 그러나 호니는 이것은 아이를 위한 공평한 비교가 아니라고 주장한다. 이런 종류의 권리 욕구를 가진 어른을 "유치하다"라고 부르는 것은 유아가 타인들의 필요들과 한계들을 이해하는 능력을 발전시키지 못한다는 사실을 간과한다. 예를 들면, 작은 어린 아이들은 어머니의 수면의 필요를 전혀 모른다. 신경증적 어른들은 이 인지적 한계들을 가지고 있지 않다. 그러나 그들의 신경증적 주장들의 강박성은 우리가 행하는 것을 멈추고 즉시 그들의 당연한 필요들을 돌보아야 한다고 고집한다. 결국 그들은 어떤 노력들도 없이 그들에게 다가오는 것들을 위한 우주적 권리를 가지고 있다. 페리스(Paris)는 신경증적 주장들에 관해 다음의 논평을 제공한다:

주장들은 우리의 해결 방법이 작용하기 위해 필요한 것은 무엇이든 우리가 받을 것이라는 기대를 또한 포함한다. 자시소멸적인 사람들이 기대하는 것들 중에는 사랑, 보호, 이해, 동정, 충성과 그들의 선함의 평가가 있다. 교만한-앙심을 품은 사람들은 벌을 받지 않고 죄책감이 없이 타인들을 착취할 권리를 느낀다. 자기도취적 사람들은 그들의 동료들로부터 무조건적 사랑과 찬탄, 쉬운 탁월성, 그리고 불변의 좋은 행운을 요구한다. 완벽주의자들은 "빛나는 찬탄보다는 타인들에 대한 존경"과 그들의 청렴에 대한 정당한 보상을 요구한다. 단념한 사람들은 사적인 생활의 권리를 요구하고; 어떤 사람도 그들에게서 어떤 것도 기대해서는 안 되고 그들은 생계를 꾸리고 책임들을 떠맡는 것에서부터 면제되어야 한다.[54]

신경증적 주장들은 항상 자기 잇속만 차리는(self-serving) - 혹은 내가 말듯이, 이상화된 자기에 이바지하는 것이다.

순수한 자존감과 신경증적 교만

그럼 진짜의 자기신뢰(self-confidence)와 신경증적 교만 사이의 차이들은 무엇인가? 호니는 두 가지가 "가끔 너무 많이 같이 보이기 때문에 이해할 수 있는 혼동이 그것들의 차이들로 인해 대부분의 마음들 속에서 창조된다"라고 말한다.[55] 우리는 그것들을 어떻게 구별할 수 있을까? 호니를 안내자로 사용하면서, 나는 다음에 그것들의 핵심적 차이들의 윤곽을 살펴본다.

---

54) Ibid., p. 176.
55) Paris, *Karen Horney*, p. 208.

건전한 자존감	신경증적 교만
건전한 자존감은 자신의 현실적인 평가에 기초한다.	신경증적 교만은 사람이 가져야 한다는 영광스러운 특징들을 가진 상상적인 자기의 창조에 기초한다.
건전한 자존감은 자신의 진정한 존재와 잠재력과 일치하는 목표들을 추구한다.	신경증적 교만은 영광과 승리를 냉혹하게 추구하는 거짓의 자기를 창조한다.
건전한 자존감은 첫째로 인격의 특성들 위에 근거를 둔다.	신경증적 교만은 우선 위엄한 가치를 가지고 있는 성취들, 학식들 혹은 관계들 위에 근거를 둔다.
건전한 자존감은 자기존경과 자기애를 잃지 않고 개인적 결점들과 부담들을 인정하고 수용한다.	신경증적 교만은 속박이 풀린 미덕들을 요구하고 끊임없는 확증을 필요로 하지만, 쉽게 상처받고 자기를 비하한다.
건전한 자존감은 있는 그대로 실재를 받아들인다.	신경증적 교만은 특별한 호의, 권리와 면제를 받을 권리를 느낀다.
건전한 자존감은 도덕적 한계들과 오류를 인정하고 받아들인다.	신경증적 교만은 현실의 도덕적 흠들을 최소화하고 높은 이상들에 단순한 지적인 동의의 가치를 확대한다.
건전한 자존감은 자신의 인격적인 "어두운 측면"의 활동들을 인정한다.	신경증적 교만은 이 주제들을 부정하고, 억압하거나 혹은 무시하고, 그것들을 다른 사람들에게 투사하거나 혹은 그것들을 생존을 위해 필수적인 것으로 정당화한다.
건전한 자존감은 사람이 그/녀의 이상들에 맞게 살지 못할 때 일시적인 죄책감과 후회의 고통을 겪을 수 있다.	신경증적 교만은 사람이 부족할 때 수치심, 굴욕과 자기멸시 속에 빠진다.

건전한 자존감은 이미지보다 실재에 더 관심을 가진다.	신경증적 교만은 실재보다 이미지에 더 관심을 가진다.
건전한 자존감은 심한 고통 혹은 격분이 없이 개인적인 실수를 껴안을 수 있다.	신경증적 교만은 극단적인 자기책망이 없이 완벽보다 덜한 것을 견딜 수 없다.
건전한 자존감은 취약성을 수용한다.	신경증적 교만은 취약성을 멸시하고 자존심이 상처를 받을 때 앙심을 품고 욕설을 퍼붓는다.
건전한 자존감은 독자적으로 책임을 수용한다.	신경증적 교만은 잊어버리고, 정당화하고, 변명하거나 혹은 개인적인 실패들에 대해 타인들을 비난한다.

신경증적 교만은 사람이 제멋대로 가로챘던 속성들에 기초하고 있다는 것을 기억하는 것이 결정적이다. 다른 방식으로 말해서, 그것들은 단지 상상 속에 있는 특성들이다. 어떤 자기 발달이 없이 심오한 자기신뢰를 가지려는 욕구는 가끔 미국사회에서 분명하게 나타난다. 자존감은 새로운 형태의 권리가 된다. 우리는 심지어 우리의 능력들의 어떤 것을 개선하고 계발하려고 아무 것도 하지 않을지라도 우리 자신들에 관해 좋은 것을 느낄 권리를 가지고 있다. 우리는 성장하는 자기개념(self-concept)을 가질 자격이 있다. 그러나 완전히 미발달의 자기(undeveloped self)에 관해 좋게 느끼려고 시도하는 것은 몰락하고 있는 집을 자랑스럽게 느끼려고 시도하는 것과 같다. 영광의 환상들은 현실의 자기와 그것의 순수한 잠재력에 대한 노력의 결핍을 보상하지 못한다. 즉각적인 자존감(instant self-esteem)은 급한 해결의 접근 방법을 시장에서 파

는 자조의 책들(self-help books)과 같은 깊이를 가지고 있다.

이것은 본회퍼가 자주 "값싼 은혜"라고 불렀던 것의 심리학적인 번역인 것 같다. 자기수용의 요점은 더욱이 자기발달이다. 우리는 지금 그대로 우리를 순수하게 인정하고 수용하면서 우리는 자기침체가 아니라 더 이상의 자기실현을 향해 나아가게 된다. 공로들(works)이 없는 신앙이 죽은 것과 같이, 더 나은 자기발달이 없는 자기수용은 무의미하다.

교만 대 자기멸시의 논쟁에 대한 호니의 공헌

우리는 기본적인 불안, 그 불안에 대한 세 가지 움직임들 혹은 "해결 방법", 이상화된 자기, 신경증적 요구들, 자격심(sense of entitlement), 현실적 자기의 거절에 대한 호니의 탐구가 교만과 자기멸시 사이의 관계에 도움이 되는 통찰력들을 어떻게 제공하는가를 보았다. 가끔 간과되었지만, 호니의 관찰들은 자기의 높임(exaltation)과 혐오에 대한 투쟁의 명석한 분석을 제공한다.

호니는 기본적 불안과 수용을 얻으려는 욕구가 이상화된 자기를 창조하도록 우리를 강요한다는 그녀의 견해에서 로저스를 지지한다. 이것은 오히려 긴급한 충동이다. 우리는 현실의 자기가 충분하지 않다고 확신하기 때문에 우리의 이상화된 자기의 특성들을 사칭한다. 우리는 현실의 자기에 기초해서 성공할 수 없다는 것을 두려워한다. 그것은 너무 연민스러워서 고의로 교만할 수 없는 것 같다. 다시 이 해석은 낮은 자존감 혹은 자기멸시가 본래적이라는 로저스의 확신과 어울리는 것 같이 보인다.

그러나 특히 그녀의 후기의 저술에서, 호니는 기본적 불안으로 인해 진정한 자기에 만족하지 못하기 때문에, 우리는 신경증적 교만에 뿌리를 둔 거짓된 자기를 창조한다고 주장한다. 신경증적 교만의 본래의 특징은 그것이 현실의 자기의 한계들 내에서 사는 것을 거절한다는 것이다. 현실의 자기의 한계들을 탈출하고 허구의 이상화된 자기에 따라 살려는 이 욕망은 니이버의 교만과 같이 들린다. 그것은 그 자체의 한계들을 증오한다. 호니가 말하듯이, "무한하고 절대적인 것에 도달하려는 인간은 또한 그 자신을 파괴하기 시작한다."56) 이 불안은 이런 방식으로 조정될 필요가 없다. 호니에게 이 거짓된 교만의 길은 모든 신경증 환자들의 길이고; 니이버에게 그것은 모든 사람의 길이다. 다르게 말해서 더 심각한 신경증 환자는 우리 모든 사람 안에 있는 형태(pattern)의 색채가 풍부한 초상(colorful portrait)을 밖으로 나타낸다.

게다가, 호니의 세 가지 움직임들은, 그것들의 이상화된 해결 방법들과 함께, 니이버에 의해 확인된 패턴들과 필적하는 것 같다. 명백하게 『인간의 본질과 운명』에서 기술된 지배적인 패턴은 호니의 타인들에 반해 움직이기를 묘사한다. 권력, 신분, 지식 혹은 도덕적 패권(moral supremacy)의 몰입은 분명하게 호니의 "확장적인 해결 방법"과 어울린다. 공격적인 자기표현은 우리의 유한성에서 건축된 불안을 분쇄하기 위한 시도 안에서 타인들을 지배한다. 호니는 권력에 굶주린 사람의 생생하게 그린 기술을 제공한다:

그는 지배력을 의미하는 모든 것을 자신 안에서 미화하고 계발한

---

56) Horney, *Neurosis and Human Growth*, p. 154.

다. 타인들에 관한 지배력은 어떤 방식에서 탁월하고 우월할 필요를 수반한다. 그는 타인들을 조정하거나 혹은 지배하며 그들이 그에게 의존하도록 만드는 경향이 있다. 이 추세는 또한 그가 그에 대한 그들의 태도에서 기대하는 것 안에 반영된다. 그가 찬탄, 존경, 혹은 인정을 얻으려고 힘을 쓰든 혹은 쓰지 안 든, 그는 그들이 그에게 종속되고 그를 존경하는데 관심을 가진다. 그는 그가 불평하거나, 달래거나 혹은 의존한다는 생각을 몹시 싫어한다.[57]

다른 한편으로 자기포기 안에서 타인들을 향해 움직이는 것은 니이버의 육욕의 한 형태의 토론과 어울리는데, 이것은 우리의 존재의 중심으로서 다른 사람을 우상 숭배하는 것이다. 하나님 안에서 우리의 중심을 잃었기 때문에 우리는 파트너를 신으로 바꾼다.

니이버의 육욕의 다른 표현은 호니의 "멀어지기"(moving away) 그룹과 동일시될 수 있다. 여기에서 문제는 어떤 형태의 분리된 활동을 통해서 자기로부터 탈출하는 것이다. 그것이 화학제품의 사용이든, 인터넷의 강박적인 사용이든, 혹은 텔레비전의 자기도 피적인 시청이든, 희망은 이탈의 어떤 과정에 스스로 빠져들면서 인간의 삶의 혼동들, 애매함들과 소란들에서 벗어나는 것이다.

호니는 니이버가 타인들을 희생해서라도 불안 해결의 "타인에 반해 움직이기"를 강조했다는 여성주의 신학자들에게 의심 없이 동의했을 것인데, 이 강조는 여성의 주제들을 적줄하게 설명하지 않는다는 것이다. 그러나 그녀는 심지어 사람들을 향해 움직이기

---

57) Ibid., p. 214.

와 사람들로부터 멀어지기 안에서도 교만은 작용하고 있다는 니이버에게 동의했을 것이다. 그러나 어떤 종류의 교만인가? 그것은 확실히 우리가 가끔 교만과 연결하는 대담한 자부심과 같이 보이지는 않는다. 그러나 호니는 심지어 가장 자기소멸적인 행동에서도 작용하는 무의식적 교만 체제의 연료를 공급하는 이상화된 자기로 우리를 데리고 간다. 우리가 보았듯이, 우리가 무욕, 자기희생과 관대에서 최고가 될 수 있다고 믿는 것이 교만의 한 형태이다. 우리는 우리 자신들을 위해서 필요들을 가지거나 혹은 관심을 느끼는 인간의 딜레마를 "넘어서야" 한다. 대신에 우리는 타인들보다 더 인내하고, 인간적으로 가능한 것보다 더 주고, 어떤 것보다 더 자기를 부인해야 한다고 말하는 팽창된, 이상화된 자기에 의해 내몰린다. 무엇이 우리에게 우리가 인간 이상이 되어야 한다고 말하고 있는가? 그것은 우리 자신의 교만 체제이다. 우리가 이 모든 것들을 성취하지 못한 것에 대해 우리 자신들을 저주하는 그 정도는, 부분적으로, 높아진 자기기대의 징후이다. "우리 자신들의 너무 많은 것을 기대하는 것"은 교묘한 형태의 교만을 포함할 수 있다.

 이것은 말하기에 거슬리는 것 같다. 그것은 낮은 자존감으로 인해 고통을 겪고 있는 사람들에게 불공평한 것 같다. 그러나 우리가 우리 자신들의 건전한 견해를 발전시킬 수 있기 전에 우리는 가끔 이상화된 자기와 그것의 교만 체제를 해체해야 한다. 이상화된 자기의 과대함은 우리가 건설적인 방법으로 우리 자신들을 돌보기만 하면 수축될 것이다.

 요점은 교만과 자기멸시의 주제는 돌이킬 수 없이 함께 묶여 있다는 것이다. 『신경증과 인간 성장』에서 캐런 호니는 단순히 말하기를, "교만과 자기멸시는 실제로 한 실체(entity)이다."[58] 다른 말로 하면, 이미 본래대로의 교만체제가 없다면 우리는 자기증오를 가질 수 없다. 버나드 페리스의 말을 인용하면, "자기증오는 교만 체제의 최후의 결과이다."[59] 이 교만/자기증오의 복잡성들은 심지어 가장 자기소멸적인 해결 방법에서도 신경증적 교만의 자국을, 심지어 가장 자기확장적인 해결 방법에서도 낮은 자존감의 자국을 포함한다. 그것은 로저스 대(versus) 니이버의 처음의 대립들이 우리를 믿게 했던 것처럼, 이것이냐 저것이냐의 주제가 아니다.

이 교만과 자기멸시의 이중의 문제를 기술함에 있어서, 호니는 말하기를, "그것들은 한편으로 환호(acclaim)를, 그리고 다른 한편으로 자기 망신적인(self-disgracing) 혹은 자기 패배적인(self-defeating) 힘들을 일소함으로써 야기된 딜레마의 결과로서 일어난다."[60] 나르시시즘을 다루는 임상 의사들은 높임에 대한 시도들 밑에 연약하고 상처받기 쉬운 자기를 설득력 있게 지적한다. 진정으로 불안전은 교만의 기초가 된다. 그러나 많은 자기비난, 비독선(nonassertiveness)과 자기멸시 밑에 교만 체제가 있다는 것은 또한 사실이다. 다른 말로 하면, 자기 명예를 훼손하는 태도 밑에 이상화된 자기가 있다. 아마 이 이상화된 자기는 영원한 인내, 냉정 혹은 끊임없는 자기희생에 고착되지만, 그러나 요점은 그것은 인간

---

58) Ibid., p. 110.
59) Paris, *Karen Horney*, p. 212.
60) Horney, *Neurosis and Human Growth*, p. 140.

이 되는 한계들을 초월하는 자기기대에 의해 연료를 공급받는다는 것이다.

바로 여기에서 호니의 연구가 심리학적으로 니이버의 요점을 이해하고, 동시에 자기저주(self-condemnation)와 자기혐오(self-loathing)가 가득 찬 사람에 대한 로저스의 작업을 충분히 평가함에 있어서 매우 도움이 된다. 나는 내가 "되어야" 하는 자기(self)가 아니기 때문에 나 자신을 견딜 수 없다. 그러나 내가 "되어야" 하는 자기는 무의식적인 교만 체제로부터 건설된다. 호니에게, 교만도 자기멸시도 결코 혼자서 서지 못한다. 전자의 태도의 그림자들 속에서 숨어있기 때문에, 우리는 또한 후자의 것을 발견할 수 있다.

이 교만과 자기멸시의 상호적 관계에 관한 호니의 복잡하고 포괄적인 이론은 사람들은 매우 높게 자신들을 생각한다는 데비드 마이어스(David Myers)의 결론을 받아들이는 것을 매우 어렵게 만든다. 우리가 제1장에서 보았듯이, 마이어스는 사람들과 면담들 혹은 질문 조사들을 하는 동안 만났던 "자기희생적 경향"은 그들이 자기 자신들을 어떻게 생각하는가에 대한 마지막 말이라고 믿는다. 그러나 이 의식적인 자기 보고가 개인의 자기평가의 전체의 이야기를 말하는 것 같지 않다. 마이어스는 무의식적 요인들 안에서 혹은 사람을 세게 당기는 자기멸시의 감정들에 대한 설명적인 보상들 안에서 의미심장함을 발견하지 못한다. 자기평가를 묻는 급속한 앙케트들이 사람들 내에 진정으로 진행하고 있는 것을 얻을 수 없다. 긍정적인 자기평가들은 자기의심의 지하 세계를 방어적으로 가리는 시도라고 해도 무리는 아니다. 나는 낮은 자존감은 과도하게 사용된, 일방적인 분석이라는 마이어스에게 동의한다.

그러나 나는 또한 교만의 진단이, 자기멸시와의 그것의 관계의 이해가 없다면, 동등하게 일방적이라는 것을 믿는다.

치료의 과업들 중의 하나는 내담자들이 자기정당화의 보상적인 차원 밑으로 들어가고 그들이 그들의 행동에 관해 가지고 있는 더 기본적인 설명들에 관해 말하는 것을 돕는 것이다. 이것은 영화『굿 윌 헌팅』(Good Will Hunting)에서 예술적으로 예증되었다. (메튜 다이몬이 연기한) 윌 헌트의 자기지각의 사회학적인 개관으로부터, 우리는 그가 지나친 자기존중의 고통을 겪었다고 결론을 내릴 수 있을 것이다. 결국, 그는 오만하고, 그 자신으로 가득 차있고 그의 지성을 대단히 자랑스럽게 여기는 것같이 보인다. 그러나 그의 치료사, (로빈 윌리암스가 연기한) 숀은 그의 보상적인 허풍이 가라앉도록 인내심을 가지고 기다렸기 때문에 그는 그의 깊은 부적절감을 말할 수 있었다. 분명하게 그는 그의 자기멸시를 방어적으로 유지하기 위해서 그의 지성을 사용했다.

요약해서, 우리는 불안은 교만뿐만 아니라 또한 자기멸시를 앞선다는 것을 인정해야 한다. 그런 의미에서 불안은 정말로 본래의 문제이다. 그러나 불안은 잘못 다루거나 혹은 잘못 해석될 필요가 없다. 신학적으로 말해서, 우리의 유한한 존재에 관해 본질적으로 죄스러운 것은 아무 것도 없다. 불안이 부적절의 가능성을 속삭일 수 있지만, 그러나 한편 부적절의 판단을 일으키는 것은 비현실적인 기준들에 의한 현실의 자기의 척도(measuring cf(actual self)이다. 그리고 니이버는 불안은 우리가 신뢰하지 못할 때 단지 역기능적인 문제가 된다는 것을 급히 덧붙여 말할 것이다. 보상적이고 강박적인 행동에게 모든 것이 잘 되고 있다는 것을 확신하도록 요구하는 것은 바로 이 근본적인 불신 혹은 "불신앙"이다.

이리하여, 호니의 연구는, 교만을 강조하는 어거스틴의 전통은 여성주의자의 교정과 자기멸시의 힘에 대한 로저스의 강조를 필요로 한다는 것을 시사한다. 그러나 그녀의 연구는 또한 낮은 자존감 혹은 과소평가된 자기 강조는 어거스틴의 교만의 강조의 지혜를 필요로 한다는 것을 시사한다. 호니는 우리 각 사람 내에 "교만 체제"는 우리가 생각할 수 있는 것보다 훨씬 더 교활하다는 것을 도도하게 지적한다. 우리가 전경에서 교만 혹은 낮은 자존감을 보는 곳에서 우리는 배경에서 그것의 정반대를 항상 발견할 것이다. 관계는 이것이냐 혹은 저것이냐가 아니다. 사실상 그것들은 깊이 서로 얽힌 연결을 공유한다.

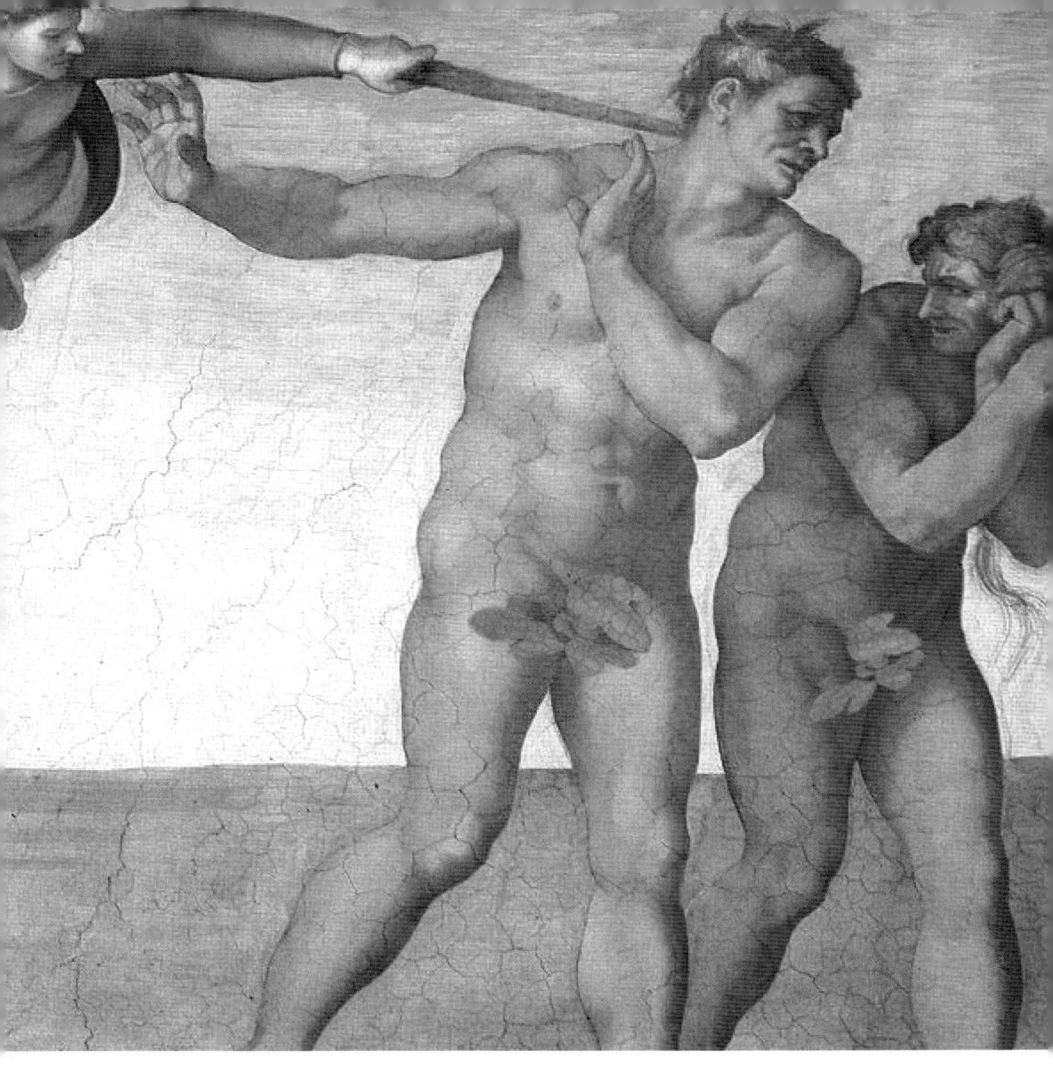

chapter 07

불안, 죄와 자기이해

무한한 영광에 이르는 쉬운 길은 또한 불가피하게 자기멸시와 자기고통의 내적 지옥에 이르는 길이다. 이 길을 걸으면서 개인은 사실상 그의 영혼 — 그의 진정한 자기를 잃는다.
캐런 호니

제7장
불안, 죄와 자기이해

나는 단순한 질문을 가지고 이 연구를 시작했다: 인간 조건에서 교만 혹은 자기멸시 중에 어느 것이 본래적인가? 다르게 말해서, 우리 인간은 우리 자신들을 과대평가하는 혹은 과소평가하는 경향이 있는가? 우리가 보았듯이, 전통적인 어거스틴의 신학, 여성주의 신학과 인본주의 심리학은 이 주제에서 다르다. 우리는 그의 여성주의자 비판가들을 목격하고, 인본주의 심리학자 칼 로저스의 입장을 탐색하면서 니이버의 연구를 조사했다. 더욱이 우리는 캐런 호니의 연구를 통해 막다름(deadlock)을 표현하려고 시도했다.

이 마지막 장에서 나는 어거스틴-니이버의 교단에 대한 강조와 여성주의자와 인본주의 심리학의 자기상실과 자기멸시의 토론을 통합하는 일을 하기를 원한다. 다시 나는 (a) 두 가지 관점들은 모두 인간 조건의 이해를 위해 중요하고 (b) 다른 것에서부터 고립된 한 가지 관점은 죄의 효과적인 기독교적 이해를 불안정하게 할 것이다. 내가 제시했듯이, 그것은 이것이냐 혹은 저것이냐의 문제가 아니다.

지난 장에서 지적했듯이, 나는 캐런 호니가 교만은 물론 자기 멸시의 관점들의 지혜에 대한 우리의 평가를 크게 도왔다고 믿는다. 나는 지금 니이버의 신학적인 소리들과 그의 여성주의자 비판가들에서 표현된 이 두 가지 전통들이 서로를 잘 이해할 수 있는 방법들을 제시하기를 소원한다. 어거스틴-니이버의 교만과 여성주의자의 자기부정에 대한 강조 사이의 이 다리를 시도함에 있어서 (1) 교만과 불신의 관계, (2) 신학적인 주제로서 교만과 심리학적 주제로서 교만 사이의 구별, (3) 니이버가 사용했던 말들, 교만과 육욕의 넓이, (4) 죄에 대한 남자 대(versus) 여자의 관점의 한계들, (5) 우리가 동등하게 죄가 있고 그리고 우리가 동등하게 죄책감을 느낀다고 말하는 것 사이의 차이에 초점을 두는 것이 중요할 것이다. 나는 니이버의 관점들과 여성주의자의 관점들 사이의 차이들을 최소화하는 것을 원하지 않지만, 그러나 두 가지가 모두 가치 있는 공헌을 한다고 믿으면서, 나는 그것들이 어떻게 결합할 수 있는가를 보이려고 시도할 것이다.

어거스틴의 교만과 여성주의자의 자기상실 사이에 중간의 근거를 성취하기를 시도했기 때문에, 그 다음 나는 로저스와 인본주의 심리학에서 죄의 적절한 교리에 대한 가장 큰 문제라고 여기는 것을 조사할 것이다. 인본주의 심리치료들이 가끔 도움이 되는 것만큼, 그것들은 존재론적 불안의 문제에 적절한 해답을 가지고 있지 않다. 나는, 키에르케고르, 니이버와 롤로 메이의 전통에서, 존재론적 불안의 문제가 정말로 죄의 발생시키는 근거(breeding ground of sin))가 된다는 것을 주장할 것이다. 더욱이 우리는 필요-결핍 혹은 낮은 자존감으로 인해 단지 죄를 짓지 않는다. 우리는 또한 힘과 과장된 자기존중으로 인해 죄를 지을 수 있다.

교만과 자기멸시의 관점들을 통합하는 것

어떤 사람은 교만과 싸우지만, 다른 사람은 낮은 자존감과 씨름한다고 왜 단지 말하지 않는가? 우리가 묘사하는 사람들에 의존한다면, 두 가지 모두 진실하지 않을 수 있을까? 어떤 사람은 정말 교만하다. 어떤 사람들은 정말 낮은 자존감을 가지고 있다. 사람들은 단순하게 다르다. 이 접근은 교만과 자기멸시 사이의 극단들의 한 가지 측면을 단지 집중함으로써 인간 조건의 풍부한 복잡성을 잃는다. 내가 보이려고 시도했듯이, 주제는 그것보다 더 복잡하다. 많은 개인들의 자만심이 강한 행동 밑에 부적절(inadequacy)의 추적하는, 자기의심의 소리가 있다는 것은 자주 지적된다. 그러나 나는 또한 돕는 직업들에 가끔 무섭게 출입 금지된 다른 가능성을 제시했다: 낮은 자존감을 가진 사람은 배경 속에 숨어있는 교만 체제를 가질 수 있다. 낮은 자존감의 "명백한" 문제는 그것이 처음 보이는 것보다 더 미묘하고 복잡하다. 많은 치료사들은 팽창된 사람들을 다루는 최고의 방법은 자기높임의 밑에 있는 불안전에 그들의 주의를 되돌리도록 한다는 것을 이해한다. 나는 낮은 자존감을 가진 사람들이 그들을 압제하는 고유의 교만 체제를 볼 때까지 그들의 자기멸시 안에 꼼짝 못하게 머물 수 있다는 것을 또한 제시한다.

창세기 기사에서 첫 번째 부부는 "그들보다 덜하기"보다 "그들보다 더한" 존재가 되도록 유혹을 받았다. 확실히 비현실적인 자기요구들, 완벽을 위한 기대들과 엄격한 자기의 정밀조사(self-scrutiny)는 우리가 인간 한계들을 넘어서 스스로 확장할 것을 기대하는 교만 체제에서 태워난다. 이 낮은 자존감 문제의 재구조화(reframing)는 우리는 무의식적으로 우리 자신들에게 너무 힘들게 하는 것을 자랑스럽게 여기면서 성장했기 때문에 우리들 중에 많은 사람에게 충격을 줄 수 있다. 이리하여 나 자신의 자기저주들의 와중에서, 아마 나는 "나는 누구라고 생각하는가?"의 질문을 제기해야 한다. 아마 나의 낮은 자존감의 감정들이 팽창된 자기 기대들(self-expectations)과 함께 암묵적인(implicit) 교만 체제에 부착된다는(attached) 것을 나는 발견할 것이다. 그러나 나의 교만 체제는 내가 생각할 수 있는 것보다 포기하기가 더 어려울 수 있을 것이다.

바로 여기에서 호니의 이론이 칼 로저스의 것보다 더 포괄적이고 더 미묘한 차이를 준다. 로저스에게, 우리가 보았듯이, 문제는 항상 결국 자기수용의 결핍이다. 어떤 의미에서 호니는 이것에 동의할 것이다. 결국 필사적으로 수용을 필요로 하는 것은 이상화된 자기가 아니라 현실의 자기이다. 그러나 호니는 자기수용에 도달하는 것은 그들의 생물학적으로 성장을 위한 힘을 펼치는 사람들을 단순히 지지하는 것보다 낮은 자존감 밑에 교만 체제를 도려내는 것을 필요로 한다는 것을 믿는다. 단순하게 말해서, 낮은 자존감은 로저스가 허용한 것보다 더 복잡하다. 로저스는 낮은 자존감의 다른 측면을 토론하지 않는다. 그는 우리가 타인들의 내사된 가치들(introjected values)에 반대하여 우리 자신을 측정할 때 우리가 느끼는 자기멸시를 기술하지만, 그러나 그는 이상화된 자기를 진행하게 만드는, 우리 자신의 정교한 교만 체제에 관해 많이 말하지 않는다. 그리고 더 큰 자기수용을 향해 우리를 움직이도록 돕는 것은 바로 이 숨겨진 교만 체제의 해체일 것이다. 그러나 이것을 하기 위해서, 우리는 그것이 우리 자신의 *교만*이고 단지 다른 사람들의 엄격한 기대들에 의해 야기된 낮은 자존감으로 보지 않아야 한다. 우리는 우리 자신들의 팽창된 상(inflated picture)을 가지고 있기 때문에 우리 자신들에 관해 지겹다고 느낀다.

교만-불안전의 딜레마(dilemma)의 이중의 측면을 설명하기 위해, 그들의 행동이 자신들은 물론 타인들에 대해 문제들을 창조할지라도 상담자를 보는 것을 거절하는 개인들을 고려해보라. 다른 한편으로 우리는 그들이 치료에 가는 것을 "두려워하고," 너무 불안전해서 다른 사람 앞에서 어떤 약함을 받아들일 수 없다고 쉽게 말할 수 있다. 아무튼 그들은 낮은 자존감을 가지고 있다. 그러나 이 저항의 다른 측면은 그들은 치료를 필요로 하지 않는다는 믿음에서 생긴다. 타인들은 이 봉사로부터 이익을 얻을 수 있지만 그들이 가야할 필요는 없다. 그들은 다른 사람의 도움이 없이 자신들을 약간 검토할 수 있다. 그들은 자족적이다. 그들의 숨겨진 교만 체제는 그들이 자신의 문제를 고정할 수 있어야 한다고 그들에게 말한다. 타인들은 더 약할 수 있고 전문적인 서비스를 필요로 할 수 있지만, 그들은 그렇지 않다.

따라서 그들은 너무 불안전하여 도움을 구할 수 없거나 혹은 너무 오만해서 그들이 어떤 도움을 필요로 한다고 생각하지 않는가? 아마 두 가지 모두일 것이다. 그것들은 진행되는 긴장에서 뒤로 앞으로 진동한다. 어떤 사람도 단지 자존감의 문제만을 가지고 있지 않고; 어떤 사람도 단지 교만의 문제만을 가지고 있지 않다. 교만과 자기멸시의 분리할 수 없는 본질을 이해함으로써 우리는 양극단이 본래의 실재를 대표하는 질문으로부터 멀리 갈 수 있다. 우리가 전자를 발견하는 곳에서 우리는 아마 후자를 발견할 것이다. 한 개의 극이 분명하게 지배할 수 있다. 그러나 우리가 교만 대 자기멸시의 주제의 숨겨진 구조를 탐색하기 시작하면서 우리는 두 가지 모두 동시에 존재한다는 것을 발견할 수 있다.

니이버와 여성주의자의 죄의 이해로 되돌아가기

어거스틴의 전통을 위한 대변인으로서 니이버는 교만의 인간 문제의 매우 통찰력 있는 분석을 제공한다. 심지어 그의 여성주의자 비판가들도 이것을 논박하지 못한다. 그러나 그의 분석은 단지 한 형태의 교만, 팽창된 자기주장의 교만을 거의 배타적으로 다룬다는 것이 사실이다. 니이버는 다른 형태의 교만을 인정하지만, 그러나 그것들에 관해 별로 말하지 않는다. 니이버가 저술했던 역사적인 기간을 고려한다면, 파시즘(fascism)과 오만한 독재자들의 부상과 함께, 이것은 가장 이해할 수 있다. 그러나 프라스코와 다른 사람들이 지적했듯이, 니이버는 전면적인 인간 조건의 초상을 제공한다고 주장한다. 여성주의자는 니이버는 본래 자기를 증진시키는(self-promoting) 사람들을 말한다는 요점을 확실히 가지고 있다. 다시 니이버가 다른 형태들의 교만을 인정하지만 그는 그것들을 발전시키지 못한다.

그러나 니이버가 자기포기(self-abandonment)의 주제를 토론한다는 것을 기억하는 것이 중요하다. 그는 우리가 자기가 되는 것을 거절할 때 우리는 자기됨(selfhood)을 피하도록 우리를 돕는 어떤 것에 고착한다고 믿는다. 우리가 고착하는(fixate) 어떤 것은 하나님-교체물(God-replacement)이다. 그것은 자기가 되려는 싸움으로부터 "구원"을 제공한다.

그러나 프라스코(Plaskow)와 다른 여성주의자들은 이 하나님-교체물이 항상 교만을 포함하는지를 묻는다. 자기포기가 더 정당한 문제가 아닌가?

이 질문에 대한 니이버의 반응은 아마 모든 형태들의 하나님-교체물은 교만에 뿌리를 내리고 있다는 것일 것이다. 왜 그런가? 그것은 우리가 자기와 그 불안들에 부당하게 집중하기 때문이다. 니이버에게 교만은 단지 자기팽창이 아니라 자기몰입을 의미한다. 우리의 삶들은 하나님 안에서 단지 발견될 수 있는 안전을 찾으려고 완전히 열중하게 된다. 우리는 하나님과 다른 "신"을 교체한다. 이 새로운 우상숭배는 안전을 느끼려는 시도이다.

교만과 불신

이런 방식이든 혹은 저런 방식이든, 인간의 교만은 우리의 근원이 되는 분(Source)에 불신과 항상 관련되어 있다. 이 불신은 불안과 교만 사이의 간섭하는 변수이다. 불안과 교만 사이에 교환이 있다 - 즉 하나님 대신에 자신의 존재의 중심에 자기를 두는 것이다. 니이버가 말하듯이, "무절제한 자기애의 죄는 이리하여 하나님 안에 신뢰의 결핍의 이전의 죄를 가리킨다."[1] 교만은 우리가 이 신뢰의 결핍으로 인해 하나님 안에 우리의 중심을 잃었을 때 단지 발생할 수 있다. 니이버는 인간 역사에서 개인적, 사회적, 경제적인 교만에 관해 너무 강력하게 서술하기 때문에, 이 교만의 다른 측면 - 중심에 자기를 두는, 하나님에 불신을 간과하는 것은 쉽다. 랑돈 킬키(Langdon Gilkey)가 그의 니이버의 탁월한 연구에서 적듯이, "이런 고로 하나님으로부터 소외, '불신'은 우리의 유한성을 하나의 문제로 바꾸려는 그것으로서 미리 추정된다. 그 다음 우리의 삶과 그것의 의미에 관한 불안은 죄에 불가피한 유혹이 된다."[2]

이리하여 교만의 다른 측면은 "불신앙" 혹은 불신이다. 사실상 우리는 교만에 관해 말하지 않고 불신앙에 관해 말할 수 없다. 우리가 하나님 안에 우리의 신뢰를 두는 것을 그만 두는 순간에 우리는 교만의 죄를 범한다. 우리는 이것을 행할 때 우리는 불안전을 느낄 수 있다. 우리는 깜짝 놀랄 수 있다. 우리는 어떤 떨리는 자기의심들을 가지고 심지어 그것을 할 수 있다. 그러나 우리는 하나님을 대신하고 우리 자신의 노력들을 우리의 삶의 중심으로 삼는다. 이것은 변함없이 우리 자신의 안전에 대한 과도한 집중을 가져온다.

이 하나님에 불신은 우리의 불안을 영속시킨다. 우리는 삶에 책략을 사용하게 되고, 불안의 문제에 대해 우리 자신의 "해결 방

---

1) Reinhold Niebuhr, *The Nature and Destiny of Man*, vol. 1 (New York: Charles Scribner's, 1964), p. 252.
2) Langdon Gilkey, *On Niebuhr: A Theological Study* (Chicago: University of Chicage Press, 2001), p. 103.

법"을 발견하려고 시도한다. 이것이 그것을 교만스럽게 만드는 것이다: 우리는 하나님보다 더 안다! 우리는 우리를 위로할 수 있는 유일한 안전은 제쳐놓고 다른 종류의 안전을 붙잡을 것이다. 이것이 니이버가 말하는 교만이다. 우리가 더 불신할수록 우리는 더 불안해진다. 우리의 불안이 더 클수록 우리는 우리 자신의 안전을 설립할 광적인 방법들로 행동함으로써 우리는 죄를 짓도록 더 유혹을 받는다.

하나님 안에 신뢰 없이 자기주장, 개성화 혹은 자기실현에 대한 우리 자신의 시도들은 균형을 잃는다. 우리는 실존적 불안에 의해 항상 압도당하기 때문에 균형이 결핍되어 있다. 다시 이 불안은 우리의 근원이 되는 분(Source)에 불신의 결과이다. 영적 중심이 결핍되어 있기 때문에, 우리의 자기표현들은 왜곡된 형태들로 나타난다. 예를 들면 주장을 내세우려는 우리의 시도들은 하나님에 우리의 불신에 의해 야기된 숨겨진 실존적 불안에 의해 제한될 것이다. 이 더 큰 실존적인 불안의 문제는 우리의 삶들을 통제하려는 우리의 시도들을 고의로 파괴한다. 우리의 삶들의 궁극적인 질문들에 관해 불안하기 때문에 우리는 불안하지 않고 단정한 주의가 필요한 매일의 과업들을 위해 준비하지 못한다. 더욱이 우리를 자기몰입하게 하는 것은 바로 실존적 불안의 본질이다. 그리고 이 실존적 불안의 유일한 효과적인 치료책은 우리의 창조자 안의 기본적인 신뢰이다.

불신-교만의 과정에 대한 이 강조는 니이버에 대한 여성주의자의 반대들을 도울 수 있다. 니이버는 모든 교만의 본질에 관해 매우 미묘하고, 매우 통찰력 있는 요점을 만든다. 그는 교만의 "남성적" 표현에 대한 지나친 강조에 대해 적당하게 도전을 받을 수 있지만, 동시에 그의 연구는 또한 불신에서 생기는 교만의 "여성적" 형태들의 이해를 포함한다. 다른 사람(예를 들면, 나의 파트너)을 향한 나의 숭배적이며 자기희생적인 태도를 포함한 자기부정은 궁극적으로 나의 안전을 통제하는 것이 *나의* 해결이며 *나의* 시도이고, 나의 불안전들 주변에 나의 삶을 정돈하는 것이 *나의* 시도라는 실재를 제거하지 않는다. 나는 심지어 교만스럽게 나를 부정한다. 나는 다른 것으로 탈출함으로써 인간이 되는 불안을 "제거하는" 나의 시도에 의존할 수 있다. 나의 "자기"는 너무나 부서지기 쉽고 발달되지 못해서 교만은 나에게 적절한 말이 아니다. 그럼에도 불구하고 나는 (하나님을 신뢰하기 보다는) 나의 실존적 불안을 조정할 나 자신의 전략들을 의지하기 때문에 그것은 교활하고 간접적인 형태의 교만이다.

아마 니이버의 죄의 가끔은 남성지배적인 견해의 통찰력과 여성주의자의 반박을 통합시키는 방법은 힘에 굶주린, 이기적인 남자들 사이에서 그렇게 유행하는 불안한 탐욕(anxious greed)과 안전에 몰입하는 탐욕적 불안(greedy anxiety) 사이의 차이를 주목하는 것이다. 더 많은 안전을 위한 욕구는 정말로 일종의 탐욕일 수 있다. 사실상 다른 것을 통해 살면서 자기로부터 탈출은 우리가 할 수 없는 일종의 안전을 성취하려는 시도일 수 있다. 여성들이 파트너들, 어린 아이 혹은 일을 그들의 유일한 초점으로 만들 때, 그들은 단지 하나님 안에서 궁극적으로 발견될 수 있는 안전을 발견하려고 시도하지 않는가?

나는 많은 여성들이 자기희생에 대한 더 많은 수업들을 필요로 하지 않는다고 그들이 주장할 때 나는 프라스코(Plaskow), 함프손(Hampson), 둔피(Dunfee)와 세이빙(Saiving)에게 동의한다. 대신에 그들은 자기를 가지는 용기의 충고를 필요로 할 것이다. 그러나 니이버는 아마 이 여성들의 상황을 서술하기 위해 교만이라는 말을 계속 보유하고 있었을 것이다. 그 이유는 그는 결코 불신과 교만을 분리하지 못하기 때문이다. 불신의 단순한 행동에 의해 우리는 우리 자신들과 안전에 부당하게 집중한다. 우리는 유한성 내에서 이 궁극적인 안전을 발견할 수 없다. 그것은 우리의 삶들을 존재로 이끄는 하나님 안에 신뢰에서만 온다.

교만과 육욕: 용어들의 혼란?

순수한 차이들을 그럴싸하게 변명하는 위험을 무릅쓰고, 나는 니이버와 그의 비판가들 사이의 기본적인 문제는 다른 것만큼 의미론과 관계가 있다는 것을 제시하고 싶다. 니이버는 우리가 항상 오늘날 그것들을 생각하는 것보다 다르게 교만(pride)과 육욕(sensuality)이란 말을 사용하는 것은 나에게 분명하다. 니이버는 신학적인 관점에서 교만에 관해 썼다; 우리는 항상 심리학적인 관점에서 교만에 관해 생각한다. 다른 말로 하면, 교만이란 말 뒤에, 우리가 보았듯이, 니이버는 이미 우리의 안전의 근원으로서 하나님과의 불신과 깨짐을 가정하고 있다. 이것이 대문자 P를 가진 교만(pride)이다. 부풀어 오르는 특성을 가지고 있는 혹은 타인들을 지배하려고 시도하는, 오만(arrogance)은 작은 p를 가진 모든 형태들의 교만(pride)이다. 그러나 작은 p를 가진 많은 다른 형태들의 교만이 있다. 이것들은 자기도피 혹은 자기포기를 포함한다.[3] 니이버에게, 교만은, 그것이 과대함 혹은 낮은 자존감에서 그 자체를 나타내든, 자기몰입적(self-preoccupying)이라는 것이 그의 요점이다.

우리가 대부분의 대화 속에서 교만이란 말을 사용할 때, 그러나, 그것은 항상 두 가지 것들 중에 하나를 의미한다. 교만의 첫 번째 사용은 호의를 보이는 것이다. 우리는 우리의 일에서 긍지(pride)를 가지고 있다고 듣는다. 이 말에서 우리는 정상적으로 자기존경과 책임을 나타낸다. 교만이란 말의 두 번째 사용은 거만, 자부심 혹은 우리가 타인들보다 더 낫다는 생각과 연관되어 있다. 이것은 자기높임이다. 그러나 이 교만의 두 번째의 사용은 니이버가 교만이란 말에 의해 의미하는 것의 단지 한 가지 차원만을 나타낸다. 교만이란 말과 부드럽게 말하고, 불안전하고, 자기도피적인 사람의 경험을 연결시키는 것은 우리에게 독특하고 혼란스럽다. 그러나 니이버에게, 우리는 낮은 자존감과 함께 심리학적인 문제를 가지고 있는 동시에 교만과 함께 신학적인 문제를 가질 수 있다. 그가 오늘 살아있다면 아마 니이버는 그의 말의 사용에서 더 구체적일 수 있을 것이다.

자만(egotism; self-inflation)의 문제보다 *이기주의*(egoism; self-preoccupation)의 문제를 더 깊게 이해하는 것이 중요하다. 이기주의는 많

---

[3] 나의 친구이며 동료인 Marry Maddox는 니이버와 프라스코의 저술들에서 "교만"의 다른 견해들을 이해하는데 나에게 큰 도움을 제공했다. 그의 "Concupiscence: Our Ultimate Addiction" (S.T.M. thesis, Andover Newton Theological Seminary, 1993)을 보라.

은 형태들을 취할 수 있는 일종의 의지의 구속이다. 여성주의 신학자들이 바르게 지적했듯이, 기독교 신학은 전통적으로 *이기주의*보다 *자만*의 문제들을 설명했다. 자기에 대한 이기주의의 부당한 집중은 과대하거나(grandiose) 혹은 자기의심적(self-doubting)일 수 있다. 어느 쪽이든 그것은 감옥이 된다. 우리 자신들에 대한 이 과장된 집중과 함께, 우리는 우리의 필요들의 감옥 밖으로 빠져나올 수 없기 때문에 자신의 권리들 속에 있는 타인들에게 말을 건네는 것은 어렵다.

이 과도한 자기참여는 결코 필연적으로 사랑이 아니다. 여기에서 기독교 신학은 자기망상에 빠져 있지만, 그러나 자기를 사랑하지 않는 개인들과 함께 일하는 심리치료사들에게 가까이 경청하는 것으로부터 이익을 얻을 수 있다. 자기몰입은 타인을 사랑하는 것에 심각한 장애가 될 수 있는 동시에 이것은 거의 자기애가 아니다. 사실상 과도한 자기존중은 자기멸시에서 태워났다.

교만이라는 말이 혼란스럽다면 심지어 육욕(sensuality)이란 말은 더 그렇다. 니이버는 대단히 넓게 그 말을 사용한다. 다른 한편으로 육욕은 우리가 즐길 권리가 있다고 생각하는 쾌락주의적 방종들을 설명하기 위해 사용된다. 다른 한편으로 이 용어는 다른 사람에 대한 우리의 우상숭배적인 집중을 설명하기 위해 사용되거나 혹은 자조 문헌(self-help literature)에서 상호의존(codependency)이란 말로 사용된다. 육욕은 또한 삶의 상세한 일들에 자기도피적 몰입, 즉 내적 삶의 깜짝 놀라게 하는 주제들을 탈출하려는 일종의 바쁨(busyness)을 설명하기 위해 사용된다. 이 회피는 심지어 외관상으로 "무욕의" 사회적 대의명분들("selfless" social causes)의 형태를 취할 수 있다. 다시 이 대의명분들은 "자기가 되는" 내적 용기를 우회하는 길로서 사용될 수 있다. 이 경험들은 너무나 다양해서 한 가지 말로 포함할 수가 없다. 육욕이란 용어의 일상적인 연상들은 관능적인 쾌락들의 추구 혹은 자기방종이다. 이리하여 이 말은 니이버가 그것에 적용하는 다른 이해들을 포함할 만큼 충분히 넓지 않다.

"남자의" 그리고 "여자의" 죄

내가 여성주의 신학들에서 여성들의 경험에 대한 강조를 깊이 평가하고, 여성의 의식에 관한 그들의 통찰력들을 어떤 방식이든 최소화하기를 원하지 않지만, 그러나 한편 나는 죄가 "여성적" 형태들과 "남성적" 형태들로 너무 쉽게 분리될 수 있다는 것을 확신하지 못한다. 예를 들면 어떤 여자들은 니이버의 "남성적" 죄의 고전적인 특질들을 정말로 보인다. 신학자 테드 피트스(Ted Peters)는 그의 수업에서 여성들과의 그의 대화를 서술한다:

> 죄와 악의 본질을 연구하는 상황에서 나는 많은 여자 학생들에게 시험 삼아 질문을 할 기회들을 가졌다. 먼저 나는 죄가 그들의 삶들 속에서 개인적으로 어떻게 명시되는가를 물었다. 반응했던 어떤 사람도 세상에 모든 악을 남자의 성별의 탓이라고 비난하지 않았다. 모든 사람은 자신들의 죄스러움을 받아들였다. 여자들은 남자들만큼 교만에 영향을 받기 쉽지만, 그들이 나에게 말하기를, 그러나 그들의 교만은 약간 다르게 그 자체를 드러낸다. 그들은 여자

들은 덜 자랑하고 덜 허풍을 부리지만 그러나 더 자기도취적이고 더 교묘한 속임수를 부리는 경향이 있다고 보았다.[4]

더욱이 남자들은, 키에르케고르를 따르는 어떤 여성주의자들이 "여자들의 죄," 즉 자기가 되는 못하는 것이라고 불렀던 것을 보일 수가 있다. 모든 남성이 교만한 독선자로서 설명될 수 없다. 사실상 존 라이네스(John Raines)는 니이버의 교만의 분석 안에 있는 매우 명석함 때문에 그의 다른 범주, "육욕"은 심지어 남자들에게 고통스럽게 덜 발달되었다는 것을 암시한다.[5] 라이네스는 "니이버는 약한 자를 위해서가 아니라 강한 자를 위해서 그의 신학을 썼다"라는 피트니 반 듀센(Pitney van Dusen)의 관찰을 인용한다.[6] 이 개인들에게 자기로부터 도피는 정말 있을 수 없는 움직임이다. 그러나 현대의 풍요로움과 함께, 로저스는 주장하기를, 수동적이고, 심지어 태만한 생활양식은 일상이 된다. 야망과 함께 취하기는 커녕, 많은 사람이 고요한 체념의 세계로 후퇴한다. 여기에서 문제는 과도한 자기애라기보다는 오히려 과도한 자기망각인 것 같다. 결과적으로 라이네스는 결론을 내리기를, 니이버의 "남자의 자기애, 교만과 허세에 대한 날카로운 통찰력은 정반대의 방향으로부터 인간을 유혹하고 손상하는 자기상실, 수동성과 거짓된 의식에 대한 막스(Marx)의 민감성과 균형을 맞출 필요가 있다."[7] 이

---

4) Ted Peters, *Sin: Radical Evil in Soul and Society* (Grand Rapids, Mich.: Eerdmans, 1994), p. 115.
5) John Raines, "Sin as Pride and Sin as Sloth," *Christianity and Crisis* 29 (February 3, 1969): 4-8.
6) Pitney van Dusen, Raines에서 인용함, "Sin as Pride and Sin as Sloth," p. 5.
7) Ibid.

리하여 또한 남자들에게, 무욕의 유혹, 자기가 되려는 용기를 가지지 않으려는 유혹은 현실이다. 이들은 혼자 내버려두기를 가끔 원하는 야망이 없는 남자들이다. 그들은 그들의 일터에서 일하고, 그 다음 텔레비전을 보는 그들의 사적인 세계로 후퇴한다. 자기반성은 불필요하다. 그들은 괴롭힘을 당하는 것을 원하지 않고 단지 그들 자신들에게 내버려진다. 그들에게 니이버의 교만은 너무 넘치는 것이다.

물론 여성주의자들은 이 남성의 태만의 경험이 여성들의 자기 상실의 경험과 똑같지 않다고 대답할 것이다. 우리 문화에서 힘의 구조들은 남자들의 자기실현의 시도들을 위해서 훨씬 더 유용하다. 부가장제(patriarchy)는 분명하게 그것이 여성들을 격려하지 않는 방식으로 남자들의 노력들을 지지한다. 야망이 없는 방식으로 이 기회들에 따라 행동하지 않는 선택은 우선 첫째로 기회들을 가지지 않는 것과 똑같지 않다.

질문은 급속하게, 그러나, 모든 남자들이 부가장제의 기회들의 수혜자들이 되는가이다. 급진적이고 사회경제적인 차이들도 역시 남자들에게 평평한 운동장을 확실히 제공하지 않는다. 따라서 사회화 과정이 여자들과 남자들을 불안을 극복하기 위한 다른 방향들로 밀어 넣을 수 있지만, 그러나 한편 다른 요인들도 또한 중요한 역할을 한다.

죄의 평등성, 죄책감의 불평등성

니이버는 죄의 보편성을 믿었지만, 그는 모든 사람이 평등하게

"죄책감"을 느낀다고 생각하지는 않았다.[8] 다른 달로 하면, 강력한, 교만한 억압자들은 억압받는 사람보다 정말로 더 죄책감을 느낄 수 있다. 이 요점은 여성주의자의 니이버의 비판에 관하여 특히 적절하다. 자기증진의 이름으로 사람들을 지배하는 전통적인 남자의 공격적인, 권력에 굶주린 교만은 많은 여성들의 자기부정의 기초를 이루는 교만보다 더 죄책감을 초래한다. 다시 억압자들은 항상 억압받는 사람보다 더 죄책감을 느낀다.

니이버에게, 그 다음, 죄의 평등성은 죄책감의 평등성을 의미하지 않는다. "성경적 종교는 죄의 평등성만큼 죄책감의 불평등성을 많이 강조한다는 것을 인정하는 것은 중요하다"[9] 이사야 2:12; 3:14; 26:5; 아모스 4:1; 8:4). 모든 인간이 똑같은 배를 타고 있다는 사실은 어떤 사람들은 다른 사람들보다 훨씬 더 손해를 끼칠 수 있다는 사실을 부정하지는 않는다.

불행하게도 어떤 목사는 죄책감의 불평등성을 희생하고서라도 죄의 보편성을 강조함으로써 여성들의 고통에 본의 아니게 기여했다. 예를 들면, 매 맞는 여자들은 그녀에게 행해진 부정보다는 그녀 자신의 죄로 주의를 돌릴 수 있다. 그녀는 목사를 떠나고 그녀는 "죄가 없는 것은 아니기" 때문에 그녀의 학대하는 파트너에게 돌들을 던져서는 안 된다고 스스로 말한다. 내부로 주의를 돌림으로써 그녀는 그녀를 둘러싸고 있는 부정을 무시하도록 조장된다. 우리 모두가 죄를 범한다는 나약한 오용된 개념은 대결할 필요가 있는 부정한 상황 앞에서 그녀를 침묵시킨다.

---

8) Niebuhr, *Nature and Destiny*, 1:222.
9) Ibid.

불안과 죄에 대한 그것의 관계

많은 기독교 신학에 따르면, 불안은 각 사람을 자기높임의 유혹으로 밀어 넣는다. 그러나 불안 그 자체는 적이 아니다. 불안은 그것과 함께 저주의 판결을 필연적으로 가지고 있지 않는 것은 그것이 자기긍정의 메시지를 가지고 있지 않는 것과 같다. 죄는 자동적으로 불안으로부터 결코 솟아나지 않는다. 인간의 생명의 불안전과 약함은 우리의 결합된 생물학적-영적 본성의 본질적인 부분이다.

그러나 기독교 신학은 우리는 우리 자신들을 우주의 중심으로 만들고(교만), 그리고 그 결과로서, 우리의 생명들은 균형을 벗어나게 된다고 선언한다. 교만은 그것이 항상 일종의 하나님-교체물이기 때문에 우상숭배와 복잡하게 연결된다. 교만은 나쁜 양육과 같은 환경적 요인들의 산물로서 용서되거나 혹은 변명될 수 없다. 부당한 자기집중은 엄격하게 필연적인 것은 아니지만, 그러나 그것은 불가피하다. 니이버는 이 역설이 불가능한 것 같지만, 동시에 그것은 정말로 우리의 존재를 반영한다고 믿는다. 변함없이 우리는 죄를 짓지만, 그러나 우리는 그렇게 해야 할 필요가 없다.

많은 인본주의 심리학에게, 우리의 불안 문제는 내부적 원인에 의한 것이 아니고, 또한 우리 내에 기원을 두고 있지 않다. 그것은 우리의 유한성의 부분으로서 나타나지 않는다. 불안의 잘못된 조정(mishandling)은 환경이 우리에게 "행하는" 것 때문에 일어나고, 이런 고로 이것은 상황적이다. 우리는 우리의 자유와 연결된 내적인 유혹들 때문에 파괴적인 방식으로 행동하지 않는다. 숨겨진 가정(underlying assumption)은 완전하게 양육하는 환경에서 우리들 중에 어떤 사람도 파괴적이고, 불건전한 방식들로 행동을 선택하지는 않을 것이라는 것이다. 우리는 자기파괴와 자기증오의 형태들로 전락했기 때문에 우리는 자기의 깊은 가치화(valuing)를 필요로 한다. 이것들은 타인들을 향한 공격 혹은 거만으로 위장될 수 있지만, 그러나 이 거짓의 과시 밑에 진정한 문제는 자기수용의 결핍이다.

이리하여, 대부분의 인본주의 심리학에게, 불안은 불일치성의 출현 이후에 단지 주요한 문제가 된다. 타인들이 우리 위에 이 조건들을 내려놓지 않으면 우리는 잘 할 수 있을 것이다. 사실상 다른 사람들이 우리의 불안을 불러일으킨다. 그러나 인본주의 심리학들은 이 중요한 요점을 놓친다: 인간의 자유에서 태어난 불안은 심지어 어떤 외부의 도움이 없이, 그 자체만으로도, 항상 우리가 죄를 범하도록 유혹한다. 그것을 인정한다면, 우리의 주변의 압력들, 요구들, 학대들과 "가치의 조건들"이 사물들을 더 나쁘게 만든다. 그것들은 우리를 왜곡된 방향들로 밀 수 있다. 그러나 기독교 전통의 주요한 견해는 우리가 책임이 있다는 것이다. 강하든 혹은 약하든, 감정이 스스로 충만하든 혹은 박탈당하든, 불안은 하나님을 불신하도록 우리를 유혹할 것이다. 이 불안-불신-죄의 연속성은 항상 인간 왜곡의 기독교적 이해에 결정적이다.

이리하여, 나는 칼 로저스와 과소평가된 자기의 주제는 존재론적 불안의 역할을 무시하거나 혹은 적어도 최소화한다고 믿는다. 내가 이미 언급했듯이, 이 점에서 로저스는 그의 조언자(mentor) 키에르케고르를 충분히 따르지 않는다. 그는 심인적인 불안이, 외부의 조건이 없이, 우리를 파괴적인 방식들로 행동하도록 부추길 것이라는 것을 믿지 않는다. 이것은 우리가 단지 한 가지 자연적인 경향성 - 즉, 자기실현의 방식 안에서 움직인다는 그의 믿음 때문이다. 그러나 현재의 우리보다 더 나은 존재가 되도록 우리를 부추기는 것은 바로 우리의 유한성에서 비롯된 유혹들이다. 이것은 자연과 영의 결합의 불가피한 산물이다.

로저스와 그의 동료, 인본주의-실존주의적 심리치료사인 롤로 메이 사이의 차이들을 여기에서 주목하는 것은 흥미롭다. 표면상으로 로저스와 메이는 관점에서 아주 비슷한 것 같다. 양쪽은 인본주의적-실존주의적 심리학의 "제3의 세력"(third force)의 지도자들로서 전형적으로 분류된다; 양쪽은 인간 자유의 강한 신봉자들이고; 양쪽은 현상학과 실존주의 철학(특히 케에르케고르)에서 심하게 영향을 받았다; 그리고 양쪽은 인간의 자율성의 권위를 긍정한다. 그럼에도 불구하고, 인간 생명 안에 불안의 위치에 관한 그들의 차이는 실질적이다. 이 차이는, 차례로, 한 방향의 실현경향성의 전체적인 개념을 위한 암시들을 가지고 있다.

메이는 로저스가 인간 본성 내에 파괴적인 잠재력을 적절하게 파악하지 못하기 때문에 그는 존재론적이거나 혹은 본질적인 불안의 곤경을 최소화한다고 믿는다.[10] 메이에게, 니이버와 비슷한 방법으로, 불안은 우선 자기초월성을 위한 우리의 능력의 결과로서 일어난다. 우리는 죽을 예정이고 우리의 선택들이 우리를 "정의한다"는 것을 인정한다면, 그것은 무서운 불안전을 불러일으킨

---

10) Rollo May, "The Problem of Evil: An Open Letter to Carl Rogers," *Journal of Humanistic Psychology* 22, no. 3 (1982): 11.

다. 이 불안은 단순히 사회화의 결과가 아니고, 우리의 존재에 기본적이다. 우리의 인간적인 불안전은 많은 다른 방식들로 설명될 수 있고, 그 중에 어떤 것은 가장 파괴적이다. 종교적 언어를 사용한 키에르케고르는 불안은 죄가 아니지만 그러나 그것은 죄를 위한 *선행조건*이라고 자주 말했다.[11] 신학적으로 말해서, 불안은 그 자체가 역기능은 아니지만, 그러나 그것은 역기능적이거나 혹은 파괴적인 행동의 *도약판(springboard)*이다. 탐욕, 공격, 과도한 경쟁심, 이기심, 유행하는 소비주의, 과정중독들과 물질중독들, 등은 가끔 불안전의 산물들이다. 그의 스승들인 유니온신학교의 폴 틸리히와 라인홀드 니어버를 따라서, 메이는 불안이 우리의 존재에 본질적이고, 파괴적 행동을 위한 끊임없는 유혹을 제공한다고 믿는다. 이 유혹은 내부에서 일어나고 그리고, 로저스가 주장하듯이, 단순히 사회적이거나 혹은 환경적인 압력의 결과가 아니다. 메이에게, 우리 자신의 존재에 의해 우리에게 제공된 파괴적인 유혹들 밖에서 우리를 끌어당길 단일한 방향의 실현경향성은 없다.

이리하여 메이는 보다 덜 낭만주의적 "번영하는 자기"(blossoming self)와 훨씬 더 괴롭고, 실존적으로 도전받는 자기에 대한 견해를 가진다. 메이는 니이버에 동의한다: 우리는 자기초월을 위한 능력을 가진 자기의식적인 창조물들, 자연과 영의 혼합체이기 때문에 불안은 우리의 존재의 부분이다. 그는 가끔 인본주의 심리학과 제휴할지라도, 메이는 브라우닝의 인본주의 심리학과 불안의 특징적 설명에 동의할 것이다:

---

11) Soren Kierkeggard, *The Concept of Anxiety*, trans. Reidar Thomte (Princeton, N.J.: Princeton University Press, 1980).

인본주의 심리학자들은 불안의 실재를 인지하지만 그러나 그것을 주로 사회적으로 유발된 것으로 본다. 불안은 강력한 부모와 같은 인물들이 생애 초기에 그들의 어린 아이들을 향해 행하는 처벌 혹은 분리의 위협에 의해 자극을 받는다. 불안은 우선 외부적으로, 사회적으로, 인간관계적으로, 그리고 상황적으로 창조된다; 그것은 인간 존재의 본성에서 어떤 더 깊은 존재론적 특성으로부터 나오지 않는다.[12]

메이는 로저스의 (사상의) 골격은 "자유의 짐" 혹은 실존적인 결단 내리기를 위한 투쟁을 최소화한다는 것에 관심을 가진다. 왜 그런가? 그것은 대개 로저스의 실현경향성의 생물학적, 본능적인 패턴에 대한 강조 때문이다. 메이에게, 심지어 모든 외부의 위협들이 양육하는 영향력으로 바뀌어도 사람들은 그들의 본질적이거나 혹은 존재론적인 불안으로 인해 여전히 파괴를 선택할 것이다. 상황적 불안의 감소는 더 기본적인 형태의 불안이 나타나지 않을 것이라는 것을 의미하지 않는다.

메이는 우리는, 로저스가 주장하듯이, (생물학에 근거한) 단일한 실현화의 충동(singular actualizing urge)을 가지고 있지 않기 때문에 우리 각 사람은 정확하게 불안을 경험한다는 것을 믿는다. 대신에 각 사람은 충돌하는 충동들(conflicted urges)을 가진다:

나는 인간을 가능성들의 조직된 묶음(bundle)으로서 이해한다고 진

---

[12] Don Browning, *Religious Thought and the Modern Psychologies* (Philadelphia: Fortress, 1987), p. 85.

술하고 있다. 악마의 충동(daimonic urge)에 의해 추진되는 이 가능성들은 우리의 건설적이고 파괴적인 충동들의 양쪽의 근원이다. 악마의 충동이 (내 마음으로, 심리치료의 목적인) 성격으로 통합된다면, 그것은 창조성을 가져오며, 즉 그것은 건설적이다. 악마적인 것이 통합되지 못하면, 전쟁 혹은 강박적인 성 혹은 억압적인 행동이 일어날 때에 폭력적인 격분 혹은 집단적인 편집증에서 나타나는 것처럼, 그것은 전체의 성격을 사로잡을 것이다. 그 다음 파괴적인 활동은 그 결과이다.[13]

대조적으로 로저스는 동등하게 직접적인 견해를 진술한다:

> 나는 롤로와 나의 주요한 차이는 인간 개인의 본성의 질문 주위에 있다고 추측한다. 그는 악마적인 것(the demonic)을 인간의 구성에서 기본적인 요소로서 이해하고, 그의 저술에서 이것에 마음을 두고 있다. 나 자신에게, 나는 오늘날 세계에서 수많은 파괴적인, 잔인한, 해로운 행동 - 전쟁의 위협들에서부터 거리들에서 무분별한 폭력에까지 - 을 매우 잘 인지할지라도, 나는 이 악이 인간 본성에 타고난 것이라는 것을 발견하지 못한다. 성장과 선택을 양육하는 심리적 분위기에서 나는 잔인하거나 혹은 파괴적인 길을 선택한 개인을 결코 알지 못한다. 선택은 항상 더 큰 사회화, 타인들과의 개선된 관계들의 방향 속에 있는 것 같다.[14]

---

13) Rollo May, "The Problem of Evil: An Open Letter to Carl Rogers," p. 11
14) Carl Rogers, "Notes on Rollo May," *Journal of Humanistic Psychology* 22, no. 3 (1982): 8-9.

로저스는 그의 경험이 그를 문화적 영향력들이 악한 행동에서 주요한 요인들이라는 것을 믿도록 이끌었다는 것을 계속해서 말한다. 아이 출생의 오한들(rigors), 부모들과의 혼합된 경험, 우리의 교육적 체계의 부정적인 충격과 부와 기회들의 불평등성은 모두 기여하는 요인들이다. 그러나, 로저스에게, 이 요인들의 현존이 인간은 "그들의 근본적인 본성에서 *본질적으로 건설적*"이라는 사실을 바꾸지 못한다.[15] 인간 조건 내에 가능한 악한 요소는 없다.

그러나 로저스가 파괴적인 행동에 대해 문화, 우리의 교육적 체계 혹은 다른 사회적 요인들을 비난할 때 메이는 급히 묻는다, "개인들이 아니라면 누가 이 모든 그룹들(groups)을 구성하는가?"[16] 메이에게 문화 안에 선과 악의 혼합은 각 개인 내에 잠재하는 선과 악을 반영한다. 사회적 질서 안에 충돌은 각 사람 내에 내적인 충돌을 반영한다.

메이에게 동의하면서, 나는 우리 각 사람은 단지 인간간의 혹은 상황적인 불안이 아니라, 존재론적 불안과 타협해야 한다고 믿는다. 심지어 우리가 세상에서 가장 이상적인 불안이 없는 부모들을 가지고 있을지라도, 불안은 여전히 우리의 인간 조건이 될 것이다. 더욱이, 우리 각 사람은 실현은 물론 파괴를 향한 고유한 경향성들을 가지고 있기 때문에 이 불안이 문제이다. 이 이중의 성향이 존재한다는 단순한 사실은, 사회적 영향력과는 아주 별도로, 불안을 생산한다.

이리하여 심지어 올바른 치료적 조건들이 처음부터 현존할지

---

15) Ibid., p. 238.
16) R. May, "The Problem of Evil," p. 12.

라도, 나는 항상 건강한 방식들로 움직일 것이라는 로저스의 확신을 가지고 있지 않다. 실현경향성은 잠재적으로 파괴적인 쌍둥이를 가지고 있고, 그것은 역시 심리 내에 강력한 힘이다. 유한성 그 자체에서 비롯된 불안은 불가피하게 이 파괴적인 가능성을 깨울 것이다. 어느 누구도 나를 불안하게 만드는 것은 아니다; 내가 결국 스스로 불안을 만들 것이다.

강함은 물론 약함으로 인해 죄를 짓는 것

기독교 사상과 인본주의 심리치료들 사이에 어떠한 다리들이 지어질지라도, 쉽게 사라지지 않을 중요한 철학적 차이가 있다. 우리의 기본적인 필요들이 충족된다면, 많은 현대의 인본주의 심리학은 개인적 파괴의 가능성을 부정한다. 이것은 정확하게 기독교 신학이 깊이 의심하는 인간 조건의 일종의 낙관적인 견해이다. 그것은 인간 경험의 사실들과 어울리지 않는 것 같다. 대신에 기독교 신학은 우리는 강함은 물론 약함으로 인해 죄를 지을 수 있다고 주장한다.

나로 하여금 이 중요한 점을 설명하게 하라. 로저스와 같은 인본주의 심리학자들은 손상시키는 행동은 필요의 결핍의 자연적인 결과라고 믿는다. 어떤 것은 발달적으로 우리 내에 결핍되어 있고, 이것은 우리를 파괴적으로 행동하도록 자극한다. 우리의 필요들이 충족되면 우리는 타인들과 함께 협동적으로 그리고 조화롭게 행동할 것이다. 그러나 기독교 신학은 이 인간의 태도들과 행동의 낙관적인 견해를 받아들이는데 곤란을 가지고 있다. 단순히 말해서, 우리는 배부른 배들(bellies)은 물론 배고픈 배들을 가지고 죄를 지을 수 있다. 상징적인 창세기 기사에서 아담과 하와는 필요의 결핍 때문에 금지된 열매를 먹지 않았다. 그들은 인간의 유한성 위로 올라서 하나님과 같이 되기 원했기 때문에 열매를 먹었다.

어거스틴을 따라서, 기독교 신학은 우리는 가끔 다름 아닌 인간의 한계들에 대한 우리의 불만족의 이유 때문에 파괴적인 행동을 선택한다고 말한다. 죄는 합리적이지 않다. 배나무에 관한 어거스틴의 유명한 이야기의 요점을 기억하라.[17] 그가 배들을 훔칠 이유가 절대적으로 없다. 그는 배고프지 않고 그것들을 필요로 하지 않는다. 훔치려는 그의 욕망은 그의 삶에서 결핍으로 축소될 수 없다. 이리하여 심지어 우리의 삶들의 모든 외부적인 조건들이 완벽할 수 있을지라도 기독교 사상은 우리는 죄를 지을 유혹을 탈출할 수 없을 것이라고 주장한다. 유혹은 단순히 외부의 문제가 아니다. 우리 자신의 의식 내에서 상승하는 것은 인간적으로 가능한 것을 넘어서고, 우리의 근원이 되는 분을 불신하고, 정당화와 안전을 광적으로 추구하면서 많은 사람들에게 해를 입히는 초대이다.

그 다음 자존감을 가지는 것이 죄의 문제를 끝내지 못할 것이다. 심지어 우리가 우리 자신들을 깊이 평가할지라도, 유한성에서 비롯된 불안은 우리를 부추겨서 하나님 안에 신뢰보다는 어떤 전략 안에 우리의 안전의 근원을 발견하도록 할 것이다.

---

[17] Augustine, *Confessions* 2. 8-12, trans. Henry Chadwick (New York: Oxford University Press, 1991), pp. 29-31.

결론

우리는 인간 조건의 두 가지 견해들을 탐구했다. 한 가지 견해는 부당한 자기존중 혹은 자기높임은 인간 조건의 지배적인 문제라고 주장한다. 어거스틴은 이 견해를 옹호했고, 이것은 대개 서구의 신학적 전통에 의해 수용되었다. 이 "교만의 본래성" 주제는 또한 심리학의 다른 차원들, 특히 사회적 심리학으로부터 지지를 발견한다. 이 이론가들은 가끔 이기적인 경향성, 즉 우리 자신의 능력들을 과장하고 보증된 것보다 더 높게 우리 자신들을 평가하는 인간의 경향성의 유행(prevalence)을 강조한다. 그러나 아마 자기높임의 견해는 라인홀드 니이버의 저술들에서, 특히 그의 고전적인 진술『인간의 본질과 운명』의 첫 번째 권에서 가장 강력한 현대의 대변자를 발견한다. 나는 내가 가능한 한 분명하게 그리고 정확하게 니이버의 관점을 전개하려고 시도했다.

이 어거스틴의 전통은 강박성, 중독과 육욕의 어려움들은 우리가 하나님 안에서 우리의 중심을 잃었기 때문에 창조된 종속적인 문제들이라고 주장한다. 일단 우리가 하나님을 삶의 불안들에 대한 우리 자신의 해결들로 교만스럽게 바꾸면, 우리는 특히 유한한, 제한된 것들에 대한 불건전한 애착들에 상처입기 쉽다. 우리는 이 일시적인 해결들에 중독되는데, 그것들이 인간이 되는 것의 모호함들과 불안들로부터 일시적인 피난처를 약속하기 때문이다. 우리는 제랄드 메이의 연구에서 어거스틴의 살욕의 견해의 강한 재진술을 보았다.

여성주의 신학 내에 통찰력 있는 소리들은 이 어거스틴의 전통의 교만에 대한 강조가 특히 여자들을 위한 진정으로 완전한 이야기인지 혹은 아닌지를 의심했다. 니이버가 이 입장에 대해 첫째가는 20세기 대변인이기 때문에, 여러 여성주의 신학자들은 교만으로서 죄의 지나치게 남성적인 견해에 대해 그를 비판했고, 그는 여자의 경험을 말하지 않는다고 제시했다.

니이버는 아마 교만의 문제는 하나님 안에 불신과 항상 연관된다고 그의 여성주의자 비판가들에게 대답했을 것이다. 이 불신이 부풀린 특성 혹은 움츠리는 특성을 포함하든 혹은 포함하지 않든, 불안의 문제를 제거하는 것은 여전히 우리의 창조자 안에 불신과 자기의 자원들에 대한 의존이다. 니이버에게 하나님을 불신하는 것은 항상 자기몰입을 가져온다. 이 자기몰입은 (남성에게 전형적인) 명백한 형태들의 자기강화와 같이 보이지 않을지라도, 그러나 그것은 항상 하나님에 대한 신뢰를 제쳐놓고 우리 자신의 자원들에 대한 교만한 신뢰를 포함한다. 이리하여 교만은 우선 신학적인 문제이고, 이것은 심리학적 문제로 보일 수도 있거나 혹은 보이지 않을 수도 있다.

그럼에도 불구하고 여성주의자들은 니이버의 저술들의 초점은 이 교만의 자기증진의, 오만한 표현과 너무 관계한다고 주장한다. 그는 그것이 자기를 숭배하지 않고, 자기가 *되기* 위해 투쟁해온 여자들의 경험을 묘사한다고 가정하지 않는다.

게다가, 니이버와 직접적으로 불일치하게 된 인본주의 심리학, 특히 칼 로저스는 탐구되어 왔다. 이 관점에서부터 논쟁은 니이버는 여자들에 관해 단지 잘못하지 않는다고 진술한다; 니이버는 모든 사람에 관해 잘못한다. 어거스틴의 전통은 우리를 잘못된 길로 인도했고, 그리고 현대의 심리치료는 우리에게 교만이 아니라 낮은 자존감이 우리의 가장 기본적인 문제라는 것을 우리에게 보인다.

캐런 호니의 작업으로부터 많은 도움을 받아, 나는 이 주제에 대한 이것이냐 혹은 저것이냐의 접근이 충분히 포괄적인지에 관해 의심하기 시작했다. 문제가 교만 혹은 낮은 자존감인지를 묻는 대신에 나는 두 가지 경험들이 복잡하게 연결된 방법들을 약술하기 시작했다. 전자가 우세할 수 있지만, 그러나 후자도 뒤에 멀리 놓여있지 않는다. 이리하여 교만 안에 기대하지 않는 낮은 자존감이 있고 낮은 자존감 안에 기대하지 않은 교만이 있다.

거칠게 교만을 직면하는 것이 아마 낮은 자존감을 멀리 가도록 하지 못하는 것은 낮은 자존감과 함께 질질 끄는 것이 교만을 멀리 가도록 하지 못하는 것과 같다. 나는 목회신학자 도날드 캡스(Donald Capps)가 우리의 문화에서 나르시시즘을 도덕화하는 것(moralizing)을 반대하는 소리를 올릴 때 그가 옳다는 것을 믿는다.[18] 우리의 교만의 예언적 직면은 또한 교만의 다른 측면의 이해를 필요로 한다. 이것은 우리의 교만이 직면될 필요가 없다는 것을 말하는 것이 아니다. 오히려 우리는 어떻게 그 교만이 처음 나타나는 것보다 그것이 훨씬 더 부서지기 쉬운가의 포괄적인 이해를 필요로 한다. 고요한 자기높임은 불안전한 터전에 기초한다.

나는 라인홀드 니이버가 가끔 언급했던 교만 밑에 깜짝 놀란, 위험한 동물(creature)이 움츠리고 있다는 것을 아주 잘 알았다고 믿는다. 사실상 이 진전하는 불안은 교만의 선언이 심지어 더 강

---

18) Donald Capps, *The Depleted Self: Sin in a Narcissistic Age* (Minneapolis: Fortress, 1993).

하게 되는 이유이다. 방어적 책략으로서 교만은 너무 깊이 배어들기 때문에 예언적 도전 혹은 개인적 위기만이 그것을 흔들 수 있다. 그들의 얼굴을 공격하는 것이 교만의 가면(pride mask)에 금이 가는 유일한 방법으로 보이는 개인들이 있다. 자아의 수축(ego deflation)은 가끔 은혜를 향한 첫 번째 걸음일 수 있다. 그리고 심지어 그 때에도 어떤 사람은 그들의 인간의 취약성과 하나님에 대한 필요를 인정하지 않는다.

그러나 낮은 자존감을 다루는 치료사들은 내담자들의 숨겨진 교만 체제와 그들이 자기멸시로부터 얻는 부수적인 이득들에 관해 내담자들에게 기꺼이 도전할 필요가 있다는 것은 또한 사실이다. 내담자들이 그들의 암묵적인 교만 체제를 바라보는 것을 격려하는 그와 같은 방식으로 낮은 자존감의 문제를 재구조화함으로써, 그들은 자기수용을 향해 움직이기 위한 더 강건한 토대를 가질 수 있다. 물론 이 교만의 문제는 거칠게 직면되어야할 필요가 없다. 어떤 경우들에서 유머가 도움이 되는 전략일 수 있다. 혹은 치료사가 그것에 관해 아주 유순할 수 있다. 그럼에도 불구하고 가끔 자기멸시에 초점을 두는 동안 자기멸시를 야기하는 숨겨진 교만 체제를 수축시키는(deflate) 것을 시작하는 것이 중요하다.

교만과 자기멸시의 분리할 수 없는 본질을 이해함으로써 우리는 양극단이 본래의 실재를 대표하는 질문으로부터 멀리 갈 수 있을 것이다. 우리가 전자를 보는 곳에서 우리는 후자를 본다. 한 극이 분명하게 우세할 것이다. 그러나 우리가 교만/자기멸시의 문제의 숨겨진 구조를 탐색하기 시작하면서 우리는 곧 그 쌍둥이가 멀리 떨어져 있지 않다는 것을 발견한다.

나 자신의 경험으로부터, 나는 내 자신이 팽창된 대부분의 시간에 나는 정말 가장 불안전하다는 것을 안다. 나의 평계는 나의 불안전과 깊이 연관되어 있다. 더구나 자기의심이 더 고통스러울 때, 거짓된 신뢰의 전면을 세우는데 더 많은 에너지가 소용된다. 동시에 내가 특히 나 자신에 대해 원한을 품을 때, 그것은 가끔 내가 나의 교만 체제에 의해 꾸며낸 내적인 요구들을 가지고 있기 때문이다. 나의 명백한 낮은 자존감 뒤에 나는 타인들과 같지 않다고 고집하는 자기의 오만한 이미지가 있다. 대신에 나는 인간보다 더 잘나야 한다.

나는 내가 자기높임은 물론 자기멸시를 느낄 때 하나님의 은혜가 필요하다. 양쪽의 경험들은 매우 실제적이다. 그러나 어느 경험도 다른 것으로부터 고립 속에서 일어나지 않는다. 내가 충분히 주위를 살펴본다면 나는 나의 과대함 밑에 불안전과 자기멸시 밑에 거만한 기대들을 발견할 것이다. 나의 한계들을 인정하고, 하나님의 은혜가 자기수용을 격려하도록 허용하며, 내가 의도했던 가능성을 향해 노력하는 것은 거대하게 자유로운 일이다.

나는 교만과 자기멸시의 주제에 대한 탐구가 당신의 여정에 작은 빛을 흘리는 것을 돕는다는 것을 희망한다. 나 자신의 삶들과 마찬가지로 타인들과의 우리의 작업을 반성하면서, 나는 낮은 자존감이 어떻게 교만 밑에 숨을 수가 있고, 교만이 어떻게 낮은 자존감 밑에 숨어 있을 수 있는가를 묻는 것이 중요하다는 것을 믿는다.

참고문헌

Adler, Alfred. *The Science of Living*. New York: Doubleday, 1969. .
Augustine, Saint. *The City of God*. Book 4. Translated by Henry Bettenson. London: Penguin, 1984.
―――. *Confessions*. Translated by Henry Chadwick. New York: Oxford University Press, 1991.
Barrett-Lennard, Godfrey T. *Carl Rogers' Helping System: Journey and Substance*. London: Sage Publications, 1998.
Barth, Karl. *Church Dogmatics*, 3/4, 4/1. Edinburgh: T & T Clark, 1961, 1956.
Bradshaw, John. *Healing the Shame That Binds You*. Deerfield Beach, Fla.: Health Communications, 1988.
Browning, Don S. *Atonement and Psychotherapy*. Philadelphia: Westminster Press, 1966.
―――. *Religious Thought and the Modern Psychologies: A Critical Conversation in the Theology of Culture*. Philadelphia: Fortress, 1987.
Campbell, Donald. "On the Conflict Between Biological and Social Evolution and Between Psychology and Moral Tradition," *American Psychologist* 30 (December 1974): 1103-26.
Capps, Donald. *The Depleted Self: Sin in a Narcissistic Age*. Minneapolis: Fortress, 1993.
Carnes, Patrick. *Out of the Shadows*. Minneapolis: CompCare, 1988.
Christ, Carol P., and Judith Plaskow, eds. *Womanspirit Rising: A Feminist Reader in Religion*. San Francisco: HarperSanFrancisco, 1979.
Cooper, Terry D. "Karl Marx and Group Therapy: An Old Warning About a New Phenomenon." *Counseling and Values* 29, no. 1 (1984): 22-26.
―――. "The Psychotherapeutic Evangelism of John Bradshaw." *Pastoral Psychology* 44, no. 2 (1995): 73-82.
―――. "Self-Awareness or Self-Absorption: How the Sociology of Knowledge Can Help Counselors." *Counseling and Values* 26, no. 4 (1982): 275-80.

Dodgen, Doreen J., and Mark R. McMinn. "Humanistic Psychology and Christian Thought: A Comparative Analysis." *Journal of Psychology and Theology* 14 (1986): 194-202.

Duffy, Stephen J. *The Dynamics of Grace: Perspectives in Theological Anthropology.* Collegeville, Minn.: Michael Glazier, 1993.

Dunfee, Susan Nelson. "The Sin of Hiding: A Feminist Critique of Reinhold Niebuhr's Account of the Sin of Pride." *Soundings* 65 no. 3 (1982): 316-26.

Evans, Richard I. *Carl Rogers: The Man and His Ideas.* New York: E. P. Dutton, 1975.

Evans, Robert F. *Pelagius: Inquiries and Reappraisals.* New York: Seabury Press, 1968.

Farson, Richard. "Carl Rogers, Quiet Revolutionary." In *Carl Rogers: The Man and His Ideas.* By Richard Evans. New York: E. P. Dutton, 1975.

Finger, Thomas N. *Self, Earth and Society: Alienation and Trinitarian Transformation.* Downers Grove, Ill.: InterVarsity Press, 1997.

Fosdick, Harry Emerson. *As I See Religion.* New York: Harper & Row, 1932.

———. *On Becoming a Real Person.* New York: Harper & Row, 1943.

Freud, Sigmund. *Civilization and Its Discontents.* Translated by James Strachey. New York: W. W. Norton, 1963.

———. *The Ego and the Id.* Translated by James Strachey. New York: Norton, 1962.

Fromm, Erich. *The Art of Loving.* New York: Harper & Row, 1956.

Gilkey, Langdon. *On Niebuhr: A Theological Study.* Chicago: University of Chicago Press, 2001.

———. *Shantung Compound: The Story of Men and Women Under Pressure.* New York: Harper & Row, 1966.

Greenson, Ralph. *The Technique and Practice of Psychoanalysis.* New York: International Universities Press, 1968.

Gross, Martin, L. *The Psychological Society.* New York: Simon & Schuster, 1978.

Hampson, Daphne. "Reinhold Niebuhr on Sin: A Critique." In *Reinhold Niebuhr and the Issues of Our Time.* Edited by R. Harries. Grand Rapids, Mich.: Eerdmans, 1986.

Horney, Karen. *Neurosis and Human Growth.* New York: W. W. Norton, 1950.

———. *Our Inner Conflicts.* New York: W. W. Norton, 1945.

———. *Self-Analysis.* New York: W. W. Norton, 1942.

Horton, Walter. "Reinhold Niebuhr and Carl Rogers: A Discussion by Bernard Loomer, Walter Horton, and Hans Hoffmann." In *Carl Rogers—Dialogues: Conversations with Martin Buber, Paul Tillich, B. F. Skinner, Gregory Bateson, Michael Polanyi, Rollo May, and Others.* Edited by Howard Kirschenbaum and Valerie Land Henderson. Boston: Houghton Mifflin, 1989.

Hugo, John. *St. Augustine on Nature, Sex, and Marriage.* Chicago: Scepter Press, 1969.

Jones, Serene. *Feminist Theory and Christian Theology: Cartographies of Grace.* Minneapolis: Fortress, 2000.

Kaminer, Wendy. *I'm Dysfunctional, You're Dysfunctional: The Recovery Movement and Other Self-Help Fashions.* New York: Vintage, 1993.

Kaufman, Gershen. *Shame: The Power of Caring.* Rochester, Vt.: Schenkman, 1980.

Kavanaugh, John F. *Following Christ in a Consumer Society.* Maryknoll, N.Y.: Orbis, 1981.

Kierkegaard, Søren. *The Concept of Anxiety.* Translated by Reidar Thomte. Princeton, N.J.: Princeton University Press, 1980.

Kirschenbaum, Howard. *On Becoming Carl Rogers.* New York: Delta Books, 1979.

Kirschenbaum, Howard, and Valerie Land Henderson, eds. *Carl Rogers—Dialogues: Conversations with Martin Buber, Paul Tillich, B. F. Skinner, Gregory Bateson, Michael Polanyi, Rollo May, and Others.* Boston: Houghton Mifflin, 1989.

Kohlberg, Lawrence. "Development as the Aim of Education." *Harvard Educational Review* 42, no. 4 (1972): 449-95.

Kurtz, Ernest. *Not-God: A History of Alcoholics Anonymous.* Center City, Minn.: Hazelden Foundation, 1979.

Lasch, Christopher. *The Culture of Narcissism.* New York: W. W. Norton, 1979.

———. "Sacrificing Freud." *New York Times Magazine.* February 22, 1976.

Lears, T. J. Jackson. *No Place for Grace: Antimodernism and the Transformation of American Culture, 1880-1920.* Chicago: University of Chicago Press, 1994.

Maddox, Marty Miller. "Concupiscence: Our Ultimate Addiction." S.T.M. thesis, Andover-Newton Theological Seminary, 1993.

May, Gerald. *Addiction and Grace.* San Francisco: Harper & Row, 1988.

May, Rollo. "The Problem of Evil: An Open Letter to Carl Rogers." *Journal of Humanistic Psychology* 22, no. 3 (1982): 10-21.

McCormick, Patrick. *Sin as Addiction.* Mahwah, N.J.: Paulist, 1989.

Mercandante, Linda. *Victims and Sinners.* Louisville, Ky.: Westminster John Knox, 1996.

Miles, Margaret. *Desire and Delight: A New Reading of Augustine's Confessions.* New York: Crossroad, 1992.

Myers, David, G. *The Inflated Self.* New York: Seabury, 1980.

———. *Social Psychology.* 5th ed. New York: McGraw-Hill, 1996.

Myers, David, and Malcolm Jeeves. *Psychology Through the Eyes of Faith.* San Francisco: Harper & Row, 1987.

Niebuhr, Reinhold. "Human Creativity and Self-Concern in Freud's Thought." In *Freud and the Twentieth Century*. Edited by Benjamin Nelson. New York: Meridian, 1957.

———. *An Interpretation of Christian Ethics*. New York: Harper & Brothers, 1935.

———. *The Nature and Destiny of Man*. 2 vols. New York: Charles Scribner's Sons, 1964.

———. *The Self and the Dramas of History*. New York: Charles Scribner's Sons, 1955.

Oakland, James A. "Self-Actualization and Sanctification." *Journal of Psychology and Theology* 2 (1974): 202-9.

Oden, Thomas C. *Care of Souls in the Classic Tradition*. Philadelphia: Fortress, 1984.

———. *Kerygma and Counseling*. Philadelphia: Westminster Press, 1966.

———. *The Structure of Awareness*. Nashville: Abingdon, 1969.

Paris, Bernard J. *Karen Horney: A Psychoanalyst's Search for Self-Understanding*. New Haven, Conn.: Yale University Press, 1994.

Peale, Norman Vincent. *The Art of Living*. New York: Abingdon-Cokesbury, 1937.

Pelagius. "Letter to Demetrius." In *Theological Anthropology*. Edited and translated by J. Patout Burns. Philadelphia: Fortress, 1981.

Peters, Ted. *Playing God? Genetic Determinism and Human Freedom*. New York: Routledge, 1997.

———. *Sin: Radical Evil in Soul and Society*. Grand Rapids, Mich.: Eerdmans, 1994.

Plaskow, Judith. *Sex, Sin, and Grace: Women's Experience and the Theologies of Reinhold Niebuhr and Paul Tillich*. Lanham, Md.: University Press of America, 1980.

Raines, John. "Sin as Pride and Sin as Sloth." *Christianity and Crisis* 29 (February 3, 1969): 4-7.

Ricoeur, Paul. *The Symbolism of Evil*. Translated by Emerson Buchanon. Boston: Beacon Press, 1967.

Roberts, Robert C. "Carl Rogers and the Christian Virtues." *Journal of Psychology and Theology* 13 (1985): 263-73.

Rogers, Carl R. "Autobiography." In *A History of Psychology in Autobiography*. Edited by E. G. Boring and G. Lindzey. New York: Appleton-Century-Crofts, 1967.

———. *Client-Centered Therapy*. Boston: Houghton Mifflin, 1951.

———. "Concluding Comment." In *Carl Rogers—Dialogues: Conversations with Martin Buber, Paul Tillich, B. F. Skinner, Gregory Bateson, Michael Polanyi, Rollo May, and Others*. Edited by Howard Kirschenbaum and Valerie Land Henderson. Boston: Houghton Mifflin, 1989.

———. *On Becoming a Person*. Boston: Houghton Mifflin, 1962.

———. "Reinhold Niebuhr's *The Self and the Dramas of History*." *The Chicago Theological Seminary Register no. 1 (1956); reprinted in *Carl Rogers—Dialogues: Conversations with Martin Buber, Paul Tillich, B. F. Skinner, Gregory Bateson, Michael Polanyi, Rollo May, and Others.* Edited by Howard Kirschenbaum and Valerie Land Henderson. Boston: Houghton Mifflin, 1989.

———. "Reply to Rollo May's Letter to Carl Rogers." *Humanistic Psychology* 22, no. 4 (1982): 85-89.

———. "A Theory of Therapy, Personality, and Interpersonal Relationships as Developed in the Client-Centered Framework." In *Psychology: A Study of a Science.* Vol. 3, *Formulations of the Person and the Social Context,* pp. 184-256. Edited by S. Koch. New York: McGraw-Hill, 1959.

Rogers, Carl R., and Barry Stevens. *Person to Person: The Problem of Being Human.* New York: Pocket Books, 1971.

Rubin, Theodore Isaac. *Compassion and Self-Hate.* New York: David McKay, 1975.

Ruether, Rosemary Radford. *Sexism and God-Talk.* Boston: Beacon, 1983.

Saiving, Valerie. "The Human Situation: A Feminine View." In *Womanspirit Rising: A Feminist Reader in Religion.* Edited by Carol P. Christ and Judith Plaskow. San Francisco: HarperSanFrancisco, 1979.

Schur, Edwin. *The Awareness Trap: Self-Absorption Instead of Social Change.* New York: McGraw-Hill, 1976.

Sykes, Charles. *A Nation of Victims: The Decline of American Culture.* New York: St. Martin's Press, 1992.

Tillich, Paul. *The Courage to Be.* New Haven, Conn.: Yale University Press, 1952.

Van Belle, Harry A. *Basic Intent and Therapeutic Approach of Carl R. Rogers.* Toronto: Wedge Publishing, 1980.

Van Leeuwen, Mary Stewart. *Gender and Grace.* Downers Grove, Ill.: InterVarsity Press, 1990.

Vanderpool, Harold Y. "Reinhold Niebuhr: Religion Fosters Social Criticism and Promotes Social Justice." In *Critical Issues in Modern Religion.* By Roger A. Johnson, Ernest Wallwork, Clifford Green, H. Paul Santmire and Harold Y. Vanderpool. Englewood Cliffs, N.J.: Prentice-Hall, 1973.

Vitz, Paul C. *Psychology As Religion: The Cult of Self-Worship.* 2nd ed. Grand Rapids, Mich.: Eerdmans, 1994.